제5판

12개 주제로 생각하는

통일과 평화, 그리고 북한

진희관·문인철·서보혁·엄현숙
임상순·함규진·홍석훈

박영사

Preface

제5판 머리말

어느덧 다섯 번째 개정판을 출판하게 된 것에 대해 독자들께 깊은 감사의 말씀을 드린다. 아울러 일곱 분의 필자께서 매년 성실하게 개정 원고를 보내 주신 것에 대해서도 필자의 한 사람으로 감사의 말씀을 드리고 싶다.

책이 처음 만들어지던 2017년 가을 이후 오늘에 이르기까지 7년여의 시간이 흐르는 동안 한반도와 남북관계는 많은 변화를 겪어왔다. 초판 원고를 쓰던 당시에는 북한의 연이은 핵실험과 대륙간탄도미사일ICBM 실험발사를 보면서 한반도의 앞날을 예측하기 어려웠으나, 2018년 평창동계올림픽을 계기로 한반도는 '따뜻한 봄날'을 맞이하기도 했다. 세 차례의 남북정상회담과 역사상 최초의 북미정상회담이 열리면서 한반도는 대전환을 맞이할 것이라는 기대를 갖게 했다.

그러나 2019년 2월 하노이 북미정상회담이 결렬되면서 남북관계는 교착국면에 빠져들었다. 또한 코로나 팬데믹으로 인해 활로를 찾기 어려웠던 2020년에는 '대북전단살포' 사건으로 인해 개성공동연락사무소가 폭파되는 일촉즉발의 위기를 맞이하기도 했다.

2022년 5월, 윤석열 정부 출범 이후 북측에 대해 '담대한 구상'을 전개하고자 했지만, 남북관계는 여전히 냉랭하며 북한의 도발은 지속되고 있다. 마찬가지로 북미관계도 전혀 진전을 보이지 않고 있다.

국제정세 또한 녹록지 않다. 누구도 예상하지 못했던 러시아 – 우크라이나 전쟁이 발발해서 많은 피해를 야기하고 있고, 이스라엘과 팔레스타인 전쟁이 또 다른 중동의 긴장을 불러오고 있다. 또한 최근 대만 총통 선거 이후 동북아에 적지 않은 변화가 예상되고 있지만, 미중 간 대만문제로 인한 갈등의 불씨가 여전히 남아 있다.

이렇듯 남북관계와 북미관계 그리고 동북아와 국제정세가 매우 긴장되고 있어, 한반도 문제를 평화롭게 풀어나가는 게 수월해 보일 수 없는 여건에 있는 것이 사실이다.

그러나 지난 반세기 넘게 대립해온 남북의 역사를 보면 더디 가고 있지만, 대립과 대결에서 화해와 협력의 시대로 조금씩 이동해 왔다는 것은 틀림없는 사실이다. 대 전환기를 맞이하고 있는 세계질서도 매우 복잡성을 띠고 있지만 하나의 방향으로 가고 있는 것이 아닌가 생각된다.

기술과 환경, 에너지 그리고 군사안보 등 다양한 이해관계가 얽혀 있지만, 결국 국가관계는 자국의 이익을 위한 정책의 집합체로 귀결될 가능성이 높을 것으로 보인다. 그렇다면 대한민국 그리고 한민족은 무엇을 위한 삶을 살아가야 할지 자명한 일일 것이다. 그것은 곧 평화 속에서 민족의 이익을 극대화하는, 즉 민족 번영을 이뤄내는 것이 아닐까 생각된다.

그렇다면 '통일과 평화 그리고 북한'에 대한 좀 더 정확한 지식의 공유가 필요할 것이라 생각된다. 정확한 인식이 정확한 대응을 가져올 수 있기 때문이다.

물론 한 권의 책으로 이 모든 정보를 공유하고 인식하게 하는 데 한계가 있을 것이다. 다만 이 책이 독자들에게 정확한 지식을 공유하는 계기를 제공할 수 있다면 필자들에게는 보람이 아닐 수 없을 것이다.

올해에는 대만 총통선거에 이어, 한국의 총선 그리고 일본의 총선도 예상되고 있으며, 연말에 있을 미국의 대통령선거는 세계적인 관심사가 되고 있다. 아마도 새로운 동북아와 국제질서의 변화를 예고하고 있기 때문이 아닐까 생각된다. 또한 많은 세계 시민들이 러-우전쟁의 종전을 기대하고 있다.

역사가 말해주듯, 입구가 있으면 반드시 출구가 있기 마련이다. 코로나 팬데믹도 종결되었고, 러-우 전쟁도 종결될 것이라는 기대를 갖게 한다. 그리고 북한의 핵문제도 결국 출구가 있기 마련일 것이다. 올해는 이러한 출구를 마련하는 한 해가 꼭 되었으면 하고 기대해 본다.

재차 독자들께 감사드리며, 항상 좋은 책을 출판해주시는 박영사 담당 선생님들께도 감사의 말씀을 드리고 싶다.

2024년 2월
필자들을 대표하여 진 희 관

Preface

머리말

1945년 8월 15일 광복과 함께 남북이 분단되었다. 분단 이후 남한은 자유민주주의 시장경제 체제를 채택하였고, 북한은 사회주의 일당 독재체제를 유지해 오고 있다. 남과 북이 서로 다른 체제로 살아 온 지 70년이 지나면서 이제 남과 북은 서로 다른 존재가 되어 가고 있다.

분단기간이 길어지고, 북한의 핵 실험과 장거리 미사일 발사 소식이 계속되면서 우리 국민들의 통일에 대한 열망이 갈수록 식어가고 있다. 특히, 유래없는 청년실업 사태 속에서 미래에 대한 걱정과 절망에 시달리는 대학생들에게 통일은 저 먼 나라 이야기로 들릴 뿐이다.

외국의 통일 사례와 우리 역사 속의 통일 경험을 통해서 볼 때, 통일은 절대 어느 날 갑자기 도둑 같이 오지 않는다. 만약에, 통일이 도둑 같이 갑자기 찾아온다면 그 통일은 소위 말하는 대박이 아니라 심각한 위험일 것이다. 아무런 준비도 없이 맞이하는 갑작스러운 통일은 우리에게 너무나 많은 희생과 고통을 요구할 것이기 때문이다.

통일에 대한 준비의 시작은 통일에 관심을 가지는 것이다. 그러한 측면에서 미래 세대의 주역인 대학생들로 하여금 통일에 대하여 관심을 가지고 탐구하도록 하는 것은 매우 중요한 대학교육의 과제이다. 다행스러운 것은 최근 들어, 통일과 북한에 대하여 가르치는 대학 강좌의 수가 증가하고 있고, 수강생의 수도 늘어나고 있다는 것이다. 그리고 여기에 발맞추어 통일학, 북한학 강의에 필요한 대학 공통 교재의 개발 필요성이 증대되고 있다. 하지만 여러 가지 이유로 대학 공통 교재 개발이 현실에서 잘 이루어지지 못하고 있다.

대학에서 통일, 북한 관련 과목을 강의하고 있는 학자 7명이 모여서 대학 공통 교재를 집필하기로 한 데에는 이러한 배경이 있었다.

이 책은 대학에서 통일과 북한에 대한 교양과목 또는 전공 기초과목의 교재로 활용될 수 있도록 기획 제작되었다. 한 학기가 15주인 것에 맞추어 12개의 장으로 구성했다. 그리고, 각 장 앞부분에 교육 목표와 내용 요약을 배치했고, 관련 동영상을 QR코드로 처리해서 학생들이 강의실에서 스마트폰을 가지고 개별적으로 동영상을 시청할 수 있도록 했다.

본문 내용의 논리적 흐름도 강의자가 파워포인트를 만드는 데 용이하도록 했고, 각 장 맨 마지막 부분에 3~5개의 토론주제를 둠으로써 강의자가 강의시간에 토론 수업을 진행하는데 편리하도록 했다.

이 책은 3개 파트, 12개 장으로 편성되어 있다.

1장은 강좌의 오리엔테이션 파트로서 통일과 북한이 우리에게 어떤 의미를 가지는가를 깊이 고찰하도록 한다.

2장부터 4장까지는 한반도 역사탐구 파트로서 한반도의 분단, 남북 체제의 변천과정 그리고, 남북 간의 협력과 갈등을 역사적 관점에서 탐구하도록 한다.

5장부터 7장까지는 한반도 쟁점탐구 파트로서 최근에 가장 중요한 이슈로 부각되고 있는 북한 핵문제, 인권문제 그리고, 남북교류협력 문제를 체계적으로 이해하도록 한다.

8장부터 11장까지는 한반도 미래탐구 파트로서 앞으로 남과 북이 어떻게 통일과 통합을 이루어나가야 할 것인지를 탐구하도록 한다.

12장은 종합토론 파트로서 대학생들이 통일을 위해 그리고, 통일과정에서 무엇을 할 수 있는지에 대하여 각자의 생각을 발표하고 토론하도록 한다.

아무쪼록 한 학기 동안 이 교재로 통일학, 북한학 강의를 받은 대학생들이, 통일과 북한에 대한 체계적인 지식 습득뿐만 아니라 통일을 위해 적극적으로 실천하고자 하는 열정을 가지게 되기를 간절히 기원한다.

2018년 2월
저자 일동

Contents

차 례

한반도 쟁점 탐구

도
입

이 주제와 관련 동영상
- 〈통일을 하면 무엇이 달라질까요〉   - 〈독일통일, 천문학적인 비용이 들었다〉
  (출처: 국립통일교육원)   (출처: 국립통일교육원)

- 〈지하자원 부자, 북한〉
  (출처: 캐내네스피치 유튜브/ 강연자: 진희관)

교
육
목
표

· 통일의 과정과 모습을 획일화하지 않도록 한다.

· 통일을 왜 해야 하는지에 대해 생각하도록 한다.

· 통일이 나와 우리 고장과는 어떤 관련이 있는지 생각하도록 한다.

· 북한에 대한 정확한 인식을 가질 수 있는 방안을 생각해 본다.

진희관

우리에게
통일과 북한은
무엇인가

내용요약

통일의 형태는 1국가로의 모습 하나가 아니라 여러 가지이며 점차 단계적으로 접근하여 우리가 원하는 방식을 찾아야 한다.

우리 국민들의 통일에 대한 관심이 결코 낮지 않으며 남북관계 개선에 대한 관심은 매우 높은 것으로 나타나고 있다.

통일은 명분과 실리를 모두 줄 수 있어야 한다. 이제 북한은 우리에게 실리를 가져다줄 수 있는 대상으로 변화하고 있다.

통일문제는 중앙의 전유물이 아니다. 이제 지방시대가 필요하다. 지방에 이익을 가져다줄 수 있는 방안들을 모색해 나가며 교류채널을 확보해 나가야 한다.

북한에 대한 오해는 잘못된 국민인식과 대북정책을 가져오기에 주의가 필요하다. 북한은 정치적으로 불안하지 않으며 경제적으로도 지속 성장을 통해 과거와 다른 모습을 보이고 있다.

통일의 목표를 이루기 위해서는 불신과 대결을 조장할 수 있는 요소와 환경을 줄여나가고, 신뢰부터 하나씩 쌓아가야 할 것이다.

01
통일은
필수 또는 선택

    통일의 모습은 다양할 수 있다. 그러나 통일을 상상할 때 가장 먼저 떠올리는 것이 독일의 통일 모습일 것이다. 독일은 통일에 막대한 예산이 소요되었지만 통일 후 30년이 지나오도록 여전히 매년 많은 비용이 소요되고 있고 완전한 사회통합에도 적지 않은 과제를 안고 있다. 이와 같이 독일처럼 갑자기 일어나는 통일 현상에는 주의를 요한다.

> 독일 정부는 통일비용으로 5년간 약 1천 150억 마르크(약 600억 유로)가 들 것으로 추산했다. 그러나 실제로는 1990~2009년까지 20년간 예상의 20배가 넘는 1조 3천억~1조 6천억 유로(약 2천조 원)가 들었고, 현재도 매년 독일 GDP의 약 4%인 1천억 유로를 옛 동독 지역에 지원하고 있다. 독일은 통일 후유증으로 1996~2000년 연평균 경제성장률이 1.8%로 다른 유럽연합 회원국보다 1%포인트, 미국보다 2.3%포인트 낮았다.

【통일비용에 대한 '경직성' 주의】

    과연 한국이 이러한 독일과 같은 통일을 할 수 있을까? 미국 스탠퍼드대학 아태연구센터의 계산에 의하면 한반도 통일에는 5,850조 원의 비용이 소요된

2022 통일의식조사

연도	어떠한 대가를 치르더라도 가능한 한 빨리 통일되는 것이 좋다	통일을 서두르기보다 여건이 성숙되기를 기다려야 한다	현재 대로가 좋다	통일에 대한 관심이 별로 없다	합계 (N)
2007	10.6	70.6	11.8	7.0	1,200
2008	9.2	65.8	16.3	8.6	1,213
2009	8.6	68.3	15.6	7.5	1,203
2010	10.0	66.9	16.1	6.9	1,200
2011	9.6	66.9	15.3	8.2	1,201
2012	9.6	65.1	18.3	7.0	1,200
2013	11.3	61.8	18.9	8.0	1,200
2014	12.1	61.3	19.6	7.0	1,200
2015	11.7	57.5	21.8	9.0	1,200
2016	13.1	54.2	23.2	9.5	1,200
2017	12.1	54.7	24.7	8.4	1,200
2018	9.7	68.0	16.8	5.5	1,200

연도	어떠한 대가를 치르더라도 통일되는 것이 좋다	가능한 빨리 통일되는 것이 좋다	통일을 서두르기보다 여건이 성숙되기를 기다려야 한다	현재 대로가 좋다	통일에 대한 관심이 별로 없다	합계 (N)
2019	4.3	16.7	53.5	19.7	5.8	1,200
2020	3.9	12.3	55.6	21.4	6.8	1,200
2021	3.2	12.7	50.6	25.5	8.0	1,200
2022	3.2	13.6	48.0	26.3	8.9	1,200

출처: 2022 통일의식조사, 서울대 통일평화연구원

다고 보고 있다. 이 금액은 대한민국 1년 국가예산의 10배에 이르는 막대한 비용이다. 이것은 남북한이 독일처럼 갑자기 통일을 할 경우를 상정한 것이다.

아마도 이렇게 급한 통일을 원하는 국민은 많지 않을 것이다. 통일의식조사에서도 국민들의 과반수가 훨씬 넘는 수치가 점진적 통일 또는 평화공존을 희망하고 있다. 대가를 치르더라도 가능한 한 빨리 통일해야 한다는 국민은 10% 내외에 불과하다.

한편 미국 랜드연구소의 계산에 의하면 통일비용이 50~670조 원이라는 결과를 제시하고 있다. 이는 통일 직전과 직후의 남북 각각의 GDP 규모와 국방비 절감 규모, 제도개혁 결과 등의 변동에 따라 다를 수 있다는 지적이다. 요컨대 통일환경이 좋다면 그만큼 통일비용은 줄어든다는 주장이다.

【통일방식은 하나가 아니다】

따라서 통일방식 역시 점진적인 과정을 거치면서 여러 통일형태를 경험할 수 있을 것이다. 독일처럼 1국가 형태의 통일을 한 번에 이룰 수도 있겠지만, 미국과 영국의 연방과 같은 형태의 통합도 고려할 수 있다. 그리고 연방보다 낮은 단계인 국가연합의 형태도 있으며 '사실상의 통일'의 형태도 존재할 수 있다. 즉 남북한의 형편에 맞으면서 상호 희망하는 형태로 낮은 수준에서부터 점차 높은 수준으로 시간을 두고 발전시켜 나가는 것이 합리적인 해법일 수 있다.

> · [연방](federation)은 외교·국방권이 통합되어 있고 경제사회권이 분리되어 있는 형태이고 [연합](confederation)은 외교·국방권이 통합되지 않은 상태에서의 느슨한 협력적 관계를 의미한다고 할 수 있다.
> · 사실상의 통일 (de facto unification) : 김대중 정부 시절 남북정상회담 이후 남북관계가 해빙모드로 접어들면서 등장한 용어로, 즉 제도적 통일은 아니지만 서로 교류협력하고 평화로운 관계를 만듦으로써 사실상의 통일효과를 가져올 수 있다는 표현의 용어이다.

그런데 과연 통일은 꼭 해야 하는 것일까? 가장 중요한 것은 군사적 대립과 긴장의 연속이 가져오는 국가적 손실에 대한 문제를 고려해야 한다는 점이다. 우리는 분단구조에 익숙하기 때문에 큰 불편함을 모르고 생활하기도 한다. 하물며 청년들은 군입대 하는 이유를 분단 때문이라고 여기지도 않는다. "대한민국 남자라면 군대는 가야 하는 것"이라는 생각이 일반적이다.

【익숙해진 분단에 많은 비용이 지출된다】

해외로 나갈 때 분단으로 인해 육로 이용이 불가하여 항공기와 선박을 이용해야만 하는 현실을 당연시한다. 남북한 군사적 충돌로 인해 국제신인도가 낮아져 해외차관에 대한 이자가 늘어나 연간 몇 조 원을 더 지불해야 하는 현상을 특별한 것으로 받아들이지도 않는다. 특히 연간 국방비 50조 원 이상을 사용하는 것도 당연시한다. 16조 원이면 전국 대학생의 학비 전액을 면제시켜 줄 수 있지만 우리는 그보다 2배 이상 훨씬 많은 예산을 무기 구매비용으로 사용해야 한다.

더구나 국내적으로는 '종북, 친북' 프레임이 소모적 논쟁을 가져오기도 하며 국민을 이념적 갈등 현상에 빠져들게 한다. 이처럼 분단이 주는 폐해는 이루 말할 수 없지만 이 현상에 익숙해져 있는 게 우리들의 현실이다. 즉 분단을 극복하는 것은 익숙해진 불편을 깨고 국가이익을 찾을 수 있는 중대한 계기가 될 수 있다.

그뿐만 아니라 해외동포들 역시 분단으로 인해 많은 피해를 인내해야만 한다. 예컨대 재일동포 사회를 보면, 민단과 총련으로 대립하며 살아가야 하는 불편을 감수해야 한다. 코리아타운의 이웃가게들이 서로 얼굴 붉혀야 하고 대화도 나누지 못할 뿐 아니라, 명절과 제사 때는 친척들 간에 민단과 총련으로 나뉘어 불미스러운 일들을 겪어 왔다. 중국의 조선족 동포들 역시 과거 오랜 기간 북한과 친밀하게 지내다가 이제는 한국과 새로운 관계를 맺고 있다. 그들의 마음속에서 북한을 모두 지워 내기는 쉽지 않은 일이다.

1990년 소련 해체 이후 냉전구조가 사려졌음에도 불구하고 여전히 분단구조에 살고 있다. 이제 우리는 분단으로 인해 많은 비용을 지출할 것인지, 민족의 이익을 찾아 변화를 추구할 것인지에 대해 스스로 답을 내려야 한다. 민족의 미래 비전이 어떤 모습일지는 지금 우리의 생각에서부터 만들어질 수 있다. 통일과 분단, 어느 쪽이 국가와 민족에게 이익을 가져다줄 것인지 판단하는 것은 어려운 일이 아니다.

02
통일에 대한 관심의
'높낮이'

• 대체로 우리 국민의 통일에 대한 관심이 낮아 걱정이라고들 말한다. 국민들 절반은 통일이 필요하다고 생각하고 있으며 절반은 그렇지 않다고 생각한다. 더구나 청년들의 통일 필요성에 대한 의견은 절반에도 못 미쳐 27.8%[19~29세]의 통계 수치를 보이기도 한다[2022 통일의식조사, 서울대 통일평화연구원].

【통일은 개인의 이익과 '무관'?】

왜 국민들의 통일에 대한 관심이 높지 못할까? 여기에는 몇 가지 이유가 있다.

첫째, 통일이 개인에게 이익을 주지 않는다고 생각하고 있다. 통일이 남한 사회에 이익이 되는가라는 질문에 국민의 58.5%는 이익이 된다고 답했다[2022 통일의식조사]. 그러나 개인에게 이익이 되는가라는 질문에는 25.4%만이 그렇다고 답했다. 절반에도 안되는 수치이다. 이처럼 국가적으로는 이익이 될지 모르나 개인과 상관이 없다는 인식이 지배적이다.

이것은 그간 통일교육을 통해 통일이 개인에게 어떠한 이익이 되는지에 대해 충분히 설명하지 못했다고도 볼 수 있다. 또한 과거 남북관계의 모습에서 통일과정에서의 대북지원 이미지가 강하게 남았다고도 할 수 있다. 즉 북한을 지원해야 하는 대상 정도로 이해하고 있고, 우리에게 어떠한 이익을 주지 못하는 대상으로 보고 있는 것이다. 사실 과거 10여 년 전만 해도 북한은 식량난과

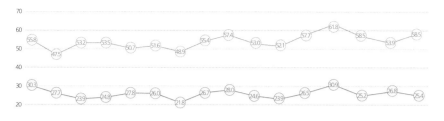

통일이 우리사회 또는 개인에게 이익을 주는가에 대한 설문

2007 2008 2009 2010 2011 2012 2013 2014 2015 2016 2017 2018 2019 2020 2021 2022

○ 남한에 이익이 된다   ○ 자신에 이익이 된다

출처: 2022 통일의식조사, 서울대 통일평화연구원

경제난으로 인해 상당수가 곤경에 처해 있었고, 이로 인해 탈북자가 줄을 이었으며 대외적으로 식량지원을 요청했던 국가였다. 그러나 최근 몇 년간 북한의 모습이 많이 달라지고 있다는 점을 주목할 필요가 있다. 최근 '코로나19' 이전의 탈북자 조사에서 알 수 있듯이 굶는 인구가 10% 정도로 줄어들었고 이미 2015년경부터는 남한과의 대화에서도 인도적 지원을 받지 않겠다고 하면서 개발협력 투자를 요구하고 있다. 그러나 아직까지 상당수 우리 국민들에게는 북한에 대한 경제적 지원이 필요하다는 인식이 남아 있으며 이로 인해 이익을 주는 대상이 아닌 지원의 대상으로 인식하고 있다. 따라서 북한과 통일하는 것이 개인의 이익에 도움되지 않는다는 생각이 지배적이라는 결과로 나타나는 것이라 할 수 있다.

【설문결과에 대한 재해석이 필요하다】

둘째는 통일에 대한 질문이 통일의 형태나 방법 등을 제시하지 않은 채 막연하게 원하는가를 묻는 경우가 일반적이라는 점이다. 위의 서울대 연구의 질문지를 제외하면 대부분의 질문지는 "OO님은 통일이 필요하다고 생각하십니까"라고 묻는다. 통일의 형태, 방식 그리고 속도 등에 대해 제시하지 않고 단순히 생각을 묻는다. 이것은 식당에서 메뉴도 보지 않고 막연히 "식사 주세요"

라고 하는 것과 유사하다. 그것도 손님의 절반이 그러했다는 것은 매우 높은 수치라 할 수 있다.

통일은 당연히 평화로운 방법으로 이루어져야 할 것이다. 그러나 통일이라고 할 때 1국가를 의미하는지 아니면 연방 또는 연합을 의미하는 것인지에 대한 설명이 필요할 것이다. 아니면 장기간에 걸쳐 교류협력을 통해 관계를 개선하고 나서 가장 느슨한 국가연합 단계에서 연방제를 거쳐 궁극에는 1국가로 가는 방식도 있을 것이다. 사실상 대한민국의 통일방안인 '민족공동체통일방안'이 3단계 통일방안이라 불리는 이유도 이러한 단계를 거쳐서 1국가로 가는 방식이기 때문이다. 즉 통일은 하루아침에 되기 어렵고 적응기간이 필요하다. 그러나 다르게 생각해 보면 갑작스럽게 통일의 필요성을 물어볼 때에도 국민의 절반이 동의한 것은 결코 낮은 수치라 말하기 어렵다. 즉 통일에 관심이 낮지 않다고 볼 수 있다.

또한 청년들의 통일에 대한 무관심을 지적하는 경우에 대해서도 폭넓은 해석이 필요하다. 대체로 청년들이 무관심하므로 학교통일교육이 더욱 중요하다는 논지를 이끌어 내는데, 이것은 일견 타당해 보이는 해석이다. 그러나 충분한 타당성을 갖는다고 보기는 어렵다. 20대 청년들에게 가장 중요한 문제는 일자리이다. 대학생들의 일상이 대부분 졸업 후 일자리에 맞추어져 있다는 것은 주지의 사실이다. 영어성적을 올려야 하고 스펙을 쌓기 위해 최선을 다한다. 그러한 그들에게 통일이 필요한지를 묻는 것은 예상된 결과를 이미 알고 질문을 던지는 것과 크게 다르지 않다. 아마도 "집안의 관혼상제에 관심이 있는가"라는 질문에서도 비슷하거나 더 큰 차이의 결과를 가져올 수 있을 것이다. 20대 청년기에는 집안의 제사와 명절날 차례에도 참석하지 않는 경우가 허다하다. 따라서 이러한 세대의 특성을 고려하지 않고 단순히 해석하는 것은 충분한 해답을 얻기에 한계가 있다.

요컨대 우리 국민들의 통일에 대한 의식이 결코 낮지 않다고 보는 게 맞을 것이다. 또한 어떻게 하면 통일이 국민들과 무관하지 않고 개인에게도 이익을 가져다줄 수 있는지에 대한 근거를 찾고 설명하는 노력을 기울이는 것이 더 중요하다고 할 수 있다. 한국사회에는 이익이 되겠지만 개인에게는 그다지 이익이 되지 않을 것이라는 모순적 인식이 과연 타당한 것인지에 대한 고민이 필요하다.

03
통일은 **명분과 실리**를
줄 수 있어야

통일이 개인에게 이익을 주지 못한다는 생각의 배경에는 '당위론적 통일론'의 한계가 하나의 원인이라 할 수 있다. 우리에게 통일은 숙원 과제이며 분단된 조국이 하나 되는 것은 당연한 일이라고 받아들여져 왔다. 더욱이 군사적 대립을 해소하고 이산가족들의 고통을 해결하기 위해서 통일이 하루빨리 되어야 한다는 데 재론의 여지가 없는 것이 사실이다. 이것이 바로 '당위론적 통일론'이라 할 수 있다.

그러나 이는 일종의 '묻지마 통일론'이라고 해도 과언이 아닐 것이다. 70여 년간 이어져 온 이러한 논의구조가 국민들로 하여금 통일문제에 대한 일종의 피곤함, 무관심 또는 괴리감을 가져오게 했다. 바로 '명분론'만이 갖는 한계이다. 분명 명분은 매우 중요하며 언제까지나 우리가 지켜 나가야 할 대강大綱이 될 것이다. 그러나 매사에 그러하듯 명분만 있는 사업은 잠시 힘을 모을 수 있을지 모르나 큰 힘을 가지고 오랜 기간 지속하여 나가기 쉽지 않다. 즉 실리가 뒷받침되지 않고서는 생명력을 오래 유지하면서 힘을 발휘하기 어렵다는 뜻이다. 요컨대 통일은 분명히 명분이 있는 우리 민족의 숙원 과제이다. 그러나 통일이 우리에게 어떤 실리를 가져다주는지의 문제에 대해서는 시원스럽게 해답을 주지 못하고 있는 것이 사실이다.

【명분만 내세우는 통일에서 실리를 찾는 통일로】

통일에 대한 국민들의 걱정거리 중에 하나는 통일비용 문제이다. 과거 대북지원에 대한 갈등과 이어지는 문제라 할 수 있을 것이다. 앞에 서술한 바와 같이 어떤 방식과 속도로 통일하는지에 따라 통일비용의 액수는 천차만별이 되므로, 기존 연구의 결과를 보면서 가장 저비용·고효율인 방법을 찾아 나간다면 비용부담이 크지 않을 수 있다. 따라서 유한한 통일비용에 대해 걱정하기보다는 무한한 통일편익^{이익}에 대해 생각해 볼 필요가 있다.

> · 통일비용(unification cost)은 통일이 되어 안정화되는 어느 시점까지 지원하면 종료되는 비용이다. 이에 반해, 통일편익(unification benefit)은 통일로 인해 발생하기 시작하기 때문에 국가가 존재하는 한 무한한 이익을 가져다주게 된다. 예컨대 분단으로 인한 국방비는 통일될 때까지 필요하지만, 통일되는 순간 국방비가 영속적으로 절감되는 것이다.

첫 번째 관심을 가질 필요가 있는 영역은 북한의 지하자원이다. 한국광물자원공사의 분석과 통계청의 발표에 따르면 북한 지하자원 총량은 7천조 원 규모이며 이는 300조 원 이하로 추정되는 남한 지하자원 매장량의 20배가 넘는 규모이다. 예컨대 마그네사이트는 전 세계의 절반에 이르는 양이 북한에 매장되어 있고 2천 6백조 원의 가치가 있다고 평가하고 있다. 희토류 역시 전 세계 매장량의 1/4이^{4,800만t} 넘는 것으로 평가된다. 2007년 우리측 조사단이 북한을 방문해서 얻은 결론에서도 경제성이 높은 것으로 평가되었다고 한다. 그러나 북한은 이러한 가치 높은 지하자원을 제련, 정제설비와 에너지 등의 부족으로 그대로 땅속에 묻어두고 있다.

> · 희토류(稀土類·rare earth metal)는 말 그대로 '희귀한 흙'이라는 뜻으로 17개 원소를 가리키는 용어이다. 열을 잘 전달하여 합금이나 촉매제, 영구자석, 레이저 소자 등을 만드는 데 사용되며 전기 자동차, 액정표시장치(LCD) 등의 핵심 부품이다. 전 세계 매장량의 50%(8,900만t)가 중국에 있으며 전 세계 수요의 60% 가량을 생산하고 있다. 최근 미국은 대중국 의존도를 낮추기 위해 자국 생산량을 증가시키고 있다. (2018년 대비 3년간 3.5배 / 2021년 4,3천t))

【북한의 지하자원은 대단한 가치가 있다】

다음 그림에서와 같이 남북한 제련설비를 비교해보면 열 배도 넘게 차이나는 부분을 확인할 수 있다. 동의 경우 북한 매장량이 290만t으로 남한 매장량인 5만t의 60배 가까이 많은 양이지만아연 20배, 연 25배 차이 제련설비는 거꾸로 20배나 적다. 이러한 불균형을 해소하기 위해 북한에 설비현대화 지원을 하여 '자원산업 종합단지'를 만들고 채굴량의 일정비율을 나누어 사용하게 된다면 우리에게도 천문학적인 이익이 발생할 수 있을 것이다. 그뿐만 아니라 북한의 취약한 부분인 농업부문에서 대북지원이 발생할 경우에도 광물자원으로 받는 청산결제발식을 채택하게 될 경우 우리 농업에도 이익이 되는 실리를 확보할 수 있을 것이다.

둘째는 기업의 북한에 대한 관심을 주목할 필요가 있다. 2015년 7월 15일 대기업의 집합체인 전경련은 세미나를 개최하고 '남북경제교류 신5대원칙'을 발표했으며 북한지역에 대한 경제협력 계획과 '남북경협의 전략적 과제'를 발표하였다. 이는 서해안으로는 산업단지를, 동해안에는 관광벨트와 지하자원 개발을 핵심사업으로 하면서 동북아 다자간 경제협력까지 이어지는 계획이다. 이는 문재인 정부의 '한반도 신경제구상'에 많은 영향을 미친 것으로 평가된다.

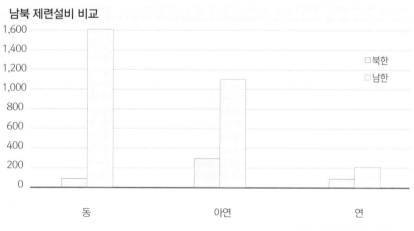

남북 제련설비 비교

출처: 한국광물자원공사 2009. 12.

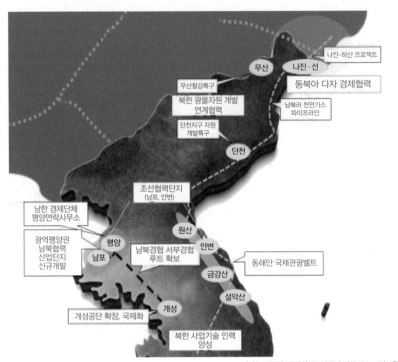

출처: 전국경제인연합회 세미나 자료, 2015년 7월 15일.

　　더욱이 최근 대기업의 북한에 대한 관심은 구매력에 쏠려 있다. 유엔의 통계에 따르면 '코로나19' 이전의 북한의 1인당 GNI^(국민총소득)가 최근 수년간 약 1,300달러에 이르고 있다. 한 가정의 월평균 수입이 한화로 약 50만 원에 이르고 있다는 분석이 나오고 있다. 이것은 우리 기업의 백색가전 제품을 구매할 능력이 되고 있다는 것을 의미한다. 실제 한국제품에 대한 인기는 매우 높은 편이다.

【한국산 가전제품 구매력이 높아지고 있다】

　　다음 사진에서와 같이 10년 전 북한의 1인당 GNI가 지금보다 낮은 1,000달러 미만일 때도 우리 가전제품들이 구매되고 있었는데, 지금 북한의 구매력

2007년 3월, 필자가 김일성종합대학을 방문했을 때 도서관에서 촬영한 사진이다. 우리 기업이 생산한 평면TV에 김정일위원장이 강조한 말이 화면에 나오고 있는 장면이다.

2009년 3월, 필자의 평양 방문시 중국 선양 공항에서 북한 사람들이 우리 기업의 '브라운관 TV'를 평양행 항공기 JS156편에 수화물로 보내려고 줄을 서 있는 모습이다.

은 더 높아지고 있다. 따라서 앞으로 남북관계가 개선되어 가는 과정에서 북한의 구매력은 남북관계의 새로운 변화를 예고하게 될 것이다.

셋째, 관광산업을 비롯하여 물류, 교통 등 다양한 산업분야에 활력을 줄 수 있을 것이다. 북한의 유명산을 비롯하여 명승지와 사찰 등의 관광자원은 그 가치가 높으며 북한 역시 원산－금강산을 중심으로 동해안지역 관광지구 개발에 많은 자원을 투자하고 있다. 즉 항공, 도로 및 철도 등의 교통망을 정비할 경우 크게 투자하지 않고도 많은 부가가치를 만들어 낼 수 있을 것이다. 또한 북한을 경유하여 중국과 러시아의 육로를 연결하고 러시아의 가스를 파이프로 연결하게 될 경우 건설과정에서부터 많은 일자리가 창출되고 우리에게 값싼 가스를 공급하게 할 수 있어서 그 이익은 대단할 것으로 전망된다.

요컨대 과거 통일문제는 북한의 경제난으로 인해 명분을 말하는 당위론에 머무를 수밖에 없었지만, 오늘날 북한은 우리에게 실리를 가져다줄 수 있는 대상으로 바뀌었다는 점에 주목할 필요가 있다. 이제 남북관계에는 실리를 가져다줄 수 있는 분야가 매우 다양하게 존재한다. 아마도 '자본의 흐름'을 막을 방법은 없을 것이다. 돈이 벌리고 일자리가 만들어진다면 이념의 가치를 넘어설지 모른다. 이제 남북관계와 통일문제는 명분만이 아니라 실리를 말해도 되는 단계로 접어들 수 있다.

04
중앙과 지방, 접경과 비접경 지역의 통일

통일은 중앙정부만의 관심 사안이 되어서는 안 될 것이며, 휴전선과 인접한 접경지역만의 문제가 되어서도 안 될 것이다.

흔히 통일과 외교 안보문제는 중앙정부의 전유물처럼 생각하기 쉽다. 그러나 중앙정부의 결정이 지방에 적지 않은 영향을 미치게 될 수도 있다. 예컨대 5.24조치와 금강산관광 중단 등으로 북한의 경제적 손실이 발생할 것을 예상할 수 있겠지만, 그뿐만 아니라 국내의 많은 기업인들과 지방이 어쩔 수 없는 경제적 손실을 감수해야 했다. 금강산관광 중단으로 인해 강원도지역, 특히 고성군은 막대한 피해를 입은 것으로 평가된다. 수년 전 국회에서 개최한 세미나 자료에 의하면 북한의 손실이 1조 원이며 우리의 손실이 9조 원에 이른다는 주장이 나오기도 했다. 2016년 국회에서 발의된 법안의 '제안이유'에서는 고성

군 지역의 손실액만 3,040억 원에 달한다는 주장과 함께 가정해체 및 인구공동
화 현상 등으로 인해 경제적 기반이 무너질 위기에 있다고 평가하고 있다. 개
성공단 중단으로 인해 123개 기업이 심각한 피해를 입게 되었는데 특히 개성에
많았던 인천 지역 18개 기업들의 피해는 지역경제에도 적지 않은 영향을 주었
다. 더욱이 개성과 가장 멀리 떨어져 있는 부산지역의 참여기업들 피해액도 시
설비용과 원부자재를 합쳐 5개 기업이 총 3,820억 원에 이른다고 한다. 제주도
의 경우 매년 1만톤이 넘는 감귤과 당근을 북한에 보냄으로써 농가소득이 안정
되고 가격조절 효과를 볼 수 있었지만 이런 기대를 더 이상 갖지 못하고 있다.
이처럼 남북문제는 중앙정부와 접경지역만의 문제가 아니라 지방과 비접경 지
역의 관련 기업 그리고 농업 등에도 많은 영향을 미쳐왔다는 것을 알 수 있다.

【지방의 남북경협은 경제적 필요에 의해 진행된 것】

· 5.24조치 : 2010년 3월 26일, 천안함 폭침으로 인해 내려진 대북제재 조치로서 개성공단을
  제외한 모든 남북경협과 교류, 방북 등이 중단되었다.

· 금강산관광은 1998년 11월 시작되었으나 2008년 7월 11일 관광객 박왕자 씨 피살사건으
  로 중단되었으며 이 사건으로 개성관광 역시 시행 11개월 만에 중단되었다.

요컨대 과거 지방의 대북사업들은 소위 '퍼주기'의 일환이 아니라 지방의
필요에 의해서 시작된 것이다. 비접경지역인 제주의 감귤·당근 보내기 사업은
1999년에 시작되어 10년간 진행되었는데, 이 사업은 감귤과 당근의 출하량을 조
절하여 가격 안정을 꾀하고, 북으로 보내기 위해 농민들에게서 농산물을 구매함
으로써 농가의 소득을 보장하는 역할을 해주었다. 접경지역인 강원도의 솔잎혹
파리방제사업은 남측 강원도의 방제사업만으로는 효과를 볼 수 없어서 북한지역
의 방제를 공동으로 추진한 사업이었다. 경상남도의 통일딸기사업은 지구 온난
화로 인해 세균이 증가함에 따라 모종사업이 어려움을 겪자 미래 농업의 대안으
로서 차가운 북한 땅에서 모주를 모종으로 키우고 되가져 와서 농가에서 재배하
는 '남북육묘협력사업'을 전개한 것이다. 농촌진흥청의 발표에 따르면 2050년의
강원도 고랭지배추 재배면적 중 99%가 사라진다고 한다. 미래의 우리 먹거리를

보장하기 위해서는 북한의 차가운 농지를 활용하는 것이 불가피한 일이 되고 있다. 이처럼 그동안 진행된 지방의 남북교류협력은 우리의 이익을 위해 진행된 것이며 이러한 사업을 추진하기 위한 대가로서 비료, 비닐 등의 농자재 지원이 이뤄진 것이다. 향후 남한의 농업을 비롯한 수산업, 임업 등 여러 분야의 발전을 위해 북한을 활용하여 남북공동으로 진행할 수 있는 사업들이 적지 않을 것이다.

【문재인 정부 시기에는 지방과 지자체의 대북사업에 적극 지원 밝혀】

문재인 정부 시기에는 지방의 남북교류협력을 적극 지원하겠다는 정책을 펼친 바가 있다. 국정운영 5개년계획2017.7.19.에서도 '지자체 차원의 교류협력'100대 과제 중 93번을 적극 지원하겠다고 밝혔다. 이것이 의미했던 것은 크게 두 가지라 할 수 있다. 우선 지자체 스스로 대북접촉 및 남북사업의 주체가 될 수 있다는 의미이다. 그동안 남북교류협력법은 '주민'만을 교류협력의 주체로 인정하였지만 지자체도 포함하겠다는 의미이다. 이 법은 2020년 12월에 개정되었다. 또 하나는 지자체의 대북사업에 대해 중앙정부의 남북교류협력기금을 사용할 수 있도록 하겠다는 의미이다. 약 1조 원에 이르는 남북교류협력기금이 미치는 효과는 대단할 전망이다. 그동안 지자체는 대북사업의 주체가 될 수 없기 때문에 지원의 역할만 해왔고, 지방 스스로 마련한 기금은 서울시와 경기도를 제외하면 각각 수십억 원 정도에 불과했다. 그러나 막대한 중앙의 교류협력기금을 사용할 수 있게 될 경우 이것이 지방에 미치는 효과는 적지 않을 전망이다. 농업 또는 중소기업 등 지역의 사업 대상자들의 이익은 물론이며 지역 시민사회의 활발한 활동을 가져오면서 지역사회의 민주주의적 거버넌스에도 긍정적 결과를 가져올 수 있을 것이다.

더욱이 2018년 '4.27 판문점선언'에도 "국회, 정당, 지방자치단체, 민간단체 등 각계각층이 참가하는 민족공동행사를 적극 추진하여 화해와 협력의 분위기를 고조"시키기로 합의하였다. 또한 10.4 선언 기념식에는 6개 지자체 단체장급이 방북하여 북측 민화협과 남북교류협력에 대한 협의를 진행해 지자체의 남북교류협력사업 실현 가능성을 높여준 것으로 평가되기도 하였다. 그리고 같은 해 12월에는 '대한민국시도지사협의회' 산하에 '남북교류협력특별위원회'를 결성하여 17개 광역지자체의 남북교류협력을 활성화하기 위한 실질적인 협의기구를 출범시키고, 지자체 남북교류협력 발전을 위한 협의 기구로서 기능한 바 있다.

물론 2019년 초 하노이에서 개최된 북미회담 결렬 이후 남북관계가 난관에 봉착하면서 남북교류협력에 어려움을 띤 것은 사실이다. 그러나 향후 남북관계가 개선될 경우 남북교류사업은 중앙정부의 일방적 채널에 의한 독주가 아니라 지방정부와 민간이 적극적으로 참여하는 다채널에 의한 교류의 다양성이 전개될 것으로 예상되고 있다. 이러한 현상은 남북관계의 안정성에도 기여하게 될 것이다. 따라서 앞으로는 지자체 스스로 지역의 이익을 확보할 수 있는 남북교류사업들을 발굴해 내는 노력과 준비가 필요하다. 요컨대 남북교류사업은 중앙과 접경지역만의 전유물이 아니라 지방과 비접경지역의 이익을 가져다줄 수 있는 사업으로 변화해 갈 전망이다.

05
북한에 대한
올바른 이해가 필요하다

북한에 대한 자세한 정보와 정확한 이해는 매우 중요하다. 올바른 대북정책을 세우는 데 필요하며, 국민들이 바른 대북인식을 갖는 데도 매우 중요하다. 그리고 국민들의 올바른 인식을 가질 때 대북정책에 대한 이해와 공감이 가능하기도 하다. 또한 탈북자들에 대한 정책과 이들을 대하는 시민들의 자세가 달라질 수 있다.

그런데 우리가 알고 있는 북한은 현재의 모습일 수도 있지만 과거 북한의 모습과 혼재되어 있는 것이 사실이다. 20여년 전 북한은 제2의 '고난의 행군'을 겪으면서 많은 주민들이 기아에 허덕이는 모습을 보였고 실제 아사자도 백만 명이 넘었다고 한다. 이것이 1995년부터 약 5년간의 일이며 이제 그때로부터 약 23년 여의 시간이 흘렀다. 당연하게도 지금 북한의 모습은 과거와 많이 달라져 있다. 서울대 통일평화연구원이 매년 전년도 탈북자^{한국 입국이 아닌 북한 탈출연} ^{도를 의미} 87~146명씩 조사한 팬데믹 이전 최근 5년간의 통계에 의하면 탈북 직전 1일 식사횟수가 세 번이라는 대답이 평균 88%를 유지하고 있어 식량수급이 안정적인 것을 볼 수 있다. 놀라운 것은 주식이 무엇인지를 묻는 질문에 쌀밥이라는 대답이 57.6%이며 혼식이 31.8%, 강냉이^{옥수수}라는 대답은 10.6%에 그치고 있다는 점이다^{최근 5년 평균, 2015~2019}. 매주 고기를 먹는 횟수를 묻는 질문에 매일 먹었다는 답변이 16%를 넘었고 일주일에 1~2회라는 답변은 37.3%에 이르고 있어서 탈북 직전 과반수가 일주일에 1~2회 이상 고기를 먹었다는 것을 알 수 있다. 더구나 이들 탈북자들이 잘 살던 계층이라고 보기도 어렵다. 그들의 인구학적 특성을 볼 때 평양이나 대도시 출신보다는 두만강 접경지역인 함경북도와 량강도 출신이 최근 5년 평균 86.9%에 이르고 있다.

【경제난에 시달리던 과거의 북한이 아니다】

더욱이 1인당 소득을 보면 GNI가 1,300달러^{한국은행 통계}에 가까우며 가구당 월 수입이 대략 50만 원에 이르는 것으로 평가되고 있다. 동남아시아의 캄보디아, 라오스나 중앙아시아의 우즈베키스탄과 비슷한 수준이라고 볼 수 있다. 그러나 과거 고난의 행군시절 1인당 GNI가 700달러 정도였던 것과 비교하면 확연한 차이를 보이고 있다. 한국은행 통계로는 고난의 행군 마지막 해인 2000년 1인당 GNI 757달러에서 2018년 1인당 GNI 1,298달러로 18년 사이에 대략 71.5% 증가한 것으로 나타나고 있다. 분석에 따르면 휴대전화 보급도 600만대를 육박하고 있으며, 자가용 차량이 증가하여 출퇴근 시간에 러시아워가 형성되고 있고 50층이 넘는 초고층 아파트단지들이 계속 건설되고 있다. 이런 점에서 볼 때 앞으로의 대북교류사업은 과거 인도적 지원의 수준을 벗어나야 할 것으로 평가되고 있다. 북한이 1995년 5월 공식적으로 일본을 비롯한 해외에 식량지원을 요청했을 때와는 상황이 달라졌다. 2015년 3월 북한의 민족화해협의회 측이 우리 대북협력민간단체협의회와의 회담에서 향후 인도적 지원을 받지 않겠다고 한 것이 허세가 아니었다. 지난 2019년에 대북 인도적 식량지원을 위해 유엔에 기탁했던 금액은 사용되지 못해서 돌려받게 되었다. 결국 앞으로의 대북사업은 상호 이익이 가능한 개발협력, 투자개발의 방향으로 바뀌어야 할 것이다. 또한 최근 탈북자들의 북한에서의 경험과 생활수준을 보면 이들이 한국에 와서 어떠한 삶을 원하는지에 대해 이해할 수 있다. 즉 그들은 굶주림을 해결하기 위해 탈북한 경우가 매우 적으므로 다른 목적을 위해 탈북한 것이라는 판단이 필요하다. 예컨대 좋은 직업을 얻기 위해서거나, 미리 와 있었던 가족과 함께 살기 위해서, 또는 자아를 실현하기 위해서 등의 새로운 이유에서라는 생각을 할 필요가 있다. 따라서 이들에게 과거처럼 명절에 밀가루와 쌀 등을 지원하는 것도 나쁘지는 않지만 과거와 같은 감사함을 느끼게 하는 것은 어려울 수 있다.

이처럼 과거 고난의 행군시기의 못살았던 북한이 오늘날 살 만한 사회로 바뀌었다는 점은 우리의 대북정책도 달라져야 한다는 것을 의미한다.

정치적인 측면에서도 그렇다. 김정은 체제 출범 당시부터 한동안 그 체제가 불안하다고 판단하는 경향들이 있어 왔다. 그러나 실제 불안한 징후들은 발견되지 않는다. 그렇다고 하여 안정적이라고 말하기도 아직은 이를 것이다. 그럼에도 불구하고 김정은 체제에서 많은 엘리트들이 처벌 또는 처형된다는 것은 사실과 거리가 있다. 그리고 그렇지 않기 때문에 체제가 불안하다고 보기 어려운 것이 사실이다. 하물며 리영길 총참모장처럼 처형되었다2016.2.10.는 고위직 군관료가 3개월 만에 2016년 7차당대회에서 고위직으로 등장하는 것은 참으로 어이없는 일일 것이다. 그는 2023년에 총참모장 직에 다시 임명되었다. 물론 대부분의 엘리트들이 교체되고 있는 것은 사실이다. 특히 김정은 수행비서는 과거 김정일 체제 마지막 시기인 2011년과 비교할 때 상당수의 교체가 있는 것이 맞다. 그러나 국가행사에서 주석단에 오르는 최고위직 30명 가량만을 놓고 본다면 교체비율은 5% 이내에 불과했다.

> · 주석단 : 북한 사전에 의하면 "대회나 회의 같은 데서 그 사업을 지도하고 집행하기 위해 구성하는 지도성원들의 집단"이라고 할 수 있는데 당과 국가, 최고인민회의의 주요행사에 무대 위에 착석하는 20~30명의 사람들을 일컫는다.

【정치적 '불안정성' 주장은 증거 불충분】

김정은 체제가 공식적으로 인정하고 있는 고위직에 대한 처형은 장성택부장에 대한 것 1건군사법정에서 반종파사건으로 판결 및 즉각 처형이 전부이다. 그리고 이에 대해서도 일각에서는 불안 요인으로 해석하기도 해왔지만 오히려 견제세력의 제거로 인해 김정은의 권력이 더욱 안정될 것이라는 해석도 제기된다.

이처럼 김정은 체제의 안정성에 대해 예측하기 어렵기는 하지만 불안정하다는 증거들은 충분한 논거와 설득력을 갖고 있지 못하다. 오히려 김정일 사후 지난 10여 년간 김정은 위원장의 권력은 더욱 강고해지고 있다고 평가하는 것이 맞을 것이다. 특히 북한 체제의 특성상 지도자에 대한 비판과 위해는 현실적으로 매우 어려운 일이다. 수령에 대한 충실성은 모든 것을 평가하는 주요 기준이 되고 있으며, 어려서부터 학교 교육을 통해 수령과 당에 대한 충실성이 교육되어 오고 있다. 사회적으로는 당과 근로단체 및 다양한 사회단체 조직들을 통해 대중에 대한 통제와 관리가 이루어지고 있고, 여전히 대부분의 인민들의 인터넷 사용이 불가능해서 외부와 단절되어 있기 때문에 지도자에 대한 비판적 정보가 유입되는 데에도 한계가 있다. 이처럼 북한의 정치가 불안정할 수 있는 요인은 쉽게 발견되지 않는다. 탈북자들에 대한 설문조사에서도 김정은에 대한 비판적 의견이 절반에 훨씬 못 미친다는 것은 시사하는 바가 크다. 그렇기 때문에 북한 체제의 붕괴를 바라는 것은 희망사항일 수 있지만 현실과는 상당한 거리가 있다고 할 수 있다. 만일 북한의 붕괴를 바라고 대화를 하지 않는 대북정책을 전개한다면 막연하게 무한한 시간을 기다려야 할 것이다. 오히려 대화를 통해 갈등을 해소해 나가고 문제를 극복해가는 편이 바람직하지 않을까 싶다.

06
남북 **신뢰회복**과
상호 이익을 추구해야

통일은 명분만을 갖는 것보다 우리에게 실리를 주는 통일이 되어야 할 것이다. 그리고 오늘날 북한은 우리에게 여러 측면에서 실리를 줄 수 있는 여건을 가지고 있다. 무엇보다 중요한 것은 우리에게 필요한 통일이 되어야 한다는 것이다.

급격한 1국가로의 통일은 많은 통일비용을 필요로 하고 혼란을 야기할 수 있어 대다수 국민들이 원하지 않는다. 그러나 빠른 시간에 남북의 군사적 긴장을 줄이고, 이산가족이 만나며 서로 경제적으로 도움이 될 수 있는 관계로 개선되는 것은 많은 국민들이 원하고 있다. 지금 우리에게 필요한 것은 남북관계 개선이다. 그리고 실용적이며 상호 도움이 되는 관계로의 발전이 필요하다. 이러한 과정을 거치면서 형편과 여건에 맞는 통일 방식들을 남북이 함께 고려할 수 있을 것이다. 과거 문재인 대통령도 2018년 신년기자회견을 통해 "당장의 통일을 원하지 않으며, 임기 중에 북핵 문제를 해결하고 평화를 공고하게 하는 것이 목표"라고 강조하였다. 윤석열 정부는 '비핵 평화번영의 한반도'라는 정책을 통해 국민과 함께 평화통일의 토대를 만들고, 비핵화를 위한 신뢰구축의 선순환 구조를 만들겠다고 한다.

이와 같이 남북 사이에 무엇보다 중요한 것은 서로 평화를 유지하면서 우호적인 관계를 지속하여 신뢰를 구축하는 것이다. 따라서 이러한 관계가 지속되다 보면 긴밀한 제도적 관계인 남북연합 수준으로 발전할 수 있을 것이고, 더 나아가 외교-국방권이 하나가 되는 연방제 수준으로도 발전할 수 있을 것이다. 그리고 결국 1국가 1정부 1체제로의 통일도 가능할 수 있다.

【남북관계 회복과 신뢰를 쌓는 노력부터】

그런데 이런 방식들은 미리 정해 놓고 무리하게 달려갈 수 있는 성질의 대상이 아니다. 통일이란 서로의 형편에 맞게 상호 원하게 될 경우 한 단계씩 발전시켜 나가는 과정이라 할 수 있다. 따라서 방안을 고집하거나 처음부터 무리한 목표를 세울 것이 아니라 지금 우리에게 필요한 것부터 성실하고 일관되게 추진해 나가는 것이 필요하다. 그러한 점에서 보면 한국의 통일방안인 '민족공동체통일방안'이 3단계 추진 계획으로 만들어진 것은 매우 합리적이라 할 수 있다. 교류협력 단계, 국가연합 단계 그리고 1국가 단계로의 발전과정을 계획한 것은 매우 설득력이 있다. 다만 최종목표인 1국가는 단숨에 이룰 수 있는 목표가 아니며 토대가 되는 화해와 교류협력부터 하나씩 성실하고 일관되게 추진해 나가는 것이 우선 필요하다. 그리고 4.27 판문점선언과 9.19 평양공동선언에서도 합의한 바와 같이 그간 남북이 합의해 온 남북합의를 지키는 노력을 통해 상호 신뢰관계를 형성하는 것이 중요하다. 윤석열 정부의 통일·대북정책 목표에서도 "역대 정부에서 이룬 남북합의 정신을 존중하면서 그 성과는 이어받아 발전시키겠다"고 강조하고 있다.

결국 통일의 최종목표에 매몰되는 것이 아니라 단계적으로 실현가능한 방법을 찾아나가는 것이 중요하다. 북한이 우리에게 경제적 이익이 된다면 관계 개선을 막으려 해도 막을 방법이 없을 것이다. 지금의 북한 사람들은 한국의 가전제품을 선호하고 있고 북한은 많은 지하자원을 보유하고 있다. 또한 과거처럼 인도적 지원을 원하지도 않고 있다. 이제 북한이 우리에게 경제적 이익을 가져다줄 가능성이 점차 높아지고 있다.

한반도 역사 탐구

남북한이 어떻게 분단되었는가?
남북한 체제 발전의 역사
남북 갈등 및 협력(합의)의 역사

이 주제와 관련 동영상
– 〈분단의 고착화 과정〉 (출처: EBSi)

· 남북분단에 미친 국제적 요인에 대하여 설명할 수 있다.
· 미군정 시기의 특징과 남한 정부 수립과정을 역사적 관점에서 이해한다.
· 북한지역에서 이루어진 민주개혁의 의미와 역사적 배경에 대해서 고찰한다.
· 남북분단을 막기 위한 민족지도자들의 노력이 성과를 거둘 수 없었던 원인은
  무엇인지 파악한다.
· 남북분단을 극복해야 할 필요성에 대하여 인식하고, 분단 해소를 위해 적극적
  으로 행동할 의지를 갖는다.

한반도 역사 탐구(1)   임상순

남북한이
어떻게
분단되었는가?

내용요약

1945년 8월 15일 일본의 패망으로 한반도는 독립을 맞이했다. 하지만, 미국이 제시하고 소련이 수용한 38도선을 기준으로 한반도의 북쪽에 소련군정이 실시되고, 남쪽에 미군정이 실시되면서 한반도의 분단이 본격화되었다.

미군정하에서 이승만 등 우익계열의 인사들이 정국 주도권을 장악하였고, 유엔 결의에 따라 1948년 5월 10일 단독 선거가 실시되었다. 이 단독선거에 반대하여 제주에서 4.3사건이 발생하기도 하였다. 5.10선거로 구성된 초대 국회에서 이승만이 대통령에 선출되었다. 이승만은 1948년 8월 15일 대한민국 정부 수립을 공포했고, 미군정이 폐지되었다.

스탈린으로부터 북한의 최고지도자로 승인을 받은 김일성은 소군정의 지원하에 중앙정부격인 '임시인민위원회'(1946년)와 '인민위원회'(1947년)의 위원장을 맡아서 다양한 민주개혁을 단행했다. 김일성과 북한 지도부, 소군정은 남한에 단독정부가 수립된 직후 선거를 실시하여 '최고인민회의'를 구성하였고, '최고인민회의'가 헌법을 제정하였다. 이 헌법에 따라 김일성을 수상으로 하는 내각이 구성되었고, 1948년 9월 9일 '조선민주주의인민공화국' 창건이 공식 선포되었다.

01
남북 분단의
국제적 요인

1945년 8월 15일 일본이 제2차 세계대전에서 연합군에 항복하면서 한반도가 일제의 식민지에서 해방되었다. 제2차 세계대전 기간에 강대국들은 카이로 회담, 얄타 회담, 포츠담 회담에서 한반도의 장래에 대해서 중요한 결정을 했다. 1943년 11월 27일에 이집트 수도인 카이로에서 개최된 '카이로 회담'에서 미국 루즈벨트 대통령, 영국 처칠 수상, 중국 장제스 총통은 "일본이 1914년 제1차 세계대전 개시 이후에 탈취 또는 점령한 태평양의 도서 일체를 박탈할 것과 만주, 대만과 같이 일본이 청나라에서 빼앗은 지역 일체를 중국에 반환하기"로 하면서, "한국민의 노예상태에 유의하여 적당한 시기에 한국을 자주 독립시킬 것in due course Korea shall become free and independent"을 결의했다. 이 회담에서 한국을 즉시 독립시키지 않고 '적당한 시기'에 독립시키기로 한 것은 당시 루즈벨트 대통령이 한국민들의 자치 능력을 의심했기 때문이었다. 이 결정은 1945년 7월 17일부터 8월 2일 사이에 독일 베를린 교외의 포츠담에서 개최된 포츠담 회담에서 재확인되었다. 미국 트루먼 대통령, 영국 처칠 수상, 중국 장제스 총통은 이 회담에서 "일본군의 완전 무장해제와 무조건적인 항복선언"을 촉구하면서 "카이로 선언의 요구조건들이 이행될 것"이라고 선언하였다.

1945년 2월 4일부터 11일 사이에 미국 루즈벨트 대통령, 영국 처칠 수상,

소련 스탈린 서기장은 흑해 연안인 얄타에서 회담을 가졌다. 이 회담에서 소련은 "독일 항복으로 유럽에서 전쟁이 종료된 후 2~3개월 이내에 대일 전쟁에 참여"하기로 했으며, 연합국은 이에 대한 대가로 "소련이 러일전쟁 때 일본에 빼앗긴 쿠릴열도와 사할린 등 영토를 소련에 반환"해 주기로 합의했다. 당시 소련은 일본과 상호 불가침조약을 맺고 있었는데, 얄타 회담으로 인해 소일 상호불가침조약이 파기되었다.

얄타회담에서 미국 루즈벨트 대통령은 스탈린에게, 한국을 미국, 소련, 중국이 신탁통치하는 다국 신탁통치 구상을 제시했다. 신탁통치 기간은 필리핀 사례에 비추어 20~30년이 적당할 것이라고 제안했다. 스탈린은 한국 신탁통치에 영국이 참여해야 한다고 주장하면서, 신탁통치 기간은 짧을수록 좋다는 의견을 제시했다. 미국이 이 의견을 받아들이면서, 미국과 소련은 한국에 대한 다국 신탁통치안을 구두로 합의하였다.

1945년 5월 9일 독일이 항복함으로써 유럽전쟁이 종료되었고, 이후 정확히 3개월이 되는 1945년 8월 8일, 소련은 일본에 선전포고를 했으며 다음 날인 8월 9일 새벽 소련군은 미국과 합의한대로 만주를 향해 진격해서 일본의 관동군을 격파했으며, 한반도 동북부쪽을 향해서 빠른 속도로 진군했다. 당일 소련군은 한소 국경인 두만강을 건너 함경북도 경흥을 점령하였다. 8월 11일 소련군은 처음으로 한반도 상륙작전을 펼쳐서 함경북도 웅기에 진입했고, 다음 날인 8월 12일에는 라진항을 점령했다. 13일부터 시작된 청진전투는 일본왕이 항복을 선언한 다음 날인 16일에야 끝이 났다. 소련군은 21일 원산항에 성공적으로 상륙했으며, 8월 22일 일본군은 소련군에게 공식 항복했다.

소련이 빠른 속도로 한반도 북부지역을 점령해 나가고 있던 8월 11일, 미국 3성(국무성, 전쟁성, 해군성) 조정위원회의 실무자들은 북위 38도선을 경계로 한국을 소련과 함께 공동 점령하는 계획을 입안하였다. 이것은 빠르게 남진하는 소련군이 한반도 전체를 점령하는 사태를 막기 위한 견제책이었다. 당시 미군은 한반도에서 600마일 가량 떨어진 일본의 오키나와에 주둔하고 있었기 때문에, 소련군이 한국의 수도 서울을 점령하기 전에 한반도에 진출하는 것은 불가능했다. 3성 조정위원회 실무자들이 마련한 38도선 한반도 분할안은 트루먼 대통령에게 보고되었고, 대통령의 승인을 받아 맥아더 사령관에게 전달되었다.

1945년 8월 16일 소련은 미국이 제시한 38도선 한반도 분할안을 수락하였고, 이에 따라 미국과 소련의 한반도 분할 점령안이 확정되었다. 미국과 소련의 이러한 합의내용은 9월 2일 미국과 일본 사이의 항복문서 조인식 때 공개되었고, 맥아더 장군의 '포고령 제1호' 발표로 공식화되었다.

02
미군정과
남한 정부 수립 과정

● (1) 조선건국준비위원회, 조선인민공화국 그리고 미군정의 시작

1945년 8월 15일 해방 직후 가장 먼저 조선의 자율적인 통치권을 실현하기 위해 움직인 세력은 독립운동가 여운형이 이끈 건국동맹이었다. 여운형은 해방 1년 전부터 비밀리에 건국동맹을 조직하고 지역 조직을 확대해 나가고 있었다.

독립 당일인 8월 15일 새벽 6시 30분 여운형은 조선총독부의 실권자였던 정무총감 엔도 류사코의 요청에 따라 정무총감 관저에서 엔도와 회담을 가졌다. 엔도는 이 회담에서 여운형에게 한국, 일본 두 민족의 충돌을 방지하기 위하여 치안유지에 협력해 달라고 요청했다. 이 회담에서 여운형은 '정치범과 경제범의 석방', '3개월간의 식량 확보', '치안유지와 건국운동을 위한 정치운동에 총독부가 간섭하지 않는다'는 조건을 내걸고 조선총독부와 행정권 이양에 합의하였다.

엔도와의 회담을 마치고 돌아온 여운형은 안재홍과 함께 곧바로 '조선건
국준비위원회^{이하 건준}'를 발족하는 작업에 착수하였다. 당일 저녁 7시에 열린 건
준 결성식에서 여운형과 안재홍은 각각 위원장과 부위원장에 선임되었고 건국
사업이 본격 추진되었다. 건준은 결성된 이후 조직과 영향력을 확대하여, 8월
31일까지 전국에 걸쳐서 145개 이상의 지부를 결성하는 놀라운 성과를 거두었
다. 건준은 치안대를 설치하여, 해방 직후 일제가 물러난 권력의 공백상태에서
우려되는 치안과 질서유지에 힘썼다. 그리고 산업 시설들과 기계, 기구, 자재,
자본 등이 함부로 폐기되거나 일본으로 유출되는 사태를 막았고, 이것들을 인
수하여 보존, 관리하는 임무도 수행하였다.

1945년 9월 6일 건준은 600여 명으로 구성된 전국인민대표자대회를 열어
'조선인민공화국 임시 조직법안'을 상정, 통과시키고 '조선인민공화국^{이하 인공}'
창설을 선포했다. 이는 일본군의 무장해제를 위해 남한지역에 미군이 진주한다
는 소식을 접한 건준과 사회주의 계열이 미국과의 교섭력을 높이기 위해서 '국
가형태의 조직'을 갖추는 것이 필요하다는 판단에 따른 것이었다. 그런데 '조선
인민공화국' 구성 및 운영과정에서 2가지 결정적인 문제가 발생했다. 첫 번째
는 당사자들의 동의도 얻지 않은 채 내각을 구성하여 발표했다는 것이다. 인공
은 9월 14일 내각 명단을 발표했는데, 이승만을 내각의 최고 수반인 주석에 추
대하고, 김구는 내무부장, 김규식은 외교부장, 김원봉은 군사부장, 신익희는 체
신부장으로 조만식은 재정부장, 김병로와 김성수를 각각 사법부장, 문교부장으
로 임명했다. 그런데, 이것은 해당 인물들과 한마디 상의나 동의도 없이 이루어
진 것이었다. 두 번째는 박헌영의 조선공산당 계열의 인물들이 인공 하부조직
을 모두 장악함으로써 우익진영의 정치지도자들로부터 외면당하고 말았다. 결
국 인공은 1945년 10월 10일 아놀드 미 군정장관의 '조선인민공화국, 조선인민
공화국 내각은 권위와 세력과 실재가 전혀 없는 것'이라는 선언과 '38도선 이남
지역의 유일 정부는 미군정뿐'이라는 미군정의 확고한 방침하에서, 유명무실해
지고 말았다.

1945년 9월 7일 맥아더 사령관의 포고령 제1호 발표와 함께 미군정이 시
작되었다. 태평양 방면 미 육군 총사령관 명의의 포고령 제1호를 통해서 맥아
더 사령관은, "미군 사령관에 의해서 북위 38도 이남의 조선과 조선 주민에 대

한 군정이 실시"된다고 선언했다. 그리고, "모든 사람은 미군사령관의 모든 명령과 권한하에 발한 명령에 복종하여야 하며, 점령부대에 대한 모든 반항행위 혹은 공공안녕을 문란케 하는 모든 행위에 대하여는 엄중한 처벌이 있을 것"이라고 경고했다.

포고령 제1호 발표 다음 날인 9월 8일 미군 선발대가 인천으로 들어왔고, 다음 날인 9월 9일 하지 중장이 24군단 9만 1천 800명의 병력을 이끌고 인천에 상륙했다. 하지는 미국 합참본부와 맥아더 사령관으로부터 일본군 항복접수와 일본 제국주의 제거, 질서유지와 정부수립 기반 조성, 한국인들의 국가운영 자치능력 향상 협력 등의 임무 수행을 명령받았다. 하지 중장이 인천에 상륙한 9월 9일 오후 3시 45분 조선총독부 제1회의실에서 일본의 항복 조인식이 진행되었으며, 조선총독부에서 일장기가 내려지고, 미 성조기가 게양되었다.

미군은 9월 19일 '재조선미육군사령부 군정청' 설치를 발표하고, 총독부 건물을 군정청 청사로 사용하기 시작했다. 미군정은 남한 내 유일한 정부임을 강조하면서 인공뿐만 아니라 중국에서 귀국한 대한민국 임시정부 등 일체의 권력구조를 인정하지 않았다. 또한 전국 각지에서 자발적으로 만들어진 건준과 치안대, 그리고 여러 대중 자치조직들을 해산시켰다. 대신에 일제 지배 시기의 친일 관료, 친일 경찰 등을 다시 고용했으며, 영어를 할 줄 아는 인사들을 미군정의 행정고문이나 고위 관료, 통역관 등으로 임명하였다.

(2) 모스크바 3상회의, 미소공동위원회와 유엔의 개입

미국과 소련이 한반도를 분할 점령한 후인 1945년 12월 16일부터 26일까지 모스크바에서 미국, 영국, 소련 외무장관이 참가한 '모스크바 3상회의'가 개최되었다. 이 회의에서 미국은 '한반도 신탁통치 10년안'을 제안하고 관철시키려고 하였으나 소련의 소극적인 태도로 미국의 주장은 상당히 후퇴했다. 최종결론은 "첫째, 한국을 완전한 독립국으로 발전시키기 위해 임시정부를 수립한다. 둘째, 한국 임시정부를 수립하기 위해 미국과 소련의 양군사령부 대표로 미소공동위원회를 2주일 이내에 구성한다. 셋째, 한국의 완전한 독립을 목표로

미국, 소련, 영국, 중국 4개국에 의한 최고 5년간의 신탁통치안을 협의한다"는 것이었다. 신탁통치 기간이 최고 5년으로 제한되었고, 경우에 따라서는 신탁통치가 생략될 수도 있는 것처럼 암시되기도 하였다. 그런데, 동아일보의 오보로 모스크바 3상회의에서 '소련이 신탁통치를 주장했고, 미국이 즉시 독립을 주장'한 것으로 알려졌다.

모스크바 3상회의의 신탁통치안이 알려진 직후, 남한 내 좌익과 우익 모두 신탁통치에 대해서 반대 입장을 분명히 했다. 특히, 우익 진영에서 신탁통치에 대한 반대가 더욱 강력했다. 김구, 이승만, 김성수 등이 "신탁은 식민지 노예 상태로 들어가는 치욕적인 처사"라고 규탄했으며, 1945년 12월 28일 수백 개의 우익 사회단체들이 모여 '신탁통치반대 국민총동원위원회^{중앙위원 76명, 상무위원 21명}'를 만들고 지속적으로 반탁운동을 전개했다.

그러던 중 1945년 12월 28일 박헌영은 38도선을 넘어 평양으로 향했고, 1945년 12월 30일부터 1946년 1월 2일까지 평양을 방문해 소련 군정 지도자들과 김일성으로부터 모스크바 3상회의의 진행상황에 대한 설명을 들은 뒤 '3상회의 결과지지'로 입장을 바꾸었다. 서울로 돌아온 박헌영은 담화문을 통해 3상회의 결정에 대해 "조선 문제 해결에 큰 진전이며, 이는 조선을 위해 가장 적당한 것이니 그 결정을 지지한다"고 발표했다. 이 담화문 발표 이후 남한 내 좌익세력들은 "3상회담 내용이 임시정부 수립을 실현하는 것이므로 절대 지지한다"고 하면서 신탁통치 찬성입장으로 돌아섰다.

1946년 새해가 시작되자마자 신탁통치안 반대와 찬성으로 갈라진 민족 내부의 입장은 즉시 우익과 좌익의 진영대결 양상으로 변해갔다. 우익진영은 2월 14일 반탁을 구호로 이승만을 의장, 김구, 김규식을 부의장으로 하는 '대한민국 대표 민주의원^{약칭 '민주의원'}'을 발족시켰고, 좌익진영은 찬탁을 내세우며 여운영, 박헌영, 허헌, 김원봉 등을 공동의장으로 하는 '민족주의 민족전선^{약칭 '민전'}'을 결성했다. 서울에서 이 두 진영 간의 군중집회 대결이 거듭되었고, 서로에 대한 맹렬한 비난과 적대감정이 고조되었다. 해방 후 처음 맞이하는 3·1절 기념식도 좌우익이 따로 개최했다. 좌익은 남산에서 3·1운동 기념행사를 진행했고, 우익은 동대문 운동장에서 기미독립선언 기념행사를 가졌다.

신탁통치에 대한 좌우익 간의 치열한 투쟁이 전개되는 가운데, 1946년 1

월 16일 덕수궁에서 미소공동위원회 예비회담이 있었는데, 이 회담에서 미소 양측은 1개월 내에 미소공동위원회를 설치하기로 합의했다. 제1차 미소공동위원회가 1946년 3월 20일 서울에서 개최되었다. 1차 회의에서 소련 대표는 임시정부 수립을 위한 한국 내 협의대상으로 모스크바 3상회의의 결정을 지지하는 정당과 사회단체만을 선정해야 한다고 주장한 반면, 미국 대표는 신탁통치를 반대했다고 해서 주요 정당이나 사회단체를 배제하는 것은 부당하다고 맞섰다. 결국 양측의 타협안이 마련되었는데, 그것은 "지금까지 반탁을 주장했을지라도 앞으로 모스크바 협정에 지지를 표시하는 선언에 서명을 할 경우에는 협의 대상에 포함시킨다"는 것이었다. 그런데, 이 타협안의 '모스크바 협정 지지'가 신탁통치를 찬성하는지 여부를 두고 미소 양측이 충돌하면서 제1차 미소공동위원회가 결렬되었다.

　　1947년 3월 12일 미국의 트루먼 대통령은 의회에 보낸 교서를 통해서, 미국이 소련 전체주의 세력의 유럽 확장을 저지해야 한다는 '트루먼 독트린'을 발표했다. 이 독트린 선언으로 미국과 소련 공산주의 세력 사이의 냉전이 본격화되기 시작했다. 독트린 발표 직후인 1947년 5월 21일 제2차 미소공동위원회가 재개되었다. 회의가 재개되자 이승만과 김구 측 정당 및 단체를 제외한 남한 내 거의 모든 정당과 사회단체가 미소공동위원회에 참가 청원서를 제출했다. 미소공동위원회는 6월 25일 서울에서 남한의 정당 및 사회단체와 합동회의를 가졌다. 그리고 6월 말에는 평양으로 자리를 옮겨 본회의와 '북한의 정당 및 사회단체와 연석회의'를 개최했다. 이렇게 순조롭게 진행되던 미소공동위원회는 협의대상이 될 정당 및 사회단체의 자격문제를 둘러싸고 다시 논쟁이 벌어짐으로써, 회담은 더 이상 진전되지 못하고 교착상태에 빠졌다. 결국 10월 21일 소련 대표단이 철수함으로써 제2차 미소공동위원회는 아무런 성과도 내지 못한 채 막을 내리고 말았다.

　　제2차 미소공동위원회가 교착상태에 빠져 있던 1947년 9월 16일 미국정부는 유엔 사무총장에게 '한국 독립 문제The problem of the independence of Korea'를 의제로 상정해 줄 것을 서면으로 요청했다. 유엔 총회는 소련의 반대에도 불구하고, 1947년 11월 14일 112차 전체회의에서 미국이 제시한 '한국 독립 문제'를 안건으로 상정하여 찬성 43, 반대 9, 기권 6으로 통과시켰다. 이 결의에 따라 호주, 캐나다, 중국, 엘살바도르, 프랑스, 인도, 필리핀, 시리아, 우크라이나 대표로 '유엔한국임시위원단'이 구성되었고, 이 '유엔한국임시위원단'에는 1948년 3월 말까지 한반도에서 총선거를 실시하여 전국적인 의회와 정부가 수립되는 것을 도울 임무가 부여되었다. 그리고 이 UN결의는 한반도에 새 정부가 수립된 후 가능한 한 90일 이내에 미군과 소련군이 철수하도록 권고하였다.

'유엔한국임시위원단'은 1948년 1월 8일 서울에 도착하였고, 1월 12일 첫 회의를 개최하여 인도대표 메논을 임시의장으로 선출했다. 위원단은 유엔 결의에 따라 남북한 지역에서 자유 총선거를 실시하고 통일정부를 수립하기 위한 작업에 착수했다. 하지만, 소련은 1948년 1월 23일 유엔 소련대표의 서한을 통해, 유엔한국임시위원단의 북한지역 방문을 정식으로 거부했으며, 결국 1948년 2월 26일 유엔 소총회는 찬성 31, 반대 2, 기권 11로 '한반도 내의 상황진전을 고려하여, 유엔한국임시위원단이 임무를 수행할 수 있는 지역에서만 총선거를 실시하도록' 결의했다. 이 결의에 근거하여 1948년 3월 1일 하지 중장은 1948년 5월 9일에 남한지역에서 총선거를 실시하겠다고 발표하였다. 이후 미군정 당국은 5월 9일에 일식이 있을 수 있다는 이유로 총선거 날짜를 5월 10일로 변경했다.

(3) 미군정하에서의 주요 정치세력과 좌우합작위원회

미군정 시기 남한의 주요 정치세력은 4가지 성향으로 구분된다. 첫 번째는 공산주의 성향의 좌파로서 주요 인물에는 조선공산당의 박헌영이 있으며, 두 번째는 보수 민족주의 성향의 우파로 이승만, 김구, 한국민주당의 송진우가 있다. 세 번째는 중도좌파로서 조선인민당의 여운형이 있고, 네 번째는 진보 민족주의 성향의 중도우파로서 대표적인 인물로 김규식과 국민당의 안재홍 등이 있다.

이 중 송진우는 신탁통치에 찬성입장을 밝힌 직후인 1945년 12월 30일 암살되었다. 1946년 5월 조선공산당이 위조지폐를 발행하여 당을 재건하려고 했던 '조선정판사 위조지폐사건' 이후 미군정이 조선공산당의 활동을 탄압하기 시작했다. 이러한 상황에서 박헌영은 1946년 9월 6일 본인에 대한 미군정의 체포령이 발포된 후 북한으로 탈출했다.

1945년 10월 16일 맥아더가 제공해 준 군용기로 미국에서 귀국한 이승만은, 10월 20일 미군정 사령관 하지 중장이 마련한 귀국 환영식에서 "한국의 자유를 위해 전 생애를 바친 위대한 애국자"로 소개되었다. 이승만은 북한지역에서 임시정부 역할을 하는 '임시인민위원회'가 창설되고, 1차 미소 공동위원회가 결렬된 직후인 1946년 6월 3일 정읍에서 열린 시국강연에서 "남한만이라도 임시정부 혹은 위원회 같은 것을 조직하여 38선 이북에서 소련이 철퇴하도록 세계 공론에 호소하여야 할 것"이라고 주장했다.

김구와 임시정부 인사들은 1945년 11월 23일 미군이 제공한 중형수송기를 타고 개인 자격으로 귀국했다. 귀국에 앞서 김구는 임시정부의 법통을 내세우면서 미육군 아시아전선 사령관 웨드마이어 장군에게 입국 후 치안유지를 임시정부가 맡을 것이며, 임시정부가 군대를 편성할 것이고, 미군정은 임시정부의 정치활동에 간섭치 말 것을 요구했다. 하지만 이러한 요구는 모두 받아들여지지 않았다.

제1차 미소공동위원회가 결렬된 직후인 1946년 5월 25일 미군정의 지지하에, 중도좌파 여운형과 중도우파 김규식을 중심으로 좌우합작위원회가 발족했다. 1946년 10월 4일 좌우합작위원회는 '좌익단체가 제시한 5원칙_{좌익 5원칙}'과 '우익단체가 제시한 8원칙_{우익 8원칙}'을 조정하여 '좌우합작 7원칙'에 합의했다. 7원칙 중 핵심사항은 모스크바 3상회의의 결정을 지지하고, 미소공동위원회 속개를 촉구하며, 입법기구의 권한과 구성방법을 결정할 수 있도록 요구하는 것이었다. 하지만, 좌우합작위원회는 1947년 5월 2차 미소공동위원회가 결렬되고, 1947년 7월 19일 여운형이 암살된 후 제대로 된 활동을 하지 못하다가 1947년 12월 6일 공식해체를 선언했다.

좌우합작위원회의 중요한 성과 중 하나는 미군정에 '입법의원'을 제안하여 설치했다는 것이다. 미군정청은 좌우합작위원회의 요청을 받아들여 1946년 8월 24일 미군정령 118호에 의거하여 '조선 과도입법의원의 창설'을 공포했다. '남조선 과도입법의원'은 미군정 사령관 하지중장이 지명하는 관선의원 45명과 주민들이 투표로 대표를 뽑고 이 대표들이 선출하는 민선의원 45명으로 구성되었다. 관선의원에는 좌우합작파가 다수 들어갔지만, 민선의원에는 이승만과 한민당 계열의 우익세력이 절대다수를 차지하였다. 이후 입법의원은 약 1년 반 동안 존속하면서, 대한민국의 정식 국회인 제헌의회가 수립되기까지 대의민주주의를 훈련하며 정착시키는 임무를 담당했다. 하지만, 입법의원에서 제정한 법령은 미군정장관의 동의를 얻어야 효력이 발생한다는 점에서 한계가 뚜렷했으며, 그러한 측면에서 입법의원은 독립된 국가의 정식 국회와는 성격이 달랐다. 미군정청은 1947년 2월 5일 군정청 민정장관에 안재홍을 임명하고, 주요 행정 책임자를 한국인으로 교체했으며 1947년 6월 3일에는 '남조선 과도입법의원'과 '법원'을 하나로 합쳐 '남조선 과도정부'를 구성했다. 이를 통해 미군정체제하에서 한국인에 의한 3권 분립의 민정체제가 갖추어졌다.

(4) 남북정치협상회의와 남한 정부 수립

하지중장이 남한지역만의 총선거를 발표한 지 2주 후인 1948년 3월 17일, 미군정은 군정령 175호 '국회의원 선거법'을 공포했다. 미국의 주도적 개입에 의해 성립된 이 선거법에 따라 만 21세 이상 국민 모두에게 선거권이 주어졌고, 하나의 지역구에서 1명을 선출하는 소선거구제가 채택되었으며, 전체 의석수는 200석으로 확정되었다.

유엔한국임시위원단의 북한방문이 거부된 직후인 1948년 2월 16일 김구와 김규식은 김일성에게 서한을 보내 '남북 정치 지도자 간의 정치협상'을 제안했다. 그들은 서한에서 "남북의 정치지도자들이 정치협상을 통하여 통일정부의 수립과 새로운 민족국가의 건설에 관한 방안을 토의하자"고 주장했다. 남한 단독선거가 발표되고 법적, 행정적 절차가 진행되기 시작하자 김구, 김규식, 김창숙, 조소앙, 홍명희 등은 단독선거, 단독정부 구성에 불참할 것이라고 선언했다. 특히 김구는 3.1절 기념식에서 "38선을 그대로 두고는 민족과 국토를 통일할 수 없다"며 남한 단독선거에 참여하지 않겠다는 의지를 분명히 했다.

1948년 3월 25일 북한은 '4월 14일에 남북 정당 및 사회단체 연석회의'를 개최하자고 제안했다. 이 제안은 2월 16일의 김구와 김규식의 서한에 대한 답

신형식은 아니었지만, 남북협상이라는 점에서는 공통점이 있었다. 북한이 제안한 연석회의에 참가하기 위해서 김구는 4월 19일, 김규식은 4월 21일 북한으로 들어갔다. 김구 일행은 4월 19일부터 23일까지 평양에서 열린 연석회의에 참석하였으며, 4월 26일과 30일에 김구, 김규식, 김일성, 김두봉의 4김 회담이 개최되었다. 이 4김 회담에서 "① 외국군 즉시철수 ② 남북 정당 사회단체 협의회를 소집하여 임시정부 수립 ③ 총선거를 통해 입법기관을 선출한 다음 헌법을 제정하고 통일정부를 세울 것 ④ 남한의 단독선거 반대"에 합의하고 공동성명서를 채택했다. 하지만 이것은 분단을 저지할 방안이 될 수는 없었다.

1948년 5월 10일, 남한 전역에서 제헌의원을 선출하기 위한 국회의원 선거가 진행되었다. 김구, 김규식 계열의 불참 그리고, 좌익세력의 단독선거 반대 투쟁에도 불구하고 유권자의 80% 이상이 등록한 가운데 95.5%의 높은 투표율을 보였다. 선거결과는 무소속 85석[42.5%], 이승만의 대한독립촉성국민회 55석[27.5%], 김성수의 한민당 29석[14.5%], 이청천의 대동청년단 12석[6%], 이범석의 민족청년단 6석[3%], 기타 13석[6%]으로 나타났다.

1948년 5월 20일 기존의 남조선과도입법의원이 해산되고, 5월 31일 5.10 총선거로 선출된 198명의 국회의원으로 구성된 제헌의회가 개원했다. 6월 10일 국회의장단이 구성되었는데 초대 국회의장에는 이승만, 부의장에는 신익희와 김동원이 선출되었다. 신익희는 중경 임시정부 내무부장 출신으로 대한독립촉성국민회 소속이었다. 6월 3일 조직된 헌법기초위원회는 16차례 회의를 거쳐 6월 23일 내각책임제의 요소가 반영된 대통령 중심제 헌법초안을 본회의에 제출했다. 제출된 헌법초안에 대한 수정작업이 진행되었으며, 7월 7일 국회 본회의는 헌법 초안에 대한 심의를 종료했다. 7월 12일 제28차 본회의에서 전문과 10장 103조로 구성된 헌법안이 만장일치로 가결되었고, 7월 14일 국회의장 이승만의 서명을 거쳐 7월 17일 공포·시행되었다.

헌법이 공포된 지 3일 후인 7월 20일 국회에서 대통령 간접선거가 실시되었다. 이 선거에서 이승만이 재석의원 196명 가운데 180명의 지지를 받아 대통령에 당선되었다. 부통령에는 임시정부의 원로인 이시영이 선출되었다. 8월 4일 국회 본회의에서는 국회의장 이승만의 대통령 당선으로 공석이 된 국회의장직을 보충하기 위해 선거가 실시되었고, 부의장 신익희를 국회의장으로 선출하였다. 8월 5일 국회 제40차 본회의에서는 대법원장 김병로의 인준안이 가결되었다. 이로써 입법부, 행정부, 사법부 등 헌법기관의 구성이 완료되었다. 1948년 8월 15일, 이승만 대통령이 대한민국 정부 수립을 발표하였고 미군정은 즉시 폐지되었다.

03
소련군정과
북한 정부 수립 과정

(1) 소련군정하의 행정 10국, 조선공산당 북조선 분국 설치

1945년 8월 9일 일본과의 교전을 시작한 소련군은 1945년 8월 21일 원산항에 성공적으로 상륙했고, 8월 22일 일본군이 소련군에 공식 항복했다. 8월 26일 오후에 소련 극동군 25군 사령관 치스차코프 대장이 평양에 입성해서 포고문을 발표했다. 포고문에는 "붉은 군대와 연합국 군대들이 조선에서 일본 약탈자를 몰아냈고, 조선은 자유국이 되었다. 조선인민들은 자유와 독립을 찾았고, 이제 모든 것은 여러분에게 달려 있다. 조선인민은 반드시 스스로 자기 행복을 창조하는 자가 되어야 할 것이다"라고 언급되어 있었다.

치스차코프 대장은 평양에 도착한 직후 일본군 사령관을 만나 무장해제 절차를 논의한 뒤, 조만식과 건국준비위원회 간부들 그리고, 현준혁 조선공산당 평남지구위원장을 회담에 초청했다. 조만식은 회담이 시작되자마자 치스차코프에게 "소련군은 해방군인가? 점령군인가?"를 물었다. 치스차코프 대장은

"곧 평양에 올 레베데프 정치사령관에게 물어보라"고 하면서 대답을 미루었다. 이 자리에서 건준과 공산당을 동수로 하여 새로운 인민위원회를 구성하는 것이 합의되었다. 인민위원회가 각 지방에서 사회질서 유지와 주민 생활안정을 위해 활동하는 가운데 각 도 사이의 협력과 연계 필요성이 증대되었다. 이 문제를 해결하기 위해서, 10월 8일 평양에서 개최된 5도 인민위원회 연합회의에서, 소련군정 사령부는 정권 체계를 갖출 것을 지시하였다. 이에 따라 1945년 10월 11일 이북지역에서 면 인민위원회 선거가 진행되었고, 선출된 인민위원회 대표들은 소련군정의 지시를 받아들여 일제 잔재 청산, 사회질서 유지, 생활안정 등을 적극 해결하기 위해 1945년 11월 19일, '북조선 행정 10국'을 창설하였다. '북조선 행정 10국'은 산업국, 교통국, 농림국, 체신국, 재무국, 교육국, 보건국, 사법국, 보안국, 상업국으로 구성되었다. '행정 10국'은 소련군정 사령부의 명령과 지시사항을 수행하면서 각 지역과 여러 조직들 사이의 관계를 조절하고, 지역주민과 산업, 교통, 공공시설의 필요사항들을 해결해 나갔다.

김일성과 그의 항일빨치산 동료들은 소련군의 지시에 따라 1945년 9월 19일 원산항을 통해 귀국했다. 스탈린은 김일성이 귀국하기 보름 전인 1945년 9월 초순에 극비리에 김일성을 모스크바로 불러들여 크렘린궁과 별장에서 단독 면담한 후 그를 북한의 최고지도자로 낙점했다. 이에 따라, 김일성이 귀국하기 전에 이미 소련군정은 김일성을 평양에 보낼 계획과 그가 살 주택, 경호원을 준비시켜 두었다. 김일성 귀국 직후 소련군정은 김일성과 조만식의 만남을 주선했을 뿐만 아니라, 서울의 박헌영을 평양으로 불러들여 김일성과 함께 조선공산당 문제를 논의하도록 했다. 1945년 10월 8일 저녁에 시작된 김일성과 박헌영의 회담에서, 서울에 이미 존재하는 '조선공산당 중앙'과는 별개로 38선 이북 지역의 공산주의 활동을 책임지는 '조선공산당 북조선 분국'을 평양에 설치하는 데 합의하였다. 이러한 배경하에서, 1945년 10월 10일부터 13일까지 4일간 평양에서 '조선공산당 서북 5도 책임자 및 열성자 대회'가 개최되었으며, 대회 마지막 날인 10월 13일 '조선공산당 북조선분국' 설치가 최종 결정되었다. 북한은 오늘날까지 '조선공산당 서북 5도 책임자 및 열성자 대회'가 개최되었던 10월 10일을 '조선로동당' 창건일로 기념하고 있다.

'조선공산당 북조선분국' 설치가 확정된 다음 날인 10월 14일, 평양 공설

운동장에서 '김일성 장군 환영 평양시민대회'가 열렸다. 김일성은 소련 제25군 정치사령관 레베데프 소장, 조만식에 이어 세 번째로 연단에 나와서 소련군정이 작성해 준 연설원고를 읽었다. 김일성은 이 환영대회와 관련해서, "내가 연단에 나설 때 '조선독립 만세!'를 부르는 군중들의 함성과 환호성은 고조에 달했다. 그 환호성을 듣는 순간 나의 심신에서는 스무 해 동안 쌓이고 쌓인 피곤이 한꺼번에 다 달아나 버렸다. 민중의 환호성은 열풍이 되어 내 몸과 마음에 뜨겁게 와닿았다. 내 일생에서 가장 행복한 순간이었다"고 회고했다.

(2) 임시인민위원회 민주개혁과 '북조선로동당' 창립

1945년 12월 26일 모스크바 3상회의 이후, 소련군정은 민족지도자 조만식에게 신탁통치 지지를 요청했지만 '즉각적인 독립'을 원했던 조만식은 이 요구를 거절했다. 결국 소련군정은 조만식이 정치적 영향력을 행사하지 못하도록 차단하기 위해, 조만식이 고려호텔에서 벗어나지 못하도록 통제했다.

제1차 미소공동위원회가 열리기 전인 1946년 2월 7일, 북한 지역의 정당 및 사회단체 간부, 도인민위원회 위원장, 행정국장 등 32명이 모여 각 지방 인민위원회를 총괄하는 중앙권력기구인 '북조선임시인민위원회' 구성에 합의했다. 다음 날인 2월 8일에는 '북조선 각 정당 및 사회단체, 행정국, 각 도·시·군 인민위원회 대표 확대협의회'가 열려 '북조선임시인민위원회' 수립이 정식으로 결정되었고, 23명의 임시인민위원회 위원이 선출되었다. 이 자리에서 김일성은 임시인민위원회 위원장에 선출되었다.

김일성을 중심으로 한 임시인민위원회는 북한 지역에 민주기지를 강화하기 위해서 '민주개혁'을 시작했다. 먼저, 1946년 3월 5일 '북조선 토지개혁에 관한 법령'을 발표하면서 토지개혁을 단행했다. 이 법령은 기존의 토지소유 관계를 전면 부정하고 '5정보 이상 토지에 대한' 무상몰수, 무상분배 원칙을 규정했다. 평양에 있는 공산당위원회 건물에 수류탄이 투척되고, 황해도 사리원에서 토지개혁과 김일성을 반대하는 전단이 살포되는 등 일부 저항이 있긴 했지만, 토지개혁은 불과 26일 만에 마무리되었다. 이것은 치밀한 계획과 준비, 그리고 토지 소유에 대한 농민들의 강한 열망이 작용한 결과였다.

토지개혁이 성공적으로 마무리된 이후인 1946년 6월 24일, 임시인민위원회는 일반 기업소와 사무 기관의 노동자, 사무원의 8시간 노동제를 규정한 '노동자 및 사무원에 대한 법령'을 발표했고, 1946년 7월 30일에는 남녀간 불평등 관계를 개혁하는 '남녀평등권에 관한 법령'을 제정했다. 1946년 8월 10일에는 일본 및 친일파가 소유했던 일체의 기업소, 광산, 발전소, 은행 등을 국유화하는 '산업, 교통, 운수, 체신, 은행 등의 국유화에 관한 법령'을 공포·시행했다.

한편, 1946년 8월 28일, 북조선공산당과 조선신민당은 합당을 통해 '북조선로동당'이라는 새로운 정당을 창립하였다. 북조선공산당은 '조선공산당 북조선 분국'이 1946년 5월 말에 그 명칭을 바꾼 것이다. 그리고 조선신민당은 일제 강점기 때 모택동의 중국공산당과 함께 항일투쟁과 중국혁명에 참여했던 박일우, 김두봉, 최창익, 한빈 등 이른바 연안파 공산주의자들이 결성한 정당이었다. '북조선로동당'이 창립되면서 43명의 당 중앙위원회 위원이 선출되었다. 선출된 43명의 당 중앙위원회 위원은 당 규약에 따라 "일상적 정치지도를 위하여" 5명으로 구성된 '정치위원회'를 조직했다. 정치위원에는 김두봉, 김일성, 주녕하, 최창익, 허가이가 선출되었는데, 이 중 김두봉이 위원장, 김일성, 주녕하가 부위원장으로 선정되었다. 비록 김일성이 부위원장이긴 했지만, 정치위원회 위원장인 김두봉이 연설에 앞서 '우리의 지도자 김일성 장군 만세'를 불렀을 정도로 김일성이 '북조선로동당'의 주도적 인물이었다.

(3) 북조선 인민회의와 북조선 인민위원회

북조선 임시인민위원회는 소련군정의 지도하에, 정권강화와 합법성 확보를 위해 보통선거를 준비했다. 선거는 대의제를 바탕으로 한 '정통성' 있는 정권기관을 창출하기 위해 꼭 필요한 절차였다. 임시인민위원회는 선거실시를 위해 먼저 공민증을 교부하는 작업을 했다. 임시인민위원회는 1946년 8월 2일 '공민증 교부에 관한 결정서' 제57호를 채택하여, 9월 1일부터 보안서와 공민증 교부사무소를 통해 만 18세 이상의 주민에게 공민증을 교부했다. 1946년 9월

5일 열린 임시인민위원회 제2차 확대위원회에서 위원장인 김일성은 선거를 통해 각급 인민위원회를 법적으로 공고화해야 할 필요성을 강조했다. 임시인민위원회는 1946년 9월 13일 중앙확대위원회를 개최하여 인민위원회 선거를 보통, 직접, 평등, 무기명 투표 원칙에 따라 실시할 것과 '흑백함 투표'로 진행할 것을 결정했다.

이러한 준비과정을 거쳐 1946년 11월부터 1947년 3월까지 북한 전역에서 각급 인민위원회 선거가 실시되었다. 도·시·군 인민위원회 선거는 11월 3일, 리洞 인민위원회 선거는 1947년 2월 24일~25일, 면 인민위원회 선거는 1947년 3월 5일 각각 실시되었다.

도·시·군 인민위원회 선거를 통해서 선출된 3,459명의 인민위원회 위원들 중에서, 1,159명의 대표 위원들이 1947년 2월 17일부터 20일까지 평양에서 진행된 '도·시·군 인민위원회 대회'에 참가하였다. 대회 2일째인 1947년 2월 18일, 대회 참가자들은 북조선 임시인민위원회가 과거 1년간 제정·실시한 북한 민주개혁 법령인 '토지개혁법령', '산업국유화법령', '노동법령', '남녀평등권 법령' 등을 정식으로 승인했다. 그리고 마지막 날인 2월 20일에는 '북조선인민회의 규정에 관한 법령'을 통과시켰으며, 이 법령에 근거해서 전체 인민위원 가운데서 237명의 '북조선인민회의' 대의원을 선출했다. 선거로 뽑힌 237명의 인민회의 대의원 구성을 보면 조선로동당 86명[36%], 민주당 30명[13%], 천도교청우당 30명[13%], 무소속 91명[38%]이었다.

1947년 2월 21일 '북조선인민회의' 1차 회의가 개최되었다. 이 회의에서 '북조선인민회의 상임위원회'가 조직되었는데 위원장에는 김두봉, 부위원장에는 최용건, 김달현이 선출되었다. 이와 함께 인민회의 1차 회의에서는 '미소공동위원회에서 통일적 임시정부가 수립될 때까지'라는 조건하에 '북조선 인민위원회' 구성을 승인했다. '북조선인민회의'는 최용건의 제안을 받아들여 김일성을 '북조선 인민위원회' 위원장으로 추대하면서, '북조선 인민위원회' 조직에 관한 모든 권한을 김일성에게 위임했다. 김일성은 인민위원회 부위원장, 기획국장, 내무국장, 외무국장, 상업국장, 교육국장, 노동국장, 사법국장, 인민검사국장, 선전국장 등 총 22개 부서의 국장을 선임했다. 이러한 과정을 거쳐 1947년 2월 22일 '북조선 인민위원회'가 정식으로 출범했다. 외무국의 신설에서 나타나듯이 북조선 인민위원회는 대내외적으로 실질적인 정부로서의 기능을 수행했다. 1947년 당시 북조선 인민위원회는 위원장 김일성과 외무국장 리강국 명의로 여권을 발행했고, 소련정부와는 조소 해운회사 설립과 관련하여 '3개 항구의 양도에 관한 협약'을 맺었다. 북조선 인민위원회는 1947년 3월 19일 김일성 명의로 남한 미군정장관 브라운 소장 앞으로 서한을 보내어, 북한이 보내주고 있는 전기에 대한 요금 지불에 관한 교섭을 요구하였다. 미군정은 이 요구를 정치적 공세로 받아들여 교섭을 거부하였으며, 미군정의 정식 교섭당사자는 어디까지나 북한 지역 점령 책임자인 소련군정이라는 입장을 취했다. 하지만 1947년 2월 21일 소련군정 사령관인 치스차코프 대장은, 소련 외무상이 '소련 정부의 위임에 의해서' 북조선 인민회의 1차 회의 대표단에 보내온 축전을 북조선 인민회의에 전달했다.

(4) 북한 정부 수립

1947년 11월 14일 유엔에서 한반도 총선거 실시를 돕기 위한 '유엔한국임시위원단' 구성이 결정된 직후인 11월 18일, 북한에서 제3차 '북조선인민회의'가 개최되었다. 이 회의에서 '전 조선에 적용할 헌법'을 만든다는 명분하에 김두봉을 위원장으로 하는 '조선임시헌법 제정위원회'가 구성되었다. 이 위원회에서 작성한 헌법초안은 1948년 2월 7일 북조선인민회의 제4차 회의에 제출되었고, 북조선인민회의는 이 임시헌법 초안을 '전인민적 토의'에 붙이기로 결정하였다. 1948년 2월 28일부터 4월 25일에 걸쳐서 진행된 임시헌법 초안에 대한 '전인민적 토의'를 통해서 5,800여 통의 지시결정서와 2,238통의 수정 및 첨가안들이 접수되었다. 이러한 과정을 거쳐 수정된 헌법초안은 1948년 4월 28일~29일에 열린 북조선인민회의 특별회의에서 만장일치로 통과되었다.

북한 지도부는 임시헌법 초안 작성, 수정과 함께 남북연석회의 개최를 추진했으며, 1948년 4월 19일부터 23일까지 김구, 김규식 등이 참여한 가운데 평양에서 '남북 정당 및 사회단체 연석회의'가 개최되었다. 그리고 그 연장선상에서 6월 29일부터 7월 5일까지 해주에서 '제2차 남북조선 제정당 사회단체 지도

자협의회'가 열렸고, 이 자리에서 "남북조선 양 지역에서 선거를 실시하여, 남
북조선 대표에 의해 조선중앙정부를 수립할 것"이 결정되었다. 이 결정에 따라
북한 지역에서는 총선거를 통하여 조선 최고인민회의 대의원을 선출하기로 하
였고, 남한 지역에서는 공개선거가 불가능한 '특수한' 상황을 고려하여 이중 비
밀 지하선거를 실시하기로 하였다.

제2차 남북지도자협의회가 끝나고 4일이 지난 7월 9일, 북조선인민회의는
제5차 회의를 열어 인민공화국 수립 일정과 방법을 논의했다. 이 회의에서 최
고인민회의 선거를 1948년 8월 25일 실시하기로 결정하였고, 대의원 선거규정
과 중앙선거위원회 조직문제가 마무리되었다.

1948년 8월 25일 북한 정권 수립을 위한 '최고인민회의' 대의원 선거가 실
시되었다. 212개 선거구에 227명이 입후보했으며, 선거방식은 흑백 찬반투표
로 진행되었는데 최종 투표율은 99.97%로 집계되었다. 이와 함께 남한 지역 대
표를 선출하기 위한 '남조선 인민대표자대회'가 8월 21일부터 26일까지 해주에
서 개최되었다. 이 해주 대회에는 7월 중순부터 남한 지역에서 철저한 비밀선
거를 통해 선출된 1,080명의 남한 대표가 참석했는데, 그 가운데서 360명이 대
의원으로 선출되었다. 이러한 과정을 거쳐 북한지역 대표 212명, 남한지역 대
표 360명 총 572명의 초대 '최고인민회의' 대의원들이 결정되었다.

1948년 9월 2일 평양에서 초대 대의원들이 참가한 가운데 '제1차 최고인
민회의'가 개최되었다. 이 회의는 9월 9일까지 6일 일정으로 진행되었는데, 9월
8일에 헌법이 최종적으로 채택되었고, 회의 마지막 날인 9월 9일 김일성을 수
상, 박헌영을 부수상으로 하는 내각이 구성되었다. 김일성은 조선민주주의인민
공화국의 창건을 공식적으로 선포하였다.

토의주제

1. 남북 분단의 결정적 책임이 남북을 분할 점령한 미국과 소련에 있는가 아니면 정치적 단결을 이루지 못한 우리 민족 지도자에게 있는가?

2. 미군정이 친일 관료, 친일 경찰을 다시 고용함으로써 친일파 청산의 중요한 기회를 놓쳤다. 친일파 청산의 실패가 오늘날 한국사회에 어떤 영향을 미치고 있는가?

3. 북한의 김일성과 남한의 이승만이 남북 정부 수립과정에서 어떤 역할을 하였는지 구체적으로 토론해 보자.

4. 여러분이 미군정과 남한정부 수립 시기에 남한의 중요한 정치인이었다면, 어떤 입장에서 어떤 정치적 선택을 했을 것인가?

도
입

이 주제와 관련 동영상
- 〈북한의 정치체제〉 (출처: 통일부)

교
육
목
표

· 한반도 문제에 대한 이해 방법을 알아본다.

· 남북한 체제 발전과 정치적 정당성 문제에 대한 이해를 높인다.

· 남북한 체제 발전의 역사를 살펴본다.

한반도 역사 탐구(2)　　문인철

남북한 체제
발전의
역사

내용요약

탈냉전에도 불구하고 한반도는 여전히 냉전적 질서가 지속되고 있다. 이는 남한과 북한이 국제질서의 변화라는 환경적 요인과 무관하게 자생적인 체제를 구축하고 있음을 잘 나타낸다. 남한과 북한의 집권 세력은 분단 상황으로 인해 서로 적대적이지만 상호의존하는 모습을 보이고 있다. 가령, 1970년대 초 남한은 '유신체제'를 수립하였다. 마찬가지로 북한도 사회주의 헌법을 채택하여 '유일독재체제'를 강화하였다. 그런데 이러한 남북한 정치변동은 국제정세 및 남북관계와 관련이 있다. 따라서 분단 상태하에서 남북 두 국가권력이 보여준 내외적 행동은 '체제경쟁'이라는 차원에서 이해될 필요가 있다. 한반도 문제는 자본주의체제와 공산주의체제의 우월성 경쟁과 선택의 차원에서 이해될 수 있다. 그런데 주목할 점은 남북한의 체제경쟁 논리는 한반도 주민들의 삶에 오로지 긍정적으로만 기여한 것은 아니라는 점이다. 남북한 체제경쟁 논리는 집권세력들이 각 체제가 지닌 문제들은 은폐하거나 합리화하는 데 활용되었다. 앞서 언급했듯이, 따라서 한반도 문제를 이해하는 데 있어 이분법적 사고는 복잡한 남북관계를 설명하는 데 부적절하다고 할 수 있다. 한반도를 둘러싼 국제적 차원부터 남북한 관계적 차원, 그리고 남북한 내부적 차원을 총체적으로 고려할 때 한반도 문제를 좀 더 적실성 있게 설명할 수 있을 것이다.

01
한반도 분단구조에 대한 이해

● (1) 한반도 문제를 어떻게 이해할 것인가?

남한과 북한 모두 '우리의 소원은 통일'이라고 외치고 있다. 그 소원의 근저에는 한민족이 있다. 즉, 남한과 북한이 주장하는 통일은 민족공동체 회복 또는 민족동질성 회복이다. 그러기 위해서는 우선 분단된 영토를 하나로 합쳐야한다. 하지만 단순히 지리적으로 통합된다고 해서 남한과 북한이 통일되는 것은 아니다. 서로 다른 이데올로기를 비롯해서 정치체제와 경제체제, 그리고 오랜 분단 속에서 매우 이질화된 사회문화를 통합해야 한다. 그래야 진정한 한반도 통일이 이루어질 수 있다. 그렇다면 왜 그동안 남북관계는 갈등이 지속되었는가? 왜 한반도는 휴전상태를 벗어나지 못하는 것일까?

이에 대한 대답은 한반도 분단 상황을 지속시키는 남북한 내외의 역학 및 구조와 관련이 있다. 한반도의 분단 상황은 확실히 독일과 베트남 사례와 많이 다르다. 한반도 분단은 일종의 시스템체제과 같은 상태로 지속되고 있으며, 이는 남북한 주민의 삶과 의식을 제약해 왔다. 백낙청 교수가 주장한 '분단체제론'은 한반도 문제를 총체적으로 이해하는 데 많은 함의를 제공하고 있다. 백 교수는 분단체제를 "현존 자본주의의 세계체제가 한반도를 중심으로 작동하는 구체적인 양상"이라고 보았다. 이는 자본주의 세계체제가 두 분단국가의 운영원리로서 작용한다는 것을 의미한다. 그러한 점에서 한반도 문제는 단순히 관계적 차원의 정전체제만을 의미하지 않는다. 또한 두 분단국가인 남한과 북한 체제 내부만의 문제도 아니며, 나아가 이를 둘러싼 세계체제의 문제도 아니다. 한반도의 분단 문제를 전체적으로 이해하려면 '남북한 내부적 차원', '남북한 관계적 차원', 그리고 한반도를 둘러싼 '전지구적 차원'을 연결해서 생각해야 한다.

한반도 분단의 원인이라고 할 수 있는 냉전체제가 해체되었음에도 불구하고 남한과 북한은 여전히 냉전 시대와 같은 정치, 군사적 대립과 갈등을 지속하고 있다. 이는 남한과 북한이 국제질서의 변화라는 환경적 요인과 무관하게 자생적인 체제로 작동하고 있음을 잘 나타낸다. 즉, 분단의 원인으로 작용하였던 국제적 차원의 문제 해결, 다시 말해 냉전 해체가 통일이라는 결과를 가져오지 못했다. 그 때문에 한반도 문제에 대한 이해는 세 가지 차원이 복합적으로 고려되어야 하지만 여전히 남북한 체제 내적인 문제가 좀 더 부각된다. 가령, 남한과 북한의 집권세력은 대립만 했던 것은 아니었다. 양측 집권세력은 서로 신뢰하지 않고 적대적이었지만 필요에 따라 때때로 협력하기도 하였다. 1970년대 초 남북대화가 진행되면서 남한은 '유신체제'를 수립하였다. 마찬가지로 북한도 사회주의 헌법을 채택하여 '유일독재체제'를 강화하였다. 그런데 이러한 남북한 정치변동은 국제정세 및 남북관계와 관련이 있다. 당시 시기는 국제적 긴장완화가 이루어지던 데탕트였다. 따라서 분단 상태에서 남북한의 두 국가권력이 보여준 대내외적 행동은 '체제경쟁'이라는 차원에서 이해될 필요가 있다.

한반도 문제는 자본주의체제와 공산주의체제의 우월성 경쟁의 차원에서도 이해될 수 있다. 그런데 주목할 점은 남북한의 체제경쟁 논리는 한반도 주민들의 삶에 긍정적으로만 기여한 것은 아니라는 점이다. 남북한 체제경쟁 논리는 집권세력들이 각 체제가 지닌 문제들을 은폐하거나 합리화하는 데 활용되었기 때문이다. 남북한 체제경쟁이 심화되면서 수립된 '유신체제(남한)'와 '유일체제(북한)'는 각자가 표방하던 '민주주의', '사회주의'로부터 이탈된 체제였다. 남북 체제경쟁 논리는 남북한 주민들의 의식과 시각도 제약했다. 큰 맥락에서 보면 냉전 시기의 사회주의 국가나 자본주의 국가 모두 근대 자본주의 세계체제에 놓여 있었다. 가령, 냉전기 북한, 구소련, 중국을 비롯한 국가사회주의체제가 자본주의 세계체제를 완전히 바꾸어 새로운 질서를 구축한 것도, 또 이로부터 완전히 이탈했던 것도 아니었다. 실제로 북한, 소련, 중국 등 국가사회주의체제 내부에서는 사회주의체제를 유지함에 있어 제기되는 자본주의체제와 관련된 내적 논쟁이 끊임없이 제기되었다. 여전히 회자되고 있고, 정치학의 중요한 연구 주제 중 하나인 베른슈타인과 로자 룩셈부르크의 수정주의 논쟁은 이를 보여준 대표적인 사례이다.

한반도 문제를 이해하는 데 있어 자본주의 또는 공산주의(혹은 사회주의)라는 이념적인 이분법적 사고는 복잡한 남북관계를 설명하는 데 한계가 있다고 할 수 있다. 국제적 차원부터 남북관계적 차원, 그리고 남북한 각각의 내부적 차원을 총체적으로 고려할 때 한반도 문제를 좀 더 적실성 있게 설명할 수 있다.

(2) 한반도 분단 체제의 성격

6.25전쟁은 남북 분단을 고착화하는 결정적 계기가 되었다. 특히, 전쟁은 남한과 북한의 체제 발전에 많은 영향을 미쳤다. 6.25전쟁이 남한에 미친 영향은 다음과 같이 정리할 수 있다. 첫째, 국제적 차원에서 미국 중심의 '세계체제'에 통합되었다. 둘째, 지역적 차원에서 일본 중심의 '지역체제'에 편입되었다. 셋째, 국내적 차원에서 '권위주의' 정권이 출현하였다. 넷째, 이념적 차원에서 반공주의가 확산되었다. 구체적으로 6.25전쟁 이후 남한은 미국을 중심으로 한 유엔과 브레튼우즈체제로 대표되는 국제정치경제체제에 통합되었다. 그리고 남한은 일본 경제의 하부구조로 편입되어 동아시아 지역의 경제적 분업체제에 동참하게 되었다. 또한 남한은 6.25전쟁을 계기로 지주-소작관계를 청산한 반면, 신흥자본가를 등장시켰고, 이들은 권위주의 정권의 새로운 지지 세력이 되었다.

다음으로 6.25전쟁이 북한에 미친 영향은 다음과 같다. 첫째, 국제적 차원에서 구소련 중심의 사회주의적 국제체제에 통합되었다. 둘째, 지역적 차원에서 중국 중심의 지역체제에 편입되었다. 셋째, 국내적 차원에서 김일성 독재체

〈휴전선: 한국전쟁 직후와 현재〉

출처: (좌) http://blog.naver.com/PostView.nhn?blogId=yselkr&logNo=150009405263&parentCategoryNo=9&c
ategoryNo=&viewDate=&isShowPopularPosts=true&from=search
(우) http://egloos.zum.com/oongsoo/v/10604801

제가 확립되었다. 넷째, 이념적 차원에서 사회주의로 포장한 전체주의가 공고
화되었다. 구체적으로 북한은 6.25전쟁 이후 미국 중심의 세계체제로부터 이탈
하여 사회주의 체제에 완전히 통합되었다. 그리고 6.25전쟁을 통해 북중관계가
공고화됨으로써 동아시아 지역차원에서 중국의 영향력을 강화시켰다. 또한 남
한처럼 북한도 6.25전쟁을 통해 지주－소작 관계의 잔재를 완전히 제거함으로
써 김일성 유일독재체제의 토대를 마련하였다. 마지막으로 북한은 전쟁과 전후
복구기간 동안 사상의식적 차원에서 전체주의적 사회주의 이데올로기와 반미
주의를 강화하였다.

이처럼 6.25전쟁은 남한과 북한이 각기 상이한 국제체제에 편입되게 만듦
으로써 한반도 분단 문제를 국제화시켰다. 국제화된 한반도 문제는 다시 남한
과 북한에 내화됨으로써 한반도 분단을 지속시키는 근본 원인으로 작용하였다.
따라서 한반도 분단의 일차적 원인은 '외부적 차원'에서 찾을 수 있지만, 그것의
내적인 작동 논리는 '내부적 차원'에 기반을 둔다. 다시 말해, 한반도 분단체제의
고착화는 일차적으로 냉전이라는 양극체제에서 오는 외부 갈등적 위기 상황에
서 비롯된 것이다. 이러한 위기상황에 대처하기 위한 '안보국가'는 민족 공동체
회복이라는 상징적 가치 아래 각 정권의 권력 유지 및 확보의 수단으로 활용되
었다. 그러한 점에서 남한과 북한은 서로를 대상으로 한 체제 생존 논리를 확립
했고, 여전히 상호 배타성과 폐쇄성을 가진 채 현재에 이르고 있다. 서로에게 남
한과 북한의 존재는 자신의 정권을 유지하는 강력한 근거가 되었다. 송두율 교

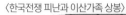

〈한국전쟁 피난과 이산가족 상봉〉

출처: (좌) https://goo.gl/images/xVy8EX, (우) https://goo.gl/images/yHDdmZ

수의 말처럼 한반도 분단체제는 "상호침투성을 갖는 두 부분이면서 상대방 체제를 각각 자기의 환경으로 경계 짓는 체제"라고 할 수 있다. 남북한 체제의 경계는 서로를 분리시키면서도 상호 연결하는 이중적 기능을 하고 있다.

남북한 체제 발전의 역사는 분리된 것이 아닌 상호 밀접한 관련이 있다고 할 수 있다. 그동안 남한과 북한은 평화와 통일을 일종의 정권 유지를 위한 상징 가치로 활용해 왔다. 평화공존은 남북한 모두 절대로 받아들일 수 없는 명제였다. 왜냐하면 평화공존은 곧 분단의 영구화를 의미하기 때문이다. 즉, 평화공존은 두 개의 독립국가화를 의미하게 된다. 한반도에서 두 개의 독립국가를 인정한다는 것은 상대의 체제를 인정하는 것이고, 이는 결국 통일을 포기하는 것이 된다. 따라서 남북한 서로에 대한 통일 정책은 각자의 입장에서 볼 때 체제 전복 또는 체제 와해 정책과 같다.

이러한 문제로 인해 1992년에 체결된 '남북 사이의 화해와 불가침 및 교류협력에 관한 합의서^{남북합의서}'에서는 남과 북의 관계를 "통일 과정의 잠정적 특수 관계"로 규정하고, 통일을 하나의 과정으로 접근했다. 통일을 결과가 아닌 하나의 과정으로 접근하게 되면서 자연스럽게 평화공존과 분단의 영구화 혹은 반통일적 접근이라는 논리적 충돌을 해결할 수 있게 되었다. 그러나 이러한 논리 속에도 정작 통일의 주체인 민족은 빠져 있다. 안타깝게도 남한과 북한이 주장하는 민족 공동체 회복에서의 민족은 각자의 기득권을 유지하기 위한 일종의 타자화된 행위자일 뿐이다. 결과가 아닌 과정으로서의 통일과 마찬가지로 민족 공동체 혹은 민족동질성 회복도 결과가 아닌 과정으로서의 접근이 필요하다.

체제의 통합 또는 민족의 통일은 어느 한쪽에 흡수되는 것이 아닌 서로 융복합되는 것이다. 물론 남과 북이 융복합된 통일 한국은 헌법 전문에 명시된 것처럼 자유민주적 기본질서를 바탕으로 해야 할 것이다. 그리고 이러한 바탕 아래 철저한 준비가 이루어졌을 때 비로소 통일이 가능할 것이다. 2023년 1월 통일부 업무보고에서 한 윤석열 대통령의 발언은 철저한 통일 준비의 필요성과 미래 통일 한국의 방향성에 많은 시사점을 제공한다. 윤 대통령은 "통일은 갑자기 찾아올 수 있으니 준비된 경우에만 그것을 실현할 수 있다"고 언급했다. 이는 현재보다 더 나은 한반도, 새로운 통일한국이 되기 위해서는 특정 주체가 아닌 모든 분야의 각계 각층에서 통일을 철저히 준비하고, 그 과정에서 발생할 수 있는 다양한 문제점을 해결할 수 있도록 철저히 대비해야 한다는 지극히 합리적이고 상식적인 명제를 제시해준다. 따라서 통일 한국의 민주주의는 폐쇄적이고 배타적이어서는 안 되고 한반도 문제가 오로지 남북한 그리고 한민족의 문제만은 아니라는 점에서 세계질서와도 동떨어져서는 안 된다.

통일한국은 자유민주주의와 열린 민족주의, 그리고 국제주의를 지향할 필요가 있다. 그리고 윤 대통령의 발언처럼 통일을 위해서는 "경제적, 사회적, 문화적, 경우에 따라 군사적 역량까지 전부 갖추어야" 할 것이다.

02
정치적 정당성이란
무엇인가?

남북한 체제 발전의 역사를 살펴보기 전에 왜 권력자들혹은 정치지도자들이 정당성을 확보하기 위해 노력하는지를 이해할 필요가 있다. 한반도 분단체제는 남북한 모두 권력자들의 권력 획득 및 유지를 위해 활용되어 온 측면이 존재하기 때문이다. 보통 권력자들은 자신의 정당성을 확보하기 위해 유무형의 강제력뿐만 아니라 동의의 기제도 활용한다. 이는 정치체제와 관계없이 모든 지도자들에게 공통적으로 나타나는 현상이다. 따라서 민주주의체제뿐만 아니라 비민주주의체제의 정치지도자들도 대중의 이익을 추구함으로써 자신들의 통치 행위를 정당화한다.

막스 베버Max Weber에 따르면 어떠한 체제도 그 자체의 존속을 보장받기 위한 근거를 마련하기 위해 물질적, 감정적, 이상적 동기에 호소한다. 또한 모든 정치 및 사회 체제는 권력을 유지하기 위한 방법으로 모든 사회조직으로 하여금 체제에 대한 정당성에 믿음을 갖도록 만든다. 베버는 권력의 정당성이 '합리성', '전통성', '권위'라는 세 가지 차원에서 확보된다고 주장했다. 정당성의 합리적 근거는 규칙이나 법 등 정부 당국이 명령할 수 있는 권리가 있다는 믿음에 기반을 둔다. 정당성의 전통적 근거는 전통이라는 역사적 존엄성과 이러한 전통 속에서 권력을 행사하는 사람들의 지위나 정당성에 믿음을 둔다. 정당성의 권위적 근거는 개인에 의해 나타나는 도덕적 가치 및 질서 등에 기반을 둔다. 그 때문에 정치지도자들은 자신의 권력을 추구함과 동시에 체제 발전을 위해서도 많은 노력을 기울인다.

한편, 정치지도자들은 자신의 권력에 대한 정당성을 확보하기 위해 이데올로기를 적극 활용한다. 정치지도자들은 이데올로기를 활용하여 정부와 정권을 동일시하게 만든다. 이데올로기는 체제와 대중 간 통합을 유도하는 데 큰 역할을 한다. 가령, 자유민주주의체제의 이데올로기와 사회주의체제의 이데올로기는 남한과 북한 각각의 체제 발전에 필요한 결속 역할을 했지만, 반대로 배타성과 폐쇄성을 높임으로써 한반도 분단을 지속시켰다.

사회 및 정치 체제에 대한 정당성의 역할은 다음과 같이 정리할 수 있다. 첫째, 정당성은 한 정치 체제에 대한 사회적 인정과 믿음으로 대중의 자발적인 협력과 순응을 확보할 수 있게 해준다. 정당성은 체제를 유지하고 이를 위한 대중의 동원을 가능하게 만들기 때문이다. 둘째, 국민의 동의에 기초한 정당성은 체제 안정과 효율성을 높인다. 정치지도자가 강제력에만 의존하여 권력을 유지할 경우 대중의 저항에 직면하게 된다. 반면 대중이 체제를 정당한 것으로

〈우주에서 본 한반도〉
남북한 체제 발전을 상징적으로 잘 나타내는 사진이다. 이 사진을 보면 평양 지역에만 불이 켜져 있다는 것을 알 수 있다.

출처: https://www.fmkorea.com/864154600

받아들일 경우 정치지도자는 안정적으로 권력을 유지할 수 있게 된다. 셋째, 정당성을 확보한 정치지도자는 체제를 효과적으로 통제할 수 있다. 대중들은 정치지도자가 소유한 권력이 도덕적으로 정당하다고 판단하게 되면 독재체제라 할지라도 그것이 자신들의 이익에 도움이 된다고 믿는다. 그 때문에 정당성이 확보된 정치지도자는 자신의 사적이익을 위해 권력을 사용하더라도 그것이 대중의 이익이라고 포장한다. 따라서 정치지도자들은 정권 초기에 정당성을 확보하기 위해 모든 노력을 기울인다. 이러한 노력은 이데올로기, 경제, 군사, 사회문화, 정치, 전통 및 역사 등 모든 영역에 걸쳐 나타난다.

분단 이래로 남북한의 모든 정권은 권력을 유지하기 위해 체제 발전의 논리에서 정당성을 확보하였다. 또한 남북한 각각은 통일 주체의 정통성 차원에서도 정당성을 확보하기 위해 노력했다. 물론 통일 주체의 정통성은 다시 체제의 우월성과 관련되었다. 남한과 북한은 각각의 체제 유지와 우월성에 대한 경쟁을 분단과 통일이라는 대전제 아래 지난 70여 년 동안 계속해 왔다.

남한과 북한 모두 분단이라는 상황으로 인해 국가 존립의 정당성을 기본적으로 통일에 두고 있다. 그리고 통일에 대한 주체의 정통성 또는 정당성을 확보하기 위해 체제의 우월성을 강조해 왔다. 특히, 북한은 국가 존립과 체제의 우월성을 강조하기 위해 주체를 강조해 왔다. 북한은 민족해방의 개념에서 통일을 주장해 왔다. 또 그러한 관점에서 북한은 '주체사회주의'를 표방해 왔다.

북한이 주장하는 주체사회주의체제의 특징은 시장경제논리를 극도로 축소하고, 공동체^{국가}의 논리를 극대화한다. 그 때문에 북한의 체제는 물질적 토대가 약하고 나아가 정치적 공론의 영역이 사실상 없다는 점에서 발전적이지 못하고 침체되어 있다. 그럼에도 북한은 자본주의 질서와 시장지향적 공업화를 부정하고 오로지 폐쇄적이며 비효율적인 자립적 공업화 노선을 추구했다. 결국 체제 유지의 가용자원이 한계를 드러냄으로써 북한은 한정된 자원을 최대한으로 활용하여 권력의 정당성을 확보해야 했다. 북한은 김씨 일가의 독재체제를 유지하면서도 불안정성을 만회할 수 있는 방법으로 이데올로기와 군대에 집착하였다.

북한은 주체사상을 공식 이데올로기로 채택하였다. 북한은 이를 통해 당 – 국가 – 인민을 일체화해 체제의 정당성을 확보하고자 하였다. 주체사상은 전체주의적이고 동원적인 북한의 독재체제를 유지하는 데 큰 역할을 하였다. 다시 말해, 주체사상은 북한의 정치지도자가 자신의 권력을 유지하는 데 필요한 권위뿐 아니라 사회통제 수단으로도 효과적인 역할을 하였다. 그러나 북한의 주체사회주의는 정작 인민에게 필요한 물질적 풍요를 제공하지 못했다. 오히려 북한의 주체사회주의는 기아와 경제난으로 인민의 삶을 피폐하게 만들었다. 그리고 북한 김씨 일가는 자신의 권력^{정권} 유지를 위해 북한주민의 인권을 철저히 유린하고 있다.

03
북한 체제의
역사

1946년 2월 북한 지역에는 임시주권기관으로서 '북조선임시인민위원회'가 결성되었다. 이후 각 지역 대표들이 모여 '북조선인민회의'를 구성하였다. 1947년

11월 18일 북조선인민회의는 '조선임시헌법초안작성위원회'를 구성했다. 이어서 같은 해 12월 20일에는 제2차 '조선임시헌법제정위원회'를 개최하여 '조선임시헌법'을 통과시켰다. 1948년 7월 10일 북조선인민회의는 '조선민주주의인민공화국헌법'과 '조선최고인민회의 대의원 선거' 실시를 결정했고, 8월 24일 간접선거 방식으로 '남조선 인민대표자대회'를 개최하여 남한 출신 360명을 대의원으로 선출했다. 다음 날 북조선인민회의는 북한 출신 212명을 대의원으로 선출하였다. 이러한 과정을 거쳐 1948년 9월 8일 최고인민회의 제1기 제1차 회의가 개최되었고, 이 회의에서 '조선민주주의인민공화국 헌법'이 채택됨으로써 마침내 '조선민주주의인민공화국' 창건이 선포되었다. 조선민주주의인민공화국 수상에는 김일성, 부수상에는 박헌영이 임명되었다.

1950년 6월 25일 북한은 '민족해방혁명'이라는 기치하에 한국전쟁을 일으켰다. 최고인민회의 상임위원회는 전쟁 기간 중 국가의 모든 권력을 장악할 군사위원회를 구성하여 북한을 전시체제로 전환시켰다. 치열한 공방 끝에 한국전쟁은 휴전으로 끝을 맺었다. 북한지역은 폐허가 되었다. 전쟁 직후 북한의 공업총생산은 전쟁 이전과 비교하여 40% 이상 감소되었다. 농업생산량도 25% 이상 줄어들었다. 한국전쟁은 북한의 권력구조를 변화시켰다. 무정, 허가이, 박헌영 등 김일성의 정치적 경쟁자들이 한국전쟁을 계기로 숙청되었다.

북한은 전후 복구를 위해 모든 심혈을 기울였다. 그 과정에서 전후 복구건설을 둘러싼 정치적 갈등이 발생했다. 김일성은 중공업 중심의 전후 복구건설 노선을 고수한 반면, 일부 세력은 경공업 우선 발전을 주장했다. 그러나 이미 김일성은 대중들에게 사회주의 혁명건설의 유일한 지도자로 인정받고 있었다. 당·정·군 등의 핵심 부서에는 김일성 세력들이 대거 포진하고 있었다. 김일성은 반대파들을 손쉽게 제거할 수 있었다. 반대파들에 대한 숙청은 1956년 8월 당중앙위원회 전원회의를 통해 이루어졌다는 점에서 훗날 '8월 종파사건'이라고 명명되었다. 이 사건을 계기로 북한 체제는 김일성 중심의 단일지도체제로 확립되었다.

1960년대 들어 북한은 '자립적 민족경제건설노선'을 경제건설 노선으로 설정하였다. 북한지도부는 사회주의적 양식에 맞는 대중지도 방식과 관리방식을 도입하기 시작했다. 그런데 1960년대 들어서면서 북한의 대외 환경은 북한

지도부로 하여금 대내 정치·경제적 문제에만 집중하기 어렵게 만들었다. 소련 과 중국의 갈등이 심화되었고, 한미일 간에는 정치, 경제, 군사적 협력체제가 형성되었다. 즉, 북한의 안보적 위기감이 고조되었다. 북한은 이러한 위기상황 을 타개하고 동시에 김일성의 권력을 공고화하기 위해 주체사상을 강조하기 시 작했다. 주체사상은 한층 더 북한을 군사국가화했으며, 김일성의 유일지도체제 를 확립하기 시작하였다. 북한의 주체사상은 결과적으로 체제 발전에 양날의 칼이 되었다. 공식통계에 따르면 이 당시 북한은 전체예산의 30%를 국방비에 지출하였다. 처음으로 북한 경제 발전에 있어 지체현상이 나타나기 시작했다. 그럼에도 불구하고 김일성은 주체사상이라는 미명하에 북한의 모든 사회조직 들을 전시 동원체제로 전환하며 자신의 권력을 한층 더 강화시켰다.

1970년대 북한의 체제는 김일성을 중심으로 더욱 견고하게 위계화되었다. 1972년 12월 북한은 새로운 헌법을 제정하였다. 새 헌법은 '조선민주주의인민 공화국사회주의헌법'으로 명명되었다. 북한의 새로운 헌법은 총 11장 149조로 구성되었다. 새 헌법 제1조는 북한이 '자주적인 사회주의국가'임을 천명하였다. 새 헌법 제1조는 북한을 정치, 경제, 문화 등 모든 면에서 자주성과 사회주의적 원리에 의해 운용되는 체제로 규정하였다. 이는 주체사상에 입각한 것이었다. 새 헌법은 최고인민회의^{최고주권기관}와 내각^{최고집행기관} 중심의 국가기관체계에서 '주석' 중심의 국가기관체계로 수정하였다. 이러한 헌법상의 국가기관체계 변화 는 김일성의 절대 권력을 제도화한 것이다. 1970년대 북한사회에서는 주체사 상이 유일사상으로 공고화되기 시작했다. 주체사상의 확산과 이론화 작업은 김 정일에 의해 주도되었다. 결과적으로 이러한 작업은 김정일이 후계자로 부상하 는 중요한 계기가 되었다.

1980년대 들어서면서 북한 경제의 침체가 가중되기 시작했다. 국제환경 도 북한에 유리하게만 전개되지 않았다. 무엇보다 남한의 경제 및 군사력이 북 한을 앞지르기 시작했다. 반면, 김일성의 권력은 더욱 공고화되었고, 김정일 후 계체제도 확립되었다. 1980년 10월 조선노동당은 5차 대회 이후 10년 만에 제 6차 당대회를 개최하였다. 이 대회에서 조선노동당은 북한사회가 도달해야 할 목표로 '온 사회의 주체사상화'와 '사회주의경제건설의 10대 전망목표'를 제시 하였다. 더불어 당대회는 김정일을 후계자로 공식화하였다. 김정일은 당내 3대

권력기구인 당중앙위원회 정치국 상무위원, 비서국 비서, 군사위원회 위원으로 임명되었다.

1980년대 북한은 스스로의 발전단계를 '사회주의의 완전한 승리를 향한 단계'로 규정하였다. 이에 북한은 사회주의건설의 총노선인 3대 혁명의 완수를 서둘렀다. 그러나 북한 사회는 심각한 발전지체 현상을 겪기 시작했다. 특히, 북한 경제는 심각한 침체를 겪었다. 사실 북한의 경제 침체 현상은 1970년대 후반부터 나타나기 시작했다. 북한은 제2차 7개년 계획^{1978~1985} 이후 제3차 7개년 계획^{1987~1993}이 시작되는 1987년까지 2년간의 조정기를 두기도 했다. 북한 경제의 악화는 국제환경의 변화에도 기인한다. 사회주의 국가가 몰락하기 시작하면서 북한은 대외무역과 협력의 대상을 상실하였다. 결국 북한은 중앙위원회 제6기 21차 전원회의에서 제3차 7개년 계획의 실패를 시인하고 1994년에서 1996년을 조정기로 설정하였다.

북한은 이러한 위기를 극복하고자 합영·합작, 경제특구 등 부분적 시장경제 정책을 시행하기 시작했다. 또한 북한은 선진자본주의국가들과의 관계개선에도 많은 노력을 기울이기 시작했다. 그러나 북한의 의도대로 경제 사정이 나아지지 않았고, 남한을 비롯한 자본주의국가들과의 관계도 크게 개선되지 못했다.

1990년대 북한의 경제 사정은 한층 더 악화되기 시작했다. 반면 김일성과 김정일의 권력은 한층 더 강화되었다. 우선 사회주의권이 붕괴하면서 북한은 국제적으로 고립되기 시작했다. 그럼에도 불구하고 북한은 중공업 우선의 경제 발전 노선을 고수하였다. 특히, 심각한 경제난과 식량난은 체제가 이완되는 현상을 낳기도 하였다. 더군다나 1994년 8월 7일 김일성이 사망하는 사건이 발생하면서 정치적 위기감도 고조되었다. 그럼에도 불구하고, 김정일은 안정적으로 북한 체제를 이어받았다. 하지만 분명한 건 북한의 대내외 상황은 결코 좋지 않았다는 것이다.

북한의 경제성장률 추이

(전년대비 증감률, %)

'90	'95	'00	'06	'07	'08	'09	'10	'11	'12	'13	'14	'15	'16	'17	'18	'19	'20	'21	'22
-4.3	-4.4	0.4	-1.0	-1.2	3.1	-0.9	-0.5	0.8	1.3	1.1	1.0	-1.1	3.9	-3.5	-4.1	0.4	-4.5	-0.1	-0.2
(9.8)	(9.6)	(8.9)	(5.2)	(5.5)	(2.8)	(0.7)	(6.5)	(3.7)	(2.4)	(3.2)	(3.2)	(2.8)	(2.9)	(3.2)	(2.9)	(2.2)	(-0.7)	(4.3)	(2.6)

주 : ( )는 우리나라 경제성장률

김정일은 북한의 위기상황을 타개하기 위한 방법으로 군을 전면에 앞세우기 시작했다. 이를 위해 북한은 1998년 헌법을 개정하였다. 북한은 정치, 군사, 경제 등 국가의 모든 분야를 책임지는 주석직을 폐지하였다. 대신 국방위원장직을 "나라의 정치, 군사, 경제역량의 총체를 통솔·지휘하며 사회주의 조국의 국가체제와 인민의 운명을 수호하며 나라의 방위력과 전반적 국력을 강화 발전하게 하는 사업을 조직·영도하는 국가의 최고직책"으로 규정하였다. 이후 김정일 국방위원장의 공개 활동 중 군대에 대한 지도가 많은 부분 차지하기 시작했다. 당의 주요 직책에는 군 출신 인사들이 대거 포진하기 시작했다. 사회 모든 분야에서 군의 역할이 강조되었다. 즉, 김정일 시대의 북한 정치체제는 선군정치로 요약된다.

　2000년대에 들어서도 북한 체제는 여전히 경제난과 식량난으로부터 벗어나지 못했다. 북한은 이를 타개하고자 각종 경제개혁을 시행했다. 하지만 체제가 갖는 한계로 인해 어느 것 하나 성공적이지 못했다. 반면, 북한의 정치체제는 큰 위기 없이 지속되었다.

　2011년 말 김정일이 사망하고 2012년 그의 아들 김정은이 북한의 최고지도자가 되었다. 새로운 지도자도 북한의 식량난과 경제난을 해결하지 못했다. 게다가 북핵문제가 지속되면서 북한의 국제적 고립은 더욱 심화되고 있다. 그러나 김정은 정권도 이전 정권들과 마찬가지로 큰 정치적 불안정 없이 지속되고 있다.

　오히려 김정은 정권은 안정적인 사회주의 당─국가 체제의 모습을 보이고 있다. 2016년 5월에는 36년 만에 제7차 당대회가 개최되었다. 약 5년 만인 2021년 1월에는 제8차 당대회가 개최되었다. 북한에서 '당대회'는 가장 권위 있는 정책결정기구로 보통 5년에 한 번씩 개최된다. 그동안 북한은 대내외적인 어려움으로 인해 1980년 제6차 당대회를 끝으로 36년 동안 당대회를 개최하지 못했다. 앞서 언급했듯이, 김정일 정권은 대내외적인 위기 상황 극복을 위해 당보다 군을 우선시하는 정책을 펼쳤다. 김정일 시대에서도 조선노동당은 여전히 북한 사회주의 체제를 작동하는 권력의 중추였지만 현실의 문제로 인해 군보다 당이 소외되는 모습을 보였었다. 당대회가 다시 개최되었다는 것은 북한 사회주의 체제의 작동 논리가 정상화되었다는 것을 의미한다. 이는 김정은 정권이 안정적으로 유지되고 있다는 것을 방증한다.

그러나 이러한 평가와 달리 2020년 12월 최고인민회의 상임위원회 제14기 12차 전원회의에서 채택되고, 2022년 8월 수정 보충된 '반동사상문화배격법'은 북한 체제의 불안정성이 고조되고 있다는 것을 반증하는 것이기도 하다. 2022년 8월 19일 최고인민회의 상임위원회 명령 제1028호로 수정 보충된 내용으로 '반동사상문화배격법'은 총 4장 41개 조문으로 구성돼 있다. 주목할 점은 반동사상문화배격법 제4장 27조괴뢰사상문화전파죄와 28조적대국사상문화전파죄, 29조성녹화물, 색정 및 미신전파죄로 이에 따르면, "적대국의 영화나 녹화물, 도서, 노래, 그림, 사진 같은 것을 보았거나 들었거나 보관한 자 또는 적대국 노래, 그림, 사진, 도안 같은 것을 유입, 유포한 자는 5년 이하의 노동교화형에, 정상이 무거운 경우에는 5년 이상 10년 이하의 노동교화형에 처27조"하고, 이를 만약 대량으로 유포하고 집단적으로 시청하거나 열람하게 만들 경우 무기노동교화형 또는 사형에 처28조하며, 성과 관련된 영화나 도서, 사진을 보거나 미신을 설교할 경우에는 최소 5년의 노동교화형에서 최대 사형까지 형량을 적용29조한다.

현재 김정은 정권은 스스로 핵보유국을 선언하고 핵무력 사용을 법제화하며, 경제와 민생에 모든 것을 집중해도 모자란 상황에서 핵무기 고도화를 위해 제한된 국가의 가용자원을 쏟아 붓고 있다. 주지하는 바와 같이 북한이 핵무기에 집착할수록 북한주민의 삶은 피폐해지고, 나아가 체제 유지 혹은 정권 유지의 불안정성이 고조될 것이다. 하지만 김정은 정권은 여전히 고립된 채 국제사회에 비협조적인 태도를 보이고 있다. 아직까지 이를 바꾸고자 하는 북한 정권의 뚜렷한 의지나 모습이 발견되지 않고 있다.

남한 체제 발전의 역사

남한의 초대 대통령 이승만은 헌법에 규정되어 있는 행정 - 입법 - 사법의 삼권 분립에도 불구하고 모든 권력을 자신에게 집중시켰다. 이승만 대통령은 자신의 권력을 유지하기 위해 공적영역을 사유화했고, 때때로 폭력과 억압을 사용한 통치를 감행하기도 했다. 그러나 이승만 대통령의 독재는 공산주의와 대비된 민주주의체제 발전으로 정당화되었다.

한국전쟁의 발발은 김일성과 마찬가지로 이승만 대통령에게도 권력 유지의 기회를 제공하였다. 미국뿐만 아니라 국민들은 한국전쟁의 승리를 위해 이승만의 지도력을 굳게 믿고 있었다. 그 때문에 한국전쟁 시기 여러 실정에도 불구하고 이승만 대통령은 자신의 권력을 연장할 수 있었다. 한국전쟁이 끝나고 북한과 마찬가지로 남한도 전후 복구건설에 총력을 기울였다. 그러나 이승만 대통령의 독재와 부패는 이미 도를 넘고 있었다. 특히 이승만 정부의 경제정책 실패는 정치적 부패보다도 더 큰 파장을 불러일으켰다. 그럼에도 불구하고 이승만 정부는 정당성의 부족을 반공 이데올로기와 부정선거 및 억압을 통해 만회하고자 했다.

사실 이승만 정부가 사용할 수 있는 경제적 자원은 적지 않았다. 우선 일제가 남겨 놓은 귀속재산이 있었다. 다음으로 미국의 막대한 원조가 존재했다. 그러나 이승만 정부는 경제를 계획적으로 추진할 의지나 능력을 갖고 있지 못했다. 구체적인 계획이 부재하다 보니 자원 배분의 특혜가 발생했고, 그 과정에서 권력과 경제가 유착함으로써 경제의 효율성을 떨어뜨렸다. 반공을 외치고 북진통일을 주장하며 민주주의와 시장경제체제의 우월성을 주장하면서도 1950

년대 남한의 경제사정은 북한에 뒤처져 있었다. 결국 이승만 정부의 경제적 무능과 정치적 전횡은 '4·19 혁명'으로 이어졌다. 이승만 대통령은 권좌에서 물러날 수밖에 없었다.

4·19 혁명으로 이승만 대통령이 사퇴한 이후 장면 정부가 새롭게 들어섰다. 장면 정부는 민주주의적 절차에 따라 권력을 잡았음에도 불구하고 국민의 기대에 부흥하지 못했다. 학생과 시민들이 요구한 3·15 부정선거 책임자들과 4·19 혁명 당시 시위대 발포 책임자들, 부정축재자와 정치깡패에 대해 장면 정부는 제대로 대응하지 못했다. 장면 정부는 4·19 혁명의 주역인 시민과 학생들로부터 많은 비판을 받았다. 게다가 장면 정부는 자신의 권력기반이었던 구정부의 관료와 경찰들로부터도 비판을 받았다. 왜냐하면 장면 정부는 이들을 제대로 보호하지 못했기 때문이다. 1961년 5월 16일 박정희 소장이 주도하는 쿠데타가 발생하였다. 쿠데타에 성공한 군부는 군사혁명평의회를 국가재건최고회의로 변경하여 박정희 소장을 의장으로 추대하였다. 쿠데타세력은 군부 내 반대파들을 제압하고 4·19 혁명 이후 등장한 혁신세력, 진보파 학생들을 대거 검거하였다. 또한 민중운동에 대한 억압을 골자로 하는 반공법, 노동자 단체 활동에 관한 임시조치법 등을 제정하였다. 그러한 가운데 쿠데타세력은 권력의 정당성을 확보하기 위해 급속한 경제발전에 심혈을 기울이기 시작했다. 하지만 집회·시위·결사의 자유가 금지되었고, 언론출판에 대한 억압이 시작되었으며, 정당과 사회단체들은 해산되었다. 기성 정치인의 정치사회활동도 제한되었다.

쿠데타세력은 자신의 정당성을 확보하기 위해 합법적인 권력을 반드시 획득해야 했다. 이에 쿠데타세력은 1962년 7월 헌법심의위원회를 설치하여 대통령 중심제와 국회단원제를 주요 내용으로 하는 헌법을 채택하였다. 그리고 같은 해 12월 국민투표를 통해 헌법을 통과시켰다. 형식적 차원에서 제3공화국 헌법에는 행정, 입법, 사법이 상호 견제할 수 있는 권력분립이 이루어져 있었기 때문에 독재정권이라 보기 어려웠다. 그러나 박정희 의장을 중심으로 한 군부세력은 자신의 권력 획득을 위해 폭력과 억압을 자행했고, 때때로 절차는 무시되었다. 1963년 10월 대통령 선거와 국회의원 선거가 실시되었고, 박정희와 공화당 정부는 집권에 성공하였다. 박정희 정부는 민주주의체제에서의 권력 획득 정당성을 확보하였다.

박정희 정부는 경제발전을 위해 모든 심혈을 기울였고 1966년에 완수된 제1차 경제개발 5개년 계획은 괄목할 만한 성공을 거두었다. 그러나 경제가 발전할수록 오히려 박정희 정부는 더욱 비민주적인 방향으로 변화되어 갔다. 박정희 정부의 비민주성은 야당의 통합을 불러일으켰다. 대선을 앞두고 박정희 정부는 제2차 경제개발 5개년 계획을 발표하였다. 이는 제1차 경제개발 5개년 계획의 성공을 활용한 선거 전략이었다. 국민은 박정희 정부를 다시 한 번 선택했다. 집권 여당인 공화당도 압도적인 의석차로 야당의 신민당을 이겼다.

이러한 결과에 힘입어 박정희 정부는 3선 개헌을 준비하기 시작했다. 야당은 3선 개헌을 저지하기 위해 노력했고, 박정희 대통령은 개헌안 부결과 대통령 사임이라는 승부수를 던졌다. 3선 개헌에 대한 국민투표에서 광범위한 관권과 금권이 동원되었다. 결국 박정희 정부는 3선 개헌에 성공하였다. 1971년에 실시된 대통령 선거에서 박정희는 또다시 당선되었다.

1971년 대선 이후 박정희 정부는 대내외적 어려움에 봉착하였다. 우선 미중 데탕트는 박정희 정부와 국민들의 안보 불안을 증대시켰다. 또한 미국의 경제 및 식량원조 중단도 박정희 정부의 경제발전 계획에 장애가 되었다. 특히, 경제 발전을 위해 희생을 감수하던 국민들이 차츰 고도성장에 따른 정당한 대가를 요구하기 시작했다. 그러한 가운데 박정희 대통령은 국가비상사태를 선포하였다. 그리고 1972년 10월 17일 박정희 정부는 대통령 특별선언을 통해 유신을 단행하였다. 유신 선언 이후 비상계엄령이 선포되었고 국회가 해산되었으며 정당·정치 활동이 중지되었다. 대학들도 문을 닫았다. 10월 27일 비상 국무회의는 통일에 대비한 통일주체국민회의 구성, 통일주체국민회의에서의 대통령 간선, 대통령 중임 금지 철폐, 대통령의 비상대권[1]과 국회의원 3분의 1 추천권 등을 내용으로 하는 헌법개정안을 의결하여 공고했다. 11월 21일 개헌안에 대한 국민투표가 실시되었고, 90%의 투표율과 찬성률로 가결되었다. 유신헌법은 민주주의체제의 근간인 국민의 기본권을 철저히 제한하였다. 선거에 의한 정치적 경쟁을 무의미하게 만들었다.

1__국가비상사태 시 대통령이 법에 의하지 않고 특별 비상조치를 취할 수 있는 권한.

박정희 정부의 독재와 별개로 남한의 경제는 더욱 발전하기 시작했다. 더불어 군사력도 강화되기 시작하면서 박정희 정부의 권력 유지 정당성도 한층 더 확보되었다. 그러나 그만큼 민주화에 대한 국민적 열망도 거세졌다. 1979년 10월 26일 박정희 대통령이 김재규가 쏜 총에 맞아 사망하였다. 많은 국민들은 충격에 빠졌지만 동시에 민주화가 추진될 것이란 낙관적 기대 또한 증대되었다. 하지만 민주화에 대한 국민적 열망은 1979년 12월 12일 전두환 보안사령관을 중심으로 한 신군부의 군사 반란에 의해 또다시 좌절되었다.

전두환 정부는 국가안전기획부, 사회정화위원회 등을 앞세워 억압적인 통치를 단행하였다. 특히, 전두환 대통령의 잔혹함은 5.18 민주화운동에서 잘 드러났다. 그런데 1983년 하반기에 들어서면서 전두환 정부가 이전과 달라지기 시작했다. 왜냐하면 우선 1985년에 총선이 있었고, 1986년에는 아시안게임과 1988년 올림픽 개최를 계획하고 있었기 때문이다. 그리고 무엇보다 7년 단임제라는 제도적 한계로 인해 전두환 대통령은 임기 내내 강압 국면을 유지할 수 없었다. 전두환 정부의 정치적·사회적 유화조치들은 그동안 잠복해 있던 정치적 저항을 활성화시키는 계기가 되었다. 1985년 2월 12일에 실시된 총선에서 집권당인 민정당은 149석을 확보하는 데 그쳤다. 이후 전두환 정부의 통치력이 약화되었고, 이를 만회하기 위해 폭압성을 다시금 드러냈다. 그러나 전두환 정부는 1987년 6월 민주화에 대한 국민의 열망을 꺾지 못했다.

'6월 항쟁' 이후 남한은 한층 더 민주화되었다. 주지하는 바와 같이 소위 '87년 체제'는 현재에도 계속되고 있다. 제6공화국 헌법은 국민 기본권을 강화시켰다. 그리고 대통령 단임제를 유지하면서도 임기를 7년에서 5년으로 단축하였다. 또한 직선제를 부활시켜 국민의 참정권을 확보하였다. 비록 전두환 대통령에게 후보 지명을 받은 노태우가 13대 대통령으로 당선되었지만 남한은 정치적으로나 경제적으로나 한층 더 발전되었다.

노태우 정부는 정권의 정당성을 확보하기 위해 이전 정부들과 마찬가지로 경제발전에 많은 심혈을 기울였다. 특히, 노태우 정부는 남북관계 개선에도 많은 노력을 기울였다. 또한 북방정책과 같은 외교정책은 큰 성과를 도출하였다. 하지만 군부 출신이란 정권의 태생적 한계가 존재함으로써 큰 지지를 얻지 못했다. 이러한 한계는 남한 정치사에서 최초로 문민정부가 탄생하게 되는 계기가 되었다.

김영삼 정부는 국민들의 폭넓은 지지를 받았다. 이를 토대로 김영삼 정부는 개혁을 추진하였다. 특히 김영삼 정부는 정치군인들을 과감히 숙청하였고, 군에 대한 비리 척결에도 심혈을 기울였다. 게다가 '역사 바로 세우기'라는 명목으로 전두환, 노태우 두 전직 대통령을 법정에 세우기도 하였다. 그러나 김영삼 정부의 개혁은 한계에 봉착해 더 이상 추진되지 못했다. 개혁에는 인적 청산이 뒤따르지 않을 경우 광범위한 저항에 부딪치게 되는데 김영삼 정부는 인적 청산을 효과적으로 하지 못했기 때문이다. 개혁 주체들의 역량 부족도 한몫을 했다. 그리고 개혁에 대한 국민들의 과도한 기대와 이에 부응하지 못함으로써 발생하는 정치적 불만도 개혁에 대한 추진력을 약화시켰다.

1997년에 들어서면서 김영삼 정부에 총체적인 위기가 발생하였다. 경제가 파탄나기 시작했으며 대통령 가족의 비리가 발생하였다. 이전 독재정권에 책임이 있는 성수대교 붕괴, 대구 가스 폭발, 삼풍백화점 붕괴와 같은 대형 사건들도 연이어 발생했다. 1997년 7월 실시된 신한국당 대통령 후보 지명 전당대회에서 김영삼 대통령은 어떠한 영향력도 끼칠 수 없었다.

1998년 김대중 정부가 새롭게 등장하였다. 김대중 정부는 김영삼 정부 시기 발생한 외환위기라는 중대한 문제를 해결해야 했다. 김대중 정부는 각종 경제 개혁을 단행했고, 마침내 이 위기를 극복할 수 있었다. 김대중 정부는 분단 사상 최초로 남북정상회담을 개최하는 등 남북관계 발전에도 큰 성과를 이끌어 내었다. 그러나 경제개혁 과정에서 많은 희생이 발생했다. 또한 북한의 핵무기 개발은 억제되지 못했다. 그러한 점에서 김대중 정부는 많은 비판을 받았다. 하지만 남한의 민주주의체제는 한층 더 발전하였고, 남북관계 개선의 가능성도 발견할 수 있었다.

이후 진보 성향의 노무현 정부를 거쳐 보수 성향의 이명박, 박근혜 정부가 들어섰다. 그리고 다시 진보 성향의 문재인 정부가 집권했다. 현재 보수 성향의 윤석열 정부가 집권해 이전 정부의 대북·통일정책을 전면 수정·보완하여, '자유민주적 평화통일 원칙'에 따른 '원칙 있는 남북관계 정립' 혹은 '남북관계 정상화'에 초점을 둔 소위 한반도 정책을 추진하고 있다. 남한의 체제 발전이라는 차원에서 볼 때 평가는 달라질 수 있지만, 여러 의미에서 이들 모두 민주주의

체제 발전에 기여했다. 현재에도 남한의 체제는 발전하고 있다. 그러나 동시에 여전히 독재체제인 북한과 한 쌍을 이루어 한반도 분단체제를 지속시키는 또 다른 축이 되고 있다.

토의주제

1. 한반도 문제를 어떻게 이해할 수 있는지 설명해 보자.

2. 한반도 분단 체제의 구조와 성격에 대해 설명해 보자.

3. 남북한 체제 발전과 정당성 문제가 어떻게 연결되는지 토론해 보자.

4. 북한 체제가 역사적으로 어떻게 발전되었는지 설명해 보자.

5. 남한 체제가 역사적으로 어떻게 발전되었는지 설명해 보자.

이 주제와 관련 동영상
– 〈연평도 포격사건〉 (출처: YTN)   〈제1차 남북정상회담〉

· 남북한 갈등의 역사를 살펴본다.
· 남북한 협력의 역사를 살펴본다.
· 남북한 갈등과 협력의 역사를 통해 남북갈등 구조와 성격에 대해 이해함으로
  써 바람직한 한반도 평화와 통일의 방안을 모색해 본다.

한반도 역사 탐구(3)　　문인철

남북 갈등 및 협력(합의)의 역사

내용
요약

한반도가 분단된 이래로 남한과 북한은 정치, 경제, 사회, 문화적 차원에서 그 이
질감과 적대감이 지속되고 있다. 그러나 남한과 북한은 한민족으로서 민족공동
체 회복이라는 통일을 공통된 목표로 하고 있다. 그리하여 지난 70여 년 동안 남
한과 북한은 갈등과 협력을 반복해 왔다.

01
남북갈등이란 무엇인가?

(1) 갈등의 개념

　루이스 코저Lewis A. Coser에 따르면 '갈등conflict'이란 "희소한 지위, 권력, 자원에 대한 모든 가치와 욕구를 만족시키기 위한 투쟁"이다. 그리고 이러한 투쟁은 "경쟁자를 무력화시키거나 직접적인 피해를 입히거나 또는 제거"하는 데 목적을 두고 있다. 또한, 애드워드 아잘Edward Azar에 따르면 갈등은 "집합적 행위자 사이의 대립이 상호 이익과 이데올로기적 정체성의 충돌을 가져오는 현상"이다. 그 때문에 제임스 도허티와 로버트 팔츠그라프James E. Dougherty and Robert L. Pfaltzgraff, Jr.는 갈등을 "종족·인종·언어·문화·사회·경제·정치적인 특정 집단 간 양립할 수 없거나 양립할 수 없는 것처럼 보이는 목적을 추구함으로써 발생하는 대립적 상태"라고 정의했다. 따라서 갈등은 개인과 개인 간에 발생할 수 있고, 집단과 집단 간에도 발생할 수 있으며, 종족, 인종, 민족, 나아가 국가 간에도 발생할 수 있다. 이러한 갈등은 개인의 심리적 수준을 비롯하여 종족, 인종, 민족, 국가 내부적 차원에서도 발생할 수 있다.

　보통 갈등은 발생, 성숙, 감소, 그리고 종식의 단계를 거친다. 갈등은 그 빈도와 강도, 시간에 따라 성격이 구분된다. 가령, 그 빈도와 강도가 또 다른

〈제5차 남북고위급 회담〉

1991년 12월 13일 정원식 총리(오른쪽 4번째)와 연형묵 북한 정무원 총리(왼쪽 4번째)가 쉐라톤 워커힐 호텔에서 열린 제5차 남북고위급 회담에서 '남북기본합의'를 타결한 후 악수하고 있다.

출처: http://www.pressian.com/news/article.html?no=115244

갈등을 불러오지 않고 단기간이나 일회성에 그치는 경우를 '단속적 갈등'이라고 한다. 반면, 그 빈도와 강도가 또 다른 갈등을 야기함으로써 지속·확산되는 경우를 '연속적 갈등'이라고 한다. 특히, 연속적 갈등은 '잠재적인 갈등'과 '현재적인 갈등'이 수시로 장기 · 순환된다는 점에서 불규칙한 형태를 나타내기도 한다. 물론 이러한 갈등의 형태는 개인적 차원을 비롯하여 국제적 차원에 이르기까지 광범위하게 존재한다.

　그렇다면, 남북한 갈등이란 무엇인가? 남한과 북한의 갈등은 기본적으로 하나였던 민족과 국가가 둘로 분단되면서 시작되었다. 그러나 남북갈등은 단순한 지리적 분단이 아닌, 정치적, 이데올로기적, 경제적 차원과 관련된다. 또한 남북갈등은 민족 내부적 차원뿐만 아니라 한반도를 둘러싼 국제적 차원과도 관련된다. 그 때문에 남북한 갈등을 논의하기 전에 그 관계에 대해 이해할 필요가 있다. 남북관계에 대한 규정은 1992년 채택된 '남북기본합의서'에서 잘 나타난다. 남북기본합의서에 따르면, 남한과 북한은 "쌍방 사이의 관계가 나라와 나라 사이의 관계가 아닌, 통일을 지향하는 과정에서 잠정적으로 형성되는 특수관계"로 규정된다. 그런데 남한과 북한은 1991년 9월에 국제사회의 주권국가로서 국제연합(UN)에 동시 가입했다. 따라서 남북관계는 민족이라는 특수성과 국가관계라는 보편성이 공존하는 이중적 속성을 갖는다. 다시 말해, 남북갈등은 민족적 차원과 국가적 차원이 중첩되어 공존하는 이중적 성격을 갖는다고

<남북한 국제연합(UN) 동시
가입>

1991년 9월 17일 뉴욕의 유
엔본부에서 제46차 유엔 총회
가 개최되었다. 의장으로 선출
된 사우디아라비아의 쉬하비
유엔 대사는 개막식에서 "안
전보장이사회의 권고안을 총
회가 채택하여 A/46/L.1 결의
안을 만장일치로 의결하고, 조
선민주주의 인민공화국과 대
한민국이 유엔회원국으로 가
입하였음을 선포"하였다. 국명
표기 알파벳 순서에 따라 160
번째 북한, 161번째 남한이 유
엔에 동시 가입했다. 이 사진
은 주유엔 남북대사가 서로의
가입을 축하하는 장면이다.

출처: http://www.yonhapnews.co.kr/bulletin/2011/09/14/
0200000000AKR20110914139100043.HTML

할 수 있다. 게다가 한반도 분단이 70여 년 동안 지속되면서 정치, 경제, 사회,
문화적 차원의 갈등도 발생하고 있다. 그리고 무엇보다 남북한은 민족 공동체
회복이라는 공통된 목적을 갖고 있음에도 불구하고 서로 다른 가치와 이데올로
기 등으로 인해 갈등이 지속되고 있다. 남북갈등은 때때로 군사화된 형태로 표
출되면서 더욱 첨예화되고 있다.

(2) 남북갈등의 구조와 성격

남북갈등은 복합적이며 중층적인 성격을 갖고 있다. 남북갈등은 대내외적
요인들에 기인하기 때문이다. 남북갈등은 크게 내적 요인론과 외적 요인론으로
구분된다. 우선, 남북갈등의 내적 요인론은 일제강점기 항일독립운동과 독립국
가 수립과정에서 나타난 좌우 이데올로기적 대립에 그 초점을 두고 있다. 또한
이는 이 시기 반민족세력의 통일 저해 준동에도 초점을 맞춘다. 즉, 내적 요인
론은 해방 전후 시기 좌우익 세력들 간 반목과 대립, 외세와 결탁한 반민족 세
력의 분단 고착화 준동, 그리고 한국전쟁 등이 남북관계를 '불규칙 갈등'과 '연
속적 갈등'의 상태로 만들었다고 본다.

다음으로, 남북갈등의 외적 요인론은 국제정치적 역학관계에 초점을 맞춘다. 이러한 관점에 따르면 한반도를 둘러싼 미국과 소련의 대립이 남북갈등을 초래하였다. 즉, 외적 요인론은 소련의 공산주의 확산 전략과 이를 저지하려는 미국의 전략적 이익이 한반도 내부에서 긴장관계를 유발시켜 한국전쟁으로 이어지게 되었다고 본다. 그 때문에 외적 요인론은 남북갈등의 근본적 원인을 미국과 소련 갈등으로 본다.

그러나 남북갈등의 지속과 확산은 비단 한 차원에서만 기인하는 것은 아니다. 남북갈등은 국내외 여러 정체세력들 간 역동적인 상호작용이 분단 이전과 분단 과정, 분단 이후에 복합적으로 영향을 미쳤기 때문이다. 실제로 남북갈등은 국내적 차원에서 좌우익의 극한 대립과 충돌, 그리고 한국전쟁은 미국과 소련의 정치적, 이데올로기적 갈등과 분리되어 발생한 것이 아니다. 절충주의론에 따르면 남북갈등은 대내외적 차원의 복합적 상호작용에 의해 발생, 확산, 지속되고 있다.

이러한 맥락에서 남북갈등의 구조와 성격은 크게 세 차원으로 나누어 살펴볼 수 있다. 첫째, 개인의 심리적 차원이다. 이는 분단 이후 남한과 북한에 거주하고 있는 각 개인들이 갖게 된 심리적 갈등과 관계된다. 즉, 한반도 분단의 고착화와 장기적으로 지속되고 있는 갈등의 심화는 남북 주민 간 불신과 적개심을 발생시켰고, 이는 다시 남북갈등으로 이어지고 있다. 둘째, 국가적 차원이다. 이는 남북한 간 정치, 경제, 사회, 문화적 갈등과 관계된다. 특히 이러한 갈등은 통일이라는 맥락에서 양립할 수 없는 가치적 의미로 재구성됨으로써 오히려 통일을 지향할수록 갈등이 지속되고 고조되는 역설을 발생시키기도 한다. 남한과 북한은 통일이라는 공통의 목표를 추구하지만, 각자가 추구하는 '통일한반도'의 형태는 서로 다르다. 그 때문에 서로의 입장에서 한반도 통일은 한 체제의 소멸과 관계된다. 이를 국제정치학적 관점으로 이야기하면 한반도 통일은 남한과 북한에게 있어 '국가생존'의 문제가 되고, 이는 포기할 수 없는 사활적 목표가 된다. 셋째, 국제적 차원이다. 이는 한반도를 둘러싼 강대국 간 대립 및 갈등과 관련되며, 냉전기와 탈냉전기로 구분될 수 있다. 냉전기 남북갈등은 미국과 구소련을 중심으로 하는 자본주의 진영과 사회주의 진영의 정치적, 이데올로기적 대립이 한반도에 투사됨으로써 나타난 것과 관련된다. 다음으로 탈냉전기 남북갈등은 미국, 중국, 일본, 러시아를 비롯한 강대국이 각자의 국가이익을 위해 의도적으로 남북갈등을 조장하는 것과 관련된다. 가령, 남한의 사드 배치는 북한의 대남 미사일 공격을 방어하기 위해 배치되었지만, 또 다른 차원으로 미국의 대중 군사적 견제라는 목적도 내재되어 있다.

이처럼 남북갈등은 개인, 국가, 국제적 차원의 성격으로 나눌 수 있다. 그러나 남북갈등은 어느 한 가지 차원에만 국한되어 지속되는 것은 아니다. 왜냐하면 약 70여 년에 걸쳐 장기 지속되면서 남북갈등은 국제적 차원과 더불어 국가적 차원 및 개인의 심리적 차원의 갈등 요소를 동시에 내재하게 되었기 때문이다. 따라서 남북갈등은 정태적인 현상이 아니다. 남북갈등은 내생적·외생적 요인, 개인·국가·국제적 차원이 매우 복합적으로 연결되어 상호작용하는 역동적인 현상이다.

분단체제론

남북한 갈등의 원인과 해결을 논의하기 전에 우리는 한반도 분단 상황에 대해 이해해야 한다. 보통 많은 사람들이 한반도의 분단 상황을 특별한 개념 규정 없이 분단구조, 분단체제 등으로 부른다. 그러나 남북 갈등을 정확히 이해하고 나아가 이를 해소하기 위해서는 한반도 분단에 대한 정확한 진단이 우선되어야 한다. 즉, 분단을 보다 과학적으로 인식하여 남북 갈등의 원인을 해소하고자 하는 관점에서 분단 개념을 분석한 대표적 이론이 '분단체제론'이다. 그 때문에 분단체제론은 남북 관계에 내재된 민족적이고 국가적인 특수한 관계적 성격을 동시에 고려한다.

분단체제론은 유기적 자기완결성을 갖는 체제로 한반도 분단을 이해하며 분단에 내재한 '재생산성'에 주목한다. 그래서 분단체제론은 국제체제와 남북한 국내체제가 분단에 미치는 영향에 초점을 맞춘다. 또한 분단체제론은 한반도 분단체제 그 자체가 국제체제와 국내체제에 자율성을 갖고 미치는 효과에도 주목한다. 그리고 무엇보다 분단체제론은 남북 관계에서 나타나는 적대적 대립과 상호의존적 현상에 대해서도 설명한다. 즉, 분단체제론은 남북 양측의 지배계급이 자신의 기득권을 위해 의도적으로 분단 갈등을 재생산하고 있다고 본다. 따라서 분단체제론은 남북 분단을 극복하고 갈등을 해소하기 위한 첫걸음으로 외세 축출이나 남한의 변혁에 대한 집착으로부터 벗어나야 한다고 주장한다. 그러한 점에서 분단체제론은 남북 사회 간 상호연관성을 강조한다.

분단체제론은 남북 갈등 연구에 많은 함의를 제공했다. 그러나 분단체제론은 아직 하나의 이론으로서의 지위를 갖고 있지 못하다. 우선 분단체제론은 비대칭적인 남북한 사회를 대칭적으로 보는 오류를 나타내고 있다. 게다가 분단체제론은 북한에 시민사회가 있다고 전제하는 한계를 드러냈다. 그리고 무엇보다 남북 관계를 안정적으로 재생산되는 체제로 규정했다는 점도 큰 한계로 비판받고 있다.

남북한 적대적 의존관계

적대적 의존관계란 남북한이 상호 긴장과 갈등을 조성하여 자신의 정권 안정화에 이용하는 것을 의미한다. 이 관점에 따르면 남북한 정권 모두 불안정성이 증대될 때 적대적 의존관계가 두드러지게 나타난다.

남북한 거울 영상 효과

거울 영상 효과는 냉전기 미국과 소련의 관계를 설명하기 위해 개발된 개념이다. 이 개념은 자신에 대한 상대방의 왜곡된 인식으로 인해 자신도 상대방을 왜곡하여 인식하게 되는 것을 의미한다. 이러한 개념에 따르면 남한에 대한 북한의 왜곡된 인식과 행위가 북한에 대한 남한에 왜곡된 인식과 행위를 불러일으킨다. 즉, 남한과 북한의 인식과 행위가 대칭적인 반작용을 일으키고, 그것이 다시 상호작용을 일으키는 것을 말한다.

거울 영상 효과는 남북 갈등을 설명하는 데 많은 적실성을 갖고 있다. 가령, 분단 이후 현재에 이르기까지 지속되어온 상호 불신과 군비경쟁의 악순환은 남북한 거울 영상 효과를 잘 나타낸다. 실제로 남한과 북한은 서로를 적대적으로 인식하고 있고, 또 상호 부정하지만 이를 매개로 성립된 의식구조나 문화, 그리고 체제는 상당한 유사성을 가지고 있다.

대쌍관계동학

대쌍관계동학은 남북한 각각의 독립적 이해와 더불어 그것들 사이의 관계동학을 설명하려는 개념이다. 대쌍관계동학에 따르면 남한과 북한은 특정의 체제나 질서를 구성하여 상호작용한다. 그리고 이로 인해 구성된 전체 질서는 다시 하나의 구조적 조건으로 작용하면서 남한과 북한에 특정의 조건을 부과한다.

02
남북갈등의
역사

남북갈등은 정치, 경제, 사회, 문화적 차원 모두에 걸쳐 존재한다. 그러나 기본적으로 남북갈등의 지속과 심화는 이념과 군사·안보적 대결에 기인한다. 남한과 북한의 극심한 이념 갈등은 한국전쟁이라는 비극적인 군사적 충돌을 야기했다. 이후 전개된 냉전기 이념 및 군사적 갈등은 남북한 적대관계를 고착화시켰다. 소련이 붕괴하고 냉전이 해체됨으로써 남북 간 이념 갈등은 상대적으로 약화됐다. 물론 여전히 북한은 '우리식 사회주의'를 고수하며 '전 한반도의 공산화'를 외치고 있지만,[1] 이는 김정은 정권의 유지를 위한 단순한 구호적 성격에 지나지 않는다. 하지만 남북한 군사적 신뢰구축은 초보적인 상황이고, 북한의 핵문제 해결은 지지부진하다. 이는 약 70여 년간의 남북갈등에 기인한다.

1953년 7월 27일 유엔군 총사령관 마크 웨인 클라크^{Mark Wayne Clark} 대장과 북한군 총사령관 김일성, 중국인민지원군 사령관 펑더화이^{彭德懷}가 휴전 협정에 조인함으로써 한국전쟁의 참화는 끝을 내렸다. 한국전쟁은 남북 모두 씻을 수 없는 상처로 남았고, 이러한 상처는 서로에 대한 불신과 적대감을 각인시켰다. 휴전 협정 이후 1954년 4월 26일 스위스 제네바에서 한국문제를 평화적으로 해결하기 위한 정치회담이 개최되었다. 이 자리에는 한국 및 유엔군 측과 북한, 중국, 소련이 참석하였다.

1___2021년 1월 개최된 제8차 당대회에서 당규약이 개정되었다. 당규약은 당면 목적으로 민족해방민주주의 혁명을 삭제했다. 대신 '사회의 자주적이며 민주주의적 발전을 실현'한다고 추가했다.

제네바 회담에서 남한은 유엔 감시하 인구비례에 의한 남북한 자유총선거를 제안하였다. 반면 북한은 남북 의회 대표로 이루어진 '전조선위원회'를 조직하여 선거법을 만들자고 맞받아쳤다. 그러면서 동시에 북한은 한반도 내의 모든 외국 군대가 6개월 이내 철수할 것을 제안하였다. 결국 제네바 회의에서 남북한은 한반도 문제 해결에 대해 아무런 성과를 도출하지 못했고, 각기 전후 복구와 체제 정비에 모든 심혈을 기울임으로써 한반도 분단이 고착화되기 시작했다.

이승만 정부는 북진통일과 반공정책을 주장하였으며 자유민주주의 이념을 토대로 북한을 제거해야 할 대상으로 규정하였다. 북한도 한반도 공산화를 주장했으며 사회주의 이념을 토대로 남한을 미제국주의 식민지로 규정하여 해방시켜야 할 존재로 규정하였다. 이 과정에서 남한과 북한의 최고지도자는 자신의 권력을 유지하기 위해 남북갈등 상황을 활용하여 반대 세력을 제거하고, 부패를 저질렀으며, 사회를 통제하였다.

1960년대 들어 남북한 모두 체제가 어느 정도 안정화되었다. 이에 남북한은 본격적으로 군비를 증강하기 시작했다. 1961년 5·16쿠데타로 권력을 장악한 박정희 정부는 북진통일론을 폐기하고 '선성장 후통일론'을 채택하였다. 때문에 표면적으로 남한의 대북 군사적 위협은 상대적으로 약화되었다. 그러나 이는 미국 케네디 정부의 대남 군사 원조 감축에 의한 군비증강 제약에 따른 어쩔 수 없는 선택이었다. 1965년 국군의 베트남 파병이 이루어졌고, 이를 계기로 막대한 미국의 대남 군사 원조가 제공되어 남한의 군사력이 증강되었다. 게다가 1965년 한일 국교정상화는 미국을 중심으로 한 한국과 일본의 유사동맹 관계가 형성됨으로써 북한의 안보적 불안을 고조시켰다.

북한은 1962년 10월 쿠바미사일 위기 시 보인 소련의 태도를 계기로 본격적인 군사력 증강에 힘쓰기 시작했다. 1962년 12월 당중앙위원회 4기 5차 전원회의에서 북한은 경제와 국방의 동시 발전이라는 병진 노선을 채택했고, 전군의 간부화와 현대화, 전민의 무장화와 요새화를 목표로 내세웠다. 특히, 1960년대 중반 남한의 군사력 증강과 한일관계 개선은 북한의 국방비가 비약적으로 증가되는 원인으로 작용하였다. 가령, 1960년대 초반까지 북한의 전체 세출 중 국방비는 10%를 넘지 않았다. 남북 군사적 갈등이 고조되면서 1967년과 1971년 사이 북한은 전체 세출의 30%를 국방비에 투자하기 시작했다. 북한은 수백대의 전투기와 전폭기, 미사일, 잠수함, 장갑차량 등을 소련으로부터 대량 구입하였다.

1970년대 들어 남한의 군사적 공세 전략과 북한의 평화적 공세 전략이 상충됨으로써 남북갈등은 일정 수준을 유지하였다. 이 시기 남한은 미국과의 갈등과 데탕트로 인해 안보적 불안을 느껴 핵무기 개발을 비롯한 독자적 군사력 증강에 힘쓰기 시작했다. 반면, 북한은 대북 군사적 위협을 완화시키고자 노력하였다. 북한은 '단계적 군비 감축'을 남한에 제안했고, 북미 평화협정 체결을 미국에 제안하였다. 북한의 이러한 평화적 공세 전략에는 데탕트라는 국제환경과 군비 부담에 기인한다. 당시 경제규모로 볼 때 적정 국방비는 예산의 5~7%임에도 불구하고, 북한 정권은 남북 군사 경쟁으로 인해 그것의 약 6배를 지출하고 있었다. 하지만 북한이 원하는 대로 데탕트와 북미관계는 자국의 군사안보에 이익이 되는 방향으로 전개되지 않았다. 더군다나 한미 간의 갈등도 점차 해소되기 시작했다.

1980년대 들어와 미국에는 레이건 정부가 들어섰다. 레이건 정부는 데탕트를 부정하고 소련과의 대결을 내세우며 강력한 반공 정책을 펼치기 시작했다. 한미동맹이 전례 없이 강화되었고, 미국의 대남 군사 지원이 적극적으로 전개되기 시작했다. 특히, 1983년부터 한국과 미국은 한미합동군사훈련의 규모와 강도를 높이기 시작했다. 가령, 팀스피리트 훈련에 약 20만 명의 군인이 참가하였고, 북한의 대남 공격 시 방어뿐만 아니라 북한 붕괴를 위한 전술핵무기 사용 전략을 도입하기 시작했다. 게다가 1970년대 박정희 정부의 자주국방 사업, 즉 '율곡사업'을 전두환, 노태우 정부에서도 지속함으로써 남한의 군사력은 획기적으로 증강되었다.

이에 북한은 사상 처음으로 1983년 팀스피리트 훈련에 대항해 '준전시 상태'를 선포했다. 약 70만 명에 이르던 병력을 약 100만 명 수준으로 대폭 확대하였다. 동시에 군비 부담을 경감하기 위해 1970년대 활용하던 평화 공세를 적극적으로 또다시 추진하기 시작했다. 우선 북한은 미국이 그동안 제안했던 남·북·미 3자회담에 대한 수정안을 제시하며 조건부로 이를 받아들였다. 사실 그동안 북한은 남한을 정접협정 체결의 당사자로 인정하지 않았기 때문에 미국의 제안을 거부했었다. 그러나 남북 군사력 균형이 남한 쪽에 기울기 시작했고,

〈천안함 사건과 연평도 포격 사건〉

출처: (좌) http://cheonan46.tistory.com/10, (우) http://mnd9090.tistory.com/3239

북한은 3자 회담을 통해 균형을 바로 잡고자 노력했다. 당시 북한은 3자 회담에서 북미 간에는 주한미군 철수 및 평화협정 체결을 논의하고, 남북 간에는 남북 불가침 선언 및 감군을 논의할 것을 제안하였다. 하지만 이러한 북한의 제안은 남한과 미국에게 받아들여지지 않았고, 대내적 경제 상황과 국제적 안보 환경은 북한의 안보적 위기감을 고조시켰다.

1990년대 냉전의 해체는 북한의 안보적 위기감을 극대화시켰다. 우선 북한의 사회주의 체제 고수는 국제적 고립을 자처했다. 또한 한중 및 한러 관계 개선은 북한의 안보적 위기감을 고조시켰다. 이전과 마찬가지로 북한은 북미 및 북일 관계 개선이라는 평화적 공세 전략을 전개하였지만 의도한 대로 결과를 얻지 못했다. 이에 북한은 본격적으로 핵무기 개발을 모색하기 시작했다. 물론 남북갈등은 한층 더 고조되었다.

현재까지 북한은 여섯 차례1차: 2006.10.9, 2차: 2009.5.25, 3차: 2013.2.12, 4차: 2016.1.6, 5차: 2016.9.9, 6차: 2017.9.3의 핵실험과 수십 발의 미사일 발사 실험을 단행하였다. 그리고 2017년 11월 29일 북한은 '화성－15형' 대륙간탄도미사일ICBM 발사 후 '핵무력 완성 선언'을 하였다. 2017년 한 해 동안 북미 및 남북갈등은 최고조에 달했고, 한반도 전쟁 위기설이 확산되었다. 그러나 2018년에 들어서면서 한반도의 분위기는 급반전하기 시작했다. 2018년 신년사에서 김정은 국무위원장은 조국통일을 위한 방안으로 남북관계 개선을 위해 2018년 2월에 열리는 평창 동계올림픽 참가를 위한 대표단 파견과 남북 당국자 회담을 우리 정부에 제안하였다. 이후 2018년 한 해 동안 세 차례의 남북정상회담이 개최되었고, 역사상 처음으로 북미정상회담도 싱가포르와 하노이에서 두 차례나 개최되었다. 또한 2019년 6월에는 남북미 정상 간 만남이 이루어지기도 하였다. 하지만 국제 사회의 대북제재는 지속되었고, 남북 정상 간 합의에도 불구하고 경제협력을 비롯한 교류협력이 원활히 이루어지지 못했다. 북미 핵협상도 아무런 결과 없이 팽팽한 신경전을 지속했다. 북한의 불만은 높아져 갔고, 남북관계는 점차 경색되기 시작했다. 이러한 북한의 불만은 다시 군사 행동으로 표출되었다. 2017년 11월 29일 ICBM 발사 이후 약 1년 6개월 만인 2019년 5월 4일에 북한은 신형 단거리 탄도 미사일을 두 발을 발사했다. 2019년 5월 14일부터 11월 28일까지 북한은 총 13회에 걸쳐 25발의 미사일을 발사했다. 또한 북한은 12월 7일과 13일에 동창리 미사일 시험장에서 신형 엔진 시험으로 추정되는 실험을 감행하기도 하였다.

2020년 1월 북한은 대내외적인 위기를 해결하기 위한 '새로운 길전략 노선'로 '정면돌파전'을 제시하였다. 남북 간 대화는 단절된 상황이며 북핵 협상도 더 이상 진행되지 않고 있다. 2023년 현재 북한은 자신의 요구대북제재 해제가 관철되지 않으면 그 어떤 대화에도 나서지 않겠다는 소위 '북한판 전략적 인내'를 지속하며, 우리 정부윤 정부의 '담대한 구상'을 비난하고 있다. 또한, 북한은 9·19 군사합의를 계속해서 위반하고 있으며, 나아가 중국과 러시아와 군사적으로 밀착하며 한반도의 군사적 긴장을 고조시키고 있다.

2023년 12월 말 북한은 제8기 제9차 당중앙위원회 전원회의를 개최하였다. 이 회의에서 북한은 대남·통일정책의 근본적인 방향전환을 선언하였다. 북한은 남북관계를 "동족관계, 동질관계가 아닌 적대적인 두 국가관계, 전쟁 중에 있는 두 교전국 관계"로 규정하였다. 그러면서 북한은 당중앙위원회 통일전선부와 대남사업부분 기구들을 정리·개편하기 위한 대책을 세울 것이라고 발표하였다. 이 회의에서 또 하나 주목할 점은 북한은 '흡수통일', '체제통일'을 국책으로 정한 대한민국이 화해와 통일의 대상이 아니라고 언급하며, 한미가 군사적 대결을 기도한다면 모든 수단을 동원하여 대한민국의 영토를 평정하겠다고 선언한 것이다. 여기서 북한이 언급한 모든 수단에는 물론 핵무기가 포함되어 있다.

하노이 북미정상회담2019년이 결렬된 이후 2019년 12월에 개최된 제7기 제5차 당전원회의에서 북한은 '새로운 길'을 언급한 바 있다. 북한의 강경한 대남·통일정책 전환은 이때부터 차근차근 준비해온 것으로 보인다는 점에서 특별한 계기가 없는 한 한동안 계속될 것으로 보인다.

북한의 9·19 군사합의 주요 위반사례(2022년 12월 31일 기준)

구분	일시	장소	위반 종류
1	2019.11.23.	북한 창린도 일대	해상완충구역 내 해안포 사격
2	2020.5.3.	중부전선 우리측 GP	우리 GP에 총격
3	2022.10.14.	황해 마장동 일대	해상완충구역 내 포병 사격
4	2022.10.14.	강원 구읍리 일대	
5	2022.10.14.	강원 장전 일대	
6	2022.10.14.	황해 해주만 일대	
7	2022.10.14.	황해 장산곶 일대	
8	2022.10.18.	황해 장산곶 일대	
9	2022.10.18.	강원 장전 일대	
10	2022.10.19.	황해 연안군 일대	
11	2022.10.25.	황해 장산곶 일대	
12	2022.11.2.	NLL 이남 26km, 속초 동쪽 57km 해상	동해 NLL 이남 해상완충구역 내 미사일 낙탄
13	2022.11.2.	강원 고성 일대	해상완충구역 내 포병 사격
14	2022.11.3.	강원 금강 일대	
15	2022.12.5.	강원 금강·황해 장산곶 일대	
16	2022.12.6.	강원 고성·금강 일대	
17	2022.12.26.	서울 북부·경기 강화 일대	북한소형무인기(5대) 우리 관할지역 침입

출처: 국방부, 『2022 국방백서』(대한민국 국방부, 2022.12).

북한의 대남 도발 현황(2020년 11월 30일 기준)

구분		계	1950년대	1960년대	1970년대	1980년대	1990년대	2000년대	2010~2017년	2018년	2019년	2020년	2021년	2022년
계		3,121	398	1,336	403	227	250	241	264	0	0	1	0	1
침투	직접침투	1,749	375	988	298	38	50	0	0	0	0	0	0	0
	간접침투	214	0	0	0	127	44	16	27	0	0	0	0	0
	월북납북자남파	39	4	21	12	2	0	0	0	0	0	0	0	0
	소계	2,002	379	1,009	310	167	94	16	27	0	0	0	0	0
국지도발	지상도발	503	7	298	51	44	48	42	12	0	0	0	1	0
	해상도발	559	2	22	27	12	107	180	209	0	0	0	0	0
	공중도발	52	10	7	15	4	1	3	11	0	0	0	0	1
	전자전도발	5	0	0	0	0	0	0	5	0	0	0	0	0
	소계	1,119	19	327	93	60	156	225	237	0	0	1	0	1

출처: 국방부, 『2022 국방백서』(대한민국 국방부, 2022.12).

북한의 핵실험 현황

구분	1차	2차	3차	4차	5차	6차
일시	2006.10.9.10:36	2009.5.25. 9:54	2013.2.12. 11:57	2016.1.6. 10:30	2016.9.9. 9:30	2017.9.3. 12:29
규모(mb)	3.9	4.5	4.9	4.8	5	5.7
위력(kt)	약 0.8	약 3~4	약 6~7	약 6	약 10	약 50

출처: 국방부, 『2018 국방백서』 (대한민국 국방부, 2018).

출처: https://www.chosun.com/site/data/html_dir/2018/01/22/
2018012201202.html

03
남북 협력(합의)의
역사

남북 관계는 갈등의 역사라 해도 과언이 아니다. 그러나 남북한 간에는 오로지 갈등만 있었던 것도 아니다. 남북한 모두 대내외적 환경과 조건에 따라 협력하거나 한반도 평화를 위해 다양한 합의들을 해왔다. 분단 이래로 남북한은 한반도 평화 및 통일 문제와 관련된 다양한 제안들을 해왔다.

남북한 간에 실질적으로 이루어진 협력과 합의는 1960년대부터이다. 1962년 7월, 모스크바에서의 국제올림픽위원회IOC 총회를 계기로 북한은 도쿄올림픽1964년의 남북 단일팀 파견을 위한 남북 체육회담을 제의했다. 이에 1962년 12월 프랑스 로잔느에서 IOC와 남북 체육실무자가 회담을 가졌다. 또한 같은 달에 홍콩에서 남북 체육실무자 회담이 개최되었다. 1963년 1월 다시 한 번 홍콩에서 IOC 주재로 남북 체육실무자 회담이 개최되었다.

이 회담을 통해 우선, 남북한 간에는 남북 단일팀 단장과 참가 종목별 지도자 임명 방법, 그리고 단일팀을 상징하는 음악으로 '아리랑'이 합의되었다. 이어 1963년 5월 17일 남북 체육 회담이 다시 개최되었고, 이 회담에서 전종목 예선 실시, 경비 부담 등 올림픽 단일팀 결성 및 참가에 필요한 구체적인 사항들이 남북 간에 합의되었다. 그러나 회담 방식을 둘러싼 갈등으로 인해 단일팀 참가가 무산되었다. 이 회담이 공식적인 정부 당국 간 대화는 아니지만 남북한이 올림픽 참가라는 공통의 주제를 놓고 평화적으로 문제를 논의했다는 점에서 큰 의미가 있었다.

1970년 8월 15일 박정희 대통령은 광복절 경축사에서 '평화통일 구상'을 선언했다. 평화통일 구상의 요지는 "남북한의 어느 체제가 더 잘 살 수 있는가에 대하여 개발과 건설의 선의의 경쟁을 벌일 것을 제의"하는 것이었다. 이 선언은 분단 이래로 남한이 처음으로 북한 정권을 대화와 협상의 대상으로 인정했다는 점에서 큰 의미가 있었다. 1971년 8월 6일 김일성은 평양에서 열린 시아누크 환영대회에서 남한의 공화당과 협상할 용의가 있다고 밝혔다. 당시 공화당은 남한의 집권당이었다. 1971년 8월 12일 남한은 이산가족 재회를 추진하기 위한 남북적십자회담을 북한에 제의했다. 그리고 8월 14일 북한은 이를 받아들였다. 그러나 여러 차례의 예비회담과 본회담이 개최되었음에도 불구하고 남북적십자회담은 어떠한 실질적 성과를 도출해 내지 못하고 마무리되었다.

남북적십자회담이 진행되는 동안 남북한 당국 간에는 별도로 협상이 이루어지고 있었다. 이 협상은 1971년 11월 19일 적십자 예비회담 직후 남한이 북한에 비밀접촉을 제의하고, 이를 북한이 받아들임으로써 시작되었다. 십여 차례에 걸친 실무자 간 접촉 끝에 남북 당국은 이후락 중앙정보부장과 김영주 노동당 조직지도부장 간 회담 개최에 합의하였다. 1972년 5월 2일부터 5월 5일까지 비밀리에 이후락 중앙정보부장이 평양을 방문하여 김일성, 김영주와 회담을 가졌다. 이에 1972년 5월 29일부터 6월 1일까지 김영주 부장의 대리인인 박성철 제2부수상이 서울을 방문하여 이후락 부장과 대화를 나누었다. 이 회담에서 남북 양측은 이후락과 김영주를 공동위원장으로 하는 '남북조절위원회'를 운영하기로 합의하였다. 또한 남북은 여기에 분야별 분과위원회를 설치하여 교류와 협력을 추진하기로 합의하였다. 이러한 과정을 거쳐 남북 쌍방은 마침내 1972년 7월 4일 '7·4 남북공동성명'을 발표하였다.

'7·4 남북공동성명'에 따라 남북 양측은 남북조절위원회 가동을 위한 협의를 진행하였다. 그 결과 남북 간에는 '남북조절위원회 구성 및 운영에 관한 합의서'가 채택되었다. 1972년 11월 30일 남북한은 남북조절위원회를 정식으로 발족시켰다. 남북조절위원회 전체회의는 1972년 11월 30일, 1973년 3월 15일, 1973년 6월 12일 서울과 평양에서 번갈아 개최되었다. 그러나 이 회의는 한반도 긴장완화와 통일 방안에 대한 양측의 서로 다른 입장만을 확인한 채 아무런 성과도 없이 중단되었다.

1980년 1월 12일 북한은 편지 형식을 통해 남북총리회담을 제의했다. 남한은 북한의 제의를 수용하였고, 1980년 2월 6일부터 8월 20일까지 열 차례의 접촉이 판문점에서 진행되었다. 남북 양측은 회담의 명칭과 장소, 의제 등에 대해 합의점을 찾지 못했고, 북한이 남한 측 대표의 자격 및 정치상황을 문제 삼아 일방적으로 실무접촉 중단을 선언함으로써 대화가 중단되었다. 그러다가 1980년대 중반에 들어서면서 다시 남북 대화가 재개되었다. 1984년 3월 30일 북한은 7월에 개최되는 LA 올림픽에 단일팀을 구성하여 참가하자고 남한에 제의하였다. 특히 북한은 앞으로 개최될 예정인 아시아 및 세계선수권대회에도 남북 단일팀을 구성하여 참가할 것을 제의하였다. 이에 남한과 북한은 세 차례 회담을 진행하였다. 그러나 북한이 미얀마 아웅산 폭탄 테러를 일으킴으로써 유의미한 성과를 도출하지 못하고 남북 올림픽 단일팀 구성은 무산되었다. 아웅산 폭탄 테러 사건에도 불구하고, 1984년 8월 20일 전두환 대통령은 북한에 남북한 경제 협력을 제안하였다. 당시 전두환 대통령은 북한이 동의할 경우 북한 주민의 생활향상에 실질적으로 기여할 수 있는 기술과 물자를 무상으로 제공할 수 있음을 밝혔다.

그러던 와중에 남한에 폭우가 쏟아져 많은 수해를 입게 되었다. 이에 북한은 9월 8일 적십자 명의로 수재물자 제공을 남한에 제의하였다. 남한은 북한의 제의를 받아들였고, 북한은 남한에 수재물자를 지원하였다. 이를 계기로 남한은 10월 4일 남북적십자회담과 남북체육회담을 북한에 제의하였다. 또한 남한은 남북경제회담을 북한에 제의하였다. 이전과 달리 북한이 남한의 제의를 받아들임으로써 1985년부터 남북 대화가 활발히 전개되기 시작했다. 1984년 11월 15일 사상 처음으로 남북 경제회담이 개최되었다. 이어서 11월 20일에는 남북적십자 본회담 재개를 위한 예비접촉이 이루어졌다. 1985년 7월 23일 남북국회회담을 위한 예비접촉이 개최되었고, 10월 8일에는 남북체육회담이 열리게 되었다. 남북체육회담은 1988년 1월 북한의 서울올림픽 불참 선언까지 계속되었다. 나머지 회담들은 1986년 초에 북한이 일방적으로 대화 중단을 선언함으로써 막을 내리게 되었다.

1988년 10월 18일 노태우 대통령은 유엔총회 연설에서 남북정상회담 개최를 북한에 제의하였다. 이 연설에서 노태우 대통령은 한반도 평화정착을 위한 제도적 장치 및 통일실현 방안, 교류협력, 군비축소 등을 북한에 제의하였다. 노 대통령은 휴전협정의 평화체제 전환과 대북 무력 불사용에 대해서도 이야기하였다. 북한은 노 대통령의 제안에 환영의 뜻을 나타냈다. 다만 북한은 대화의 조건으로 남북 대화와 통일을 제약하는 남한의 법이라든가 대규모 한미합동 군사훈련 중지 등을 요구하였다. 북한은 만약 이러한 조건을 남한이 받아들이기 어려울 경우 중간단계로서 남북고위급 정치군사회담을 개최하자고 제의하였다. 북한의 긍정적 응답에 따라 남한의 박철언 청와대 정책보좌관이 1988년 11월 30일 비밀리에 평양을 방문하였다. 박철언은 북한의 허담, 한시해 등과 면담하고 이들에게 노 대통령의 친서를 전달했다. 1989년 북한은 남북체육회담, 적십자실무접촉, 남북고위급 회담에 응했으며, 이를 계기로 남북고위급 회담이 총 5차에 걸쳐 개최되었다. 제5차 남북고위급회담에서는 '남북 사이의 화해와 불가침 및 교류·협력에 관한 합의서남북기본합의서'가 채택되었다.

남북기본합의서가 채택된 이후 남한과 북한은 이행문제를 본격적으로 협의하기 시작했다. 그러한 가운데 북한의 윤기복 노동당 대남사업담당비서가 극비리에 서울을 방문하여 노태우 대통령에게 남북정상회담 개최와 관련된 김일성 주석의 메시지를 전달하였다. 국내정치적 상황으로 인해 노태우 대통령이 북한의 제의를 거부함으로써 남북정상회담은 성사되지 않았다.

대신 이듬해에 새롭게 들어선 김영삼 정부가 남북정상회담 개최를 북한에 제의하였다. 북한도 이에 대해 긍정적으로 답하였는데, 아쉽게도 1994년 7월 8일 김일성이 사망함으로써 남북정상회담 개최 논의는 물거품이 되었다. 또한 북한의 핵개발이 본격적으로 문제시되면서 남북관계는 점차 경색되기 시작했다. 하지만 북한의 식량난과 경제난, 자연재해 등은 남북 접촉의 기회가 되었다. 특히, 이러한 북한의 상황은 정부 중심의 남북관계가 민간으로까지 확대되는 계기가 되었다. 가령, 1995년 8월 북한에서 대홍수가 발생하였고, 아사자가 속출하자 남한의 민간단체들은 구호식량과 물품을 북측에 보냈다.

1998년 사상 처음으로 남한에서는 수평적 정권교체가 이루어졌다. 또한 상대적으로 진보적인 성향의 정권이 들어서게 되었다. 김대중 정부는 이전 정권과 달리 대북 포용정책을 추진하였고 비록 군사적 긴장이 존재하긴 했지만 남북관계도 점차 개선되기 시작했다. 김대중 정부는 남북 교류협력에 관한 각종 법·제도를 마련하였고, 정부와 민간 차원에서 실질적인 조치들을 취해 나갔다. 남북 간 인적·물적 교류가 증가하기 시작했고, 각종 시행령, 규정, 지침들이 완화되고 간소화되었다. 특히, '금강산 관광 사업'은 대북 포용정책, 즉 '햇볕정책'을 김대중 정부가 추진하는 데 있어 중요한 토대가 되었다.

1998년 3월 남한과 북한은 남북정상회담 개최를 위한 절차 문제를 논의하기 시작했다. 그 과정에서 많은 진통이 발생하였다. 때때로 남북 간에는 군사적 긴장이 고조되었고, 정치적 갈등이 발생하였다. 하지만 남북 대화의 끈은 유지되고 있었고, 마찬가지로 교류협력도 중단되지 않았다. 2000년에 들어와 김대중 대통령의 한반도 냉전구조 해체를 위한 '베를린 선언'이 발표되었다. 당시 북한은 이를 비난했다. 남한의 박지원 장관과 북한의 송효경 부위원장이 특사로서 비밀리에 접촉하였고, 마침내 남북정상회담 개최에 관한 합의서가 작성되었다. 2000년 6월 13일 한반도 분단 사상 처음으로 남북 정상이 평양에서 만남을 가졌다. 김대중 대통령과 김정일 국방위원장은 다양한 남북 관계 주제에 대해 의견을 나누었고, 6월 15일 '6·15 남북공동선언'이 발표되었다. 이 선언문은 1972년 '7·4 남북공동성명', 1992년 '남북기본합의서'와 더불어 남북관계에 있어 중대한 전환점을 마련한 기념비적 문건이 되었다.

이후 남북한 간에는 장관급회담, 군사회담, 경제회담, 적십자회담, 특사회담 등 다양한 회담이 개최되었다. 남북한 간에는 철도·도로 연결사업, 금강산 관광사업, 개성공단 개발사업 등 경제협력이 이루어졌다. 더불어 다양한 사회문화적 교류협력도 확대되었다.

2003년 노무현 정부가 새롭게 등장하였다. 노무현 정부는 김대중 정부와 차별적인 대북통일정책을 전개하고자 했다. 하지만 노무현 정부의 대북통일정책, 즉 '평화번영정책'은 기본적으로 김대중 정부의 대북 포용정책에 기반을 두었다는 점에서 본질적으로 두 정책 간에는 큰 차이점이 존재하지 않았다. 노무현 정부는 때때로 남북 간 군사적 갈등이 발생했음에도 불구하고 김대중 정부와 마찬가지로 남북 교류협력을 확대·지속하고자 하였다. 노무현 정부 시기에도 남북 간에는 다양한 정치·경제·군사 회담과 사회문화 및 경제 교류협력이 전개되었다. 이러한 분위기에 힘입어 남한은 2007년 7월 김만복 국가정보원장과 김양건 노동당 통일전선부장의 접촉을 제의하였다. 북한은 이에 응답하여 김만복 국가정보원장의 비공개 방북을 요청하였다. 이후 북한은 중대제안 형식으로 남북정상회담 개최를 발표하였다. 김만복 원장이 다시 방북하여 김양건 통일전선부장과 제2차 남북정상회담 개최에 대해 합의하였다. 2007년 10월 2일 마침내 한반도 분단 사상 두 번째로 남북 정상 간 회담이 평양에서 개최되었다. 이 회담을 위해 노무현 대통령은 남북 분단의 상징인 군사분계선을 도보로 통과하였다.

남북 정상은 두 차례의 회담을 가졌다. 이 회담에서 노무현 대통령과 김정일 위원장은 평화정착, 공동번영, 화해와 통일에 관해 협의하였다. 10월 4일 남한과 북한은 8개항으로 구성된 '남북관계 발전과 평화번영을 위한 선언10·4 선언'을 발표하였다. 이 선언 이후 남북관계는 다시 한 번 큰 변화를 겪었다. 차기 정부가 출범하기 전까지 남북 간 군사·경제·농수산·철도 및 도로·체육·보건·문화 등 다양한 분야의 회담과 접촉이 30회 개최되었다. 남북 간 회담에서

〈제1, 2차 남북정상회담〉

논의된 내용들은 합의서 형식으로 20건이 채택되었다.

2008년 2월 이명박 정부가 남한에 새롭게 등장하였다. 이명박 정부는 '비핵·개방·3000'이라는 대북통일정책을 제시하였다. 이는 실용과 생산성에 기초한 소위 상생공영정책이었다. 이명박 정부는 실용주의적 관점에 기초한 상호주의 원칙에서 김대중, 노무현 정부 시기 합의·진행되고 있던 경제협력과 북한의 핵문제 해결을 연결시켰다. 결국 2007년 남북 간에 협의되었던 각종 경제 및 교류협력체계들이 하나도 가동되지 못하였다. 이 시기부터 남북 경제협력사업들이 급속도로 위축되기 시작했다. 또한 인도주의적 관점에서 전개되고 있었던 남한의 대북지원사업들도 급격히 감소되기 시작했다.

2008년 금강산 관광객 피격사건이 발생하였다. 이명박 정부는 즉각적으로 금강산 관광을 중단시키고 북한에 사고재발 방지 및 신변안전보장 대책 마련을 요구하였다. 그러나 북한은 사고의 책임을 남한에 전가하였다. 2008년 말 북한은 열차운행 중단, 개성관광 중단, 남북경제협력협의사무소 폐쇄, 육로통행 제한 등의 조치를 일방적으로 실행하였다. 북한은 판문점 적십자 연락대표부를 폐쇄하였고 남북 간에 연결되어 있던 모든 직통전화를 차단하였다.

2009년 북한과 미국의 핵문제 협상에서 어느 정도 진전의 가능성이 엿보이기 시작하면서 남북관계도 점차 해빙의 분위기가 조성되었다. 북한은 현정은 현대그룹 회장을 평양에 초청하여 금강산관광 및 개성관광 재개, 백두산 관광 시작, 개성공단 활성화, 이산가족 상봉, 육로통행 등에 대해 합의하여 '현대-아

〈개성공단과 금강산 관광〉

출처: (좌) http://www.huffingtonpost.kr/impeter/story_b_9205864.html
(우) http://newfocus.co.kr/client/news/viw.asp?ctcd=C01&mcate=M1001&nNewsNumb=20151217657

태' 간 공동보도문을 발표하였다. 북한은 김대중 대통령이 서거하자 특사조문단을 남한에 파견하였고, 이를 핑계로 이명박 대통령을 예방하여 김정일 위원장의 메시지를 전달하였다. 2010년 초 북한은 금강산관광과 개성관광 재개를 위한 실무접촉과 군사 실무회담을 남한에 제의하였다. 또한 북한은 개성공단 활성화 방안을 위한 협의 및 남한의 대북 식량_{옥수수} 지원에 대한 수용의사를 밝혔다. 이에 남한도 북한과의 관계 개선을 환영하며 남북정상회담 개최에 대해 적극적인 입장을 밝혔다. 그러는 가운데 2010년 3월 26일 백령도 근처 해상에서 대한민국 해군 초계함인 천안함이 침몰하는 사건이 발생하였다. 이명박 정부는 천안함 침몰을 북한의 소행이라고 결론짓고 5월 24일 남북 간에 진행되고 있던 각종 교류와 협력을 중단시켰다. 일명 '5·24 조치'는 대북 제재조치, 개성공단과 금강산 제외 방북 불허, 남북 교역 중단, 대북 신규 투자 금지, 북한 선박의 우리 해역 운항 불허, 대북 지원사업의 원칙적 보류 등이 핵심이다.

경색된 남북관계 속에서 북한은 핵무기 개발을 한층 고도화했다. 그러한 가운데 박근혜 정부가 새롭게 등장하였다. 박근혜 정부도 이명박 정부와 마찬가지로 핵문제와 남북관계 개선을 연결한 대북통일정책을 추진하였다. 그럼에도 불구하고 남북 경제협력의 상징인 개성공단은 2013년 잠시 중단되기도 하였으나 큰 문제없이 운영되었다. 그러나 북한의 제4차 핵실험 및 장거리 로켓 발사 등 남북 군사적 긴장이 고조되면서 남한은 2016년 2월 10일 개성공단을 전면 중단하였다.

박근혜 정부는 남북 군사적 갈등, 북핵 개발 등 한반도 문제 해결에 있어 남북 간 신뢰 구축이 그 무엇보다 중요하다고 보았다. 박근혜 정부는 대북통일 정책으로 '한반도 신뢰프로세스'를 제시하였다. 그러나 남북 불신은 오히려 가중되었고, 북핵 문제는 더욱 꼬여만 갔다.

2017년 중반 박근혜 대통령의 탄핵으로 인해 급하게 문재인 정부가 출범하였다. 문재인 정부는 이전 두 정권과 다른 정치적 성향을 나타내었다. 이에 많은 사람들이 남북관계 개선에 대해 기대를 하였다. 그러나 2017년의 한반도 상황은 그 어느 때보다 좋지 못했다. 북한은 국제사회의 우려에도 불구하고, 제6차 핵 실험을 단행하였고, 11월 말에는 핵무력 완성을 선언하였다. 국제사회의 대북제재는 한층 더 고조되었고, 북미 갈등은 걷잡을 수 없이 거세졌다.

5.24 조치와 개성공단 폐쇄 등으로 인해 문재인 정부가 활용할 수 있는 남북 소통의 창구는 사실상 없었다. 그럼에도 불구하고 문재인 정부는 출범 초기부터 지속적으로 한반도 평화와 남북관계 개선 의지를 북한 및 국제사회에 피력했다. 마침내 2018년 1월 1일 신년사를 통해 북한 김정은 국무위원장이 평창 동계올림픽 참가에 대한 문재인 대통령의 제안을 받아들였다.

북한의 평창 동계올림픽 참가를 계기로 남북 대화가 재개되었다. 특히, 2018년 한 해 동안 남북 정상은 세 차례4.27, 5.26, 9.18의 만남을 가졌고, '판문점선언', '평양공동선언', '판문점선언 이행을 위한 군사분야 합의서'를 채택하였다. 그리고 두 번2018년 6월 12일 싱가포르 정상회담, 2019년 2월 27일 하노이 정상회담의 북미 정상회담이 개최되었고, 역사상 최초로 판문점에서 남북미 정상 간 만남2019년 6월 30일도 이루어졌다. 그러나 북핵 문제 해결에 관한 북미 간 입장은 좀처럼 좁혀지지 않았고, 국제사회의 강도 높은 대북제재는 여전히 지속되었다. 국제사회의 대북제재는 남북 정상 간 합의에도 불구하고 경제를 비롯한 다양한 교류협력 사업 시행을 가로막았다. 북한의 대남 불만은 점차 고조되었고, 급기야 남한의 대북 인도적 지원을 거부함과 동시에 비난하기까지 하였다.

북핵 협상 교착으로 인한 남북관계 경색이 점차 고조되고 있는 가운데 윤석열 정부가 새롭게 등장했다. 윤 정부는 비핵, 평화, 번영을 목표이자 가치로 하는 대북·통일 정책을 제시했다. 추진원칙으로는 '일체의 무력도발 불용', '호혜적 남북관계 발전', '평화적 통일기반 구축'을 설정하고, '비핵화와 남북 신뢰 구축의 선순환', '상호 존중에 기반한 남북관계 정상화', '북한 주민의 인권 증진

〈문재인 대통령의 한반도 신경제지도〉

출처: http://unikorea21.com/?p=14203

〈백두산서 손잡은 남북정상〉

출처: https://www.ytn.co.kr/_ln/0101_20180926050429
9130

과 분단 고통 해소', '개방과 소통을 통한 민족동질성 회복', '국민·국제사회와
함께하는 통일준비'를 중점과제로 제시했다. 윤 정부 대북·통일 정책의 핵심은
'담대한 구상'으로 2022년 8월 15일 제77주년 광복절 경축사에서 윤석열 대통
령이 북한에 정식으로 제안했다. 윤 정부의 담대한 구상에 대해 북한은 이명박
정부의 '비핵·개방·3000'의 복사판에 불과하다며 비난했다. 하지만 윤 정부의
담대한 구상은 '비핵·개방·3000'과 큰 차이점이 존재한다. '비핵·개방·3000'은
완성단계로 북한 비핵화를 상정하고, 이에 대한 경제적 보상을 제시한다. 반면,
담대한 구상은 초기조건으로 북한의 비핵화 의지를 상정한 후 정치, 군사, 경제
적 보상을 종합적으로 제시한다.

　현재 북한은 윤 정부의 대북·통일 정책뿐 아니라 "한때 그 무슨 '…운전
자'를 자처하며 뭇사람들에게 의아를 선사하던 사람"이라며 이전 정권인 문 정
부까지 비난하며 남북대화를 거부하고 있다. 오히려 김정은의 여동생 김여정
부부장은 북한 핵무기를 '국체'로 규정하며, 비핵화의 의지가 없음을 나타냈고,
나아가 "제발 좀 서로 의식하지 말며 살았으면 하는 것이 간절한 소원"이라며,
두 개의 한국, 즉 '투 코리아'라는 반통일적 시각을 드러내기도 하였다. 일각에
서는 북한의 강경하고 경색된 입장이 북한 내부 문제에 집중하고 있다는 것을
나타낸다고 평가한다. 또한, 이는 북한이 남북 대화에 나설 여력이 없다는 것을
스스로 나타낸 것이라고 평가하기도 했다. 이러한 평가들은 일견 타당하지만,
자칫 이해라는 차원에서 북한의 행동에 면죄부를 제공할 수 있다. 주지하는 바

와 같이 지난 70여 년의 남북관계가 '위기 극대화^{갈등} 후 대화와 보상^{협력} 반복'
이라는 왜곡된 측면이 존재한다는 것을 고려하면, 현재 북한의 대화거부 및 한
반도 위기 조성에 대한 책임을 면할 수 없다.

유엔 안보리 대북제재 주요 내용

연도	사건	결의안	주요 내용
1993	NPT 탈퇴 선언 (3.12)	825호	• NPT 복귀 • IAEA의 북핵 사찰 수용 촉구
2004	9·11테러 (9.11)	1540호	• 테러집단 등 비국가 행위자에 대한 핵, 화학, 생물무기 등 WMD 제조, 획득, 보유, 운송, 사용 지원 금지(WMD 비확산 조치) • 전략물자 수출 통제 의무화
2006	대포동-2호 발사 (7.5)	1695호	• 핵무기 및 WMD 관련 물자 및 사치품 금수 • 여행 금지 • 핵무기 및 WMD 개발 관련 금융 서비스 제공 및 기타 자산 이전 금지
	1차 핵실험	1718호	• WMD 관련 물자 및 사치품 금수 • 제재 대상 지정(단체 3개)
2009	2차 핵실험 (5.25)	1874호	• 모든 무기 및 관련 물자 수출 금지 • 금융 제재 강화 • 의심 화물 및 선박 검색 강화 • 제재 대상 추가 지정(단체 5개, 개인 5명)
2013	대포동-2호 발사 (2012.12)	2087호	• 대량현금 규제 • 캐치올 규제 • 제재 대상 추가 지정(단체 6개, 개인 4명)
2013	3차 핵실험 (2.12)	2094호	• 금지 품목 적재 의심 항공기 이착륙 및 영공 통과 불허 촉구 • 결의에 반하는 북한 은행의 해외 신규 활동 금지 촉구 • 회원국 금융기관의 북한 내 신규 활동 금지 촉구 • 북한 외교관의 위법 활동 주의 강화 • 보석류, 요트, 고급 자동차 등 사치품 금수 목록 지정 • 제재 대상 추가 지정(단체 2개, 개인 3명)
2016	4차 핵실험 (1.6)		• 민생용을 제외한 WMD 관련 석탄, 철·철광 수출 제한 • 금, 바나듐광, 티타늄광, 희토류 등 광물 수출 금지 • 인도주의적 용도 및 북한 민항기 해외 급유를 제외한 항공유 판매 및 공급 금지 • 북한 행/발 화물 전수 조사 • 금지품목 적재 의심 항공기 및 선박의 이착륙과 영공통과 및 입항 금지 • 북한의 원항해운관리회사(OMM) 선박 자산 동결
	5차 핵실험 (9.9)		• 북한산 무연탄 4억 달러 또는 750만 톤 중 작은 쪽 선택하여 수출 상한제 적용 • 은, 동, 아연, 니켈 금수 • 북한인 수화물 및 화물 검색 의무화 • 회원국의 북한 내 금융활동 금지 및 계좌 폐쇄 • 대북 무역 금융지원 금지 • 북한국적 선박의 소유, 운영, 대여, 보험 제공 금지

2017	화성-14형 발사 (7.4, 7.28)	• 북한의 석탄, 철·철광석, 해산물, 납·납광석 전면 금수 • 북한 해외 노동자 현 수준 동결 • 북한과의 신규 합작·합영 사업 금지 • 제재위가 제재 선박 지정(회원국은 입항 불허) • 대금정산 금지 및 일반 회사의 금융서비스 제공 불가
	6차 핵실험 (9.3)	• 북한 산 직물 및 의류 완제품 전면 금지 • 북한 해외 노동자 신규허가 금지(계약 연장 금지) • 북한과의 합작·합영사업 금지(120일 이내 폐쇄) • 원유 공급량 연간 정제유 200만 배럴, 원유 400만 배럴로 제한 • 콘덴세이트 및 LNG 공급 금지 • 공해상에서 북한 선박 화물 이송 금지
2017	화성-15형 발사 (11.29)	• 원유 공급량 연간 정제유 50만 배로, 원유 400만 배럴로 제한 • 북한산 식료품, 농산품, 기계류, 전자기기, 토석류, 목재류, 선박 수입 금지 • 어획권 구입 금지 • 북한 해외 노동자 24개월 내 송환 • 북한 선박에 대한 해상 차단 의무화 • 산업용 기계류, 운송수단, 철강 및 여타 금속류의 대북 수출 금지

출처: 백상미, "UN 안전보장이사회 제재결의의 국내적 이행에 관한 한국의 법체계와 실행," 『서울국제법연구』, 제21권 1호 (2014); 남북교류협력지원협회, 『대북제재 참고 자료집 4.0』 (남북협회, 2018); 임수호, "대북 경제제재 현황과 남북 경 협 추진방향," 『INSS 전략보고』 (2018.9).

• 토의 주제

1. 남북한 갈등의 구조와 성격에 대해 토론해 보자.

2. 남한과 북한은 어떠한 갈등이 있었는지 설명해 보자.

3. 남한과 북한은 어떠한 협력을 해왔는지 설명해 보자.

4. 남북갈등을 해소하고 협력을 지속·강화하는 방법에 대해 토론해 보자.

5. 역대 남북정상회담의 한계와 성과에 대해 평가해 보자.

한반도 쟁점 탐구

북한 핵 문제와 국제정치
북한인권문제의 이해와 해법
북한의 경제: 교류협력

도입

이 주제와 관련 동영상
- 〈북한 6차 핵실험 관련 중대발표(2017.9.3)〉 (출처: 조선중앙통신)

교육목표

· 북한 핵 문제와 관련한 전반적인 논의들을 살펴본다.
· 북한의 핵 문제와 한반도 정세 전반에 미치는 영향을 살펴본다.
· 북핵 문제와 국제정치에 대한 이해를 바탕으로 평화적 북한 핵 문제 해결 방안과 발전적 남북관계 방안을 모색해 본다.

북한 핵 문제와
국제정치

내용요약

북한 핵 문제는 미중 간의 패권 경쟁 구도와 맞물려 동북아 정세에 부정적 영향을 미치고 있다. 그러므로 북한 핵문제의 평화적 해결과 남북관계 개선은 한반도 평화뿐만 아니라 동북아 평화 정착에 결정적 요소로 작용할 것이다. 이를 위하여 남북관계 개선과 한반도 주변국과의 통일공감대 확산이 중요하다. 결국 우리정부와 국민들 간의 소통과 협력을 통해 합리적이고 지속적인 대북 · 통일 정책을 만들고 추구하는 지혜가 필요하다.

01
북한의 **핵전략 발전**과 대외전략

1990년대 이후 동구권의 몰락으로 인한 세계 냉전구도의 와해에도 불구하고, 남북한은 한국전쟁 이후 휴전상태에 있으며 지금까지 체제 정통성 경쟁을 필두로 첨예한 정치적, 군사적 대립상황을 유지해 오고 있다. 특히 타 국가와는 달리 북한은 '북한식 사회주의체제유일수령체제' 유지를 최고의 국가목표로 두고, 한국과는 물론 미국 등 서방세계와의 대립구도를 구축하고 있다. 무엇보다도 90년대 탈냉전기 이후 북한의 대외정책은 주로 핵개발 논란과 연계되어 진행되어 왔는데, 이 과정에서 김일성, 김정일의 급작스러운 사망과 두 차례에 걸친 권력승계 과정을 통해 북한은 체제생존이라는 정책목표를 설정하여 지금까지 지속하고 있다박종철 외 2013, 52.

현재 김정은 정권은 장성택 숙청을 시작으로 북한 권력지도부의 세력교체를 통해 지속적으로 정권의 안정화를 도모하는 것으로 판단된다.[1] 결국 김정은

1__ 김정은 정권은 김정일 시대에 강화된 군부조직을 노동당 조직지도부 중심으로 재편하기 위해서 김정은 측근으로 세대교체를 단행하려는 양상을 보임; 군부에 대한 당적 통제체제를 강화하기 위해서 군부의 핵심직책인 총정치국장을 최룡해에서 황병서(2014.5)로 교체하고 조직부국장을 김수길에서 박영식, 선전부국장을 염철성에서 김동화 등 친위세력으로 교체하였고 당 중앙위 정치국회의(2014.4.8.)를 열어 장성택 숙청 이후 당의 유일적 영군체계 확립를 위한 '국가체계와 조직문제'를 토의하는 등 당 중심으로 군부장악에 노력

정권은 권력 계승과 체제안정을 위하여 당 중심의 체제 정비와 핵무력 강화정책을 채택하였고, 대외정책 역시 핵무력 강화와 이에 따른 후폭풍을 사후적으로 관리하는 행태를 보였다^{박종철 외 2013, 52}. 결과적으로, 북한의 외교정책은 대내여건에 종속되는 결과를 초래하였다고 볼 수 있다.[2] 무엇보다도 북한의 대외전략은 북한의 정치이념, 정치체제, 정책결정과정 등의 국내요소들과의 연계성에 대한 이해가 필요하다.

(1) 북한의 핵무기 개발 의지와 대외전략

역사적으로 보면, 북한은 1990년대 탈냉전기를 맞아 체제생존을 위한 외교적 활로를 모색하게 된다. 1990년대에 들어서서 북한의 지속적인 마이너스 성장과 기근은 북한으로 하여금 서방국가들과의 적극적 관계개선을 도모하게 하였다. 북한은 1990년 남북한 기본합의서를 체결하며 체제보호에 적극적으로 나섰고, 1993년 3월 NPT 탈퇴선언과 동시에 핵을 이용한 벼랑끝 외교를 통하여 미국으로부터 핵을 포기하는 대신 경제적 지원을 약속받는 등^{1994년 제네바합의} 북미 간 직접협상을 통한 관계개선을 추구하였다. 1994년 김일성의 사망으로 인해 북한식 유일정권은 붕괴위기까지 예견되었으나, 1998년 9월 공식 출범한 김정일 정권은 국방위원회를 중심으로 비상국가체제를 가동시켜 체제위기를 모면하려 했다. 김일성 사후 김정일 정권은 체제안정화를 위해 '선군정치' 슬로건을 내세워 국내위기 상황을 극복하려 했고, 이와 더불어 국제적 고립탈피 및 국제사회의 경제 지원확보를 외교적 주요전략으로 설정하여 전방위 외교를 추진하기 시작하였다^{김계동 2013, 99}.

2000년 6월 13일 남북정상회담을 기점으로 북한은 보다 적극적인 '개방

하고 있는 것으로 판단된다.

2 — 사회주의 국가에서 외교정책은 '국내정책과 긴밀히 결부되어 국내정책의 연장'으로 이루어지고 있다: 김계동, 『북한의 외교정책과 대외관계』(서울: 명인문화사, 2013), p. 75; 한국정치학회, 『북한정치론』(서울: 백산서당, 1990), p. 400.

적 실리외교'를 추진하는데, 6·15 남북공동선언을 통한 남한과의 경제적 교류 및 지원을 약속받았다. 김정일은 중국을 여러 차례 방문하여 북·중 간의 혈맹 관계를 과시하고 경제적 협력 및 지원을 약속받았다. 러시아와도 2000년 푸틴 의 북한 방문과 김정일의 러시아 방문을 통한 북·러 관계의 정상화를 추진하였고, 미국과도 국방위원회 조명록 차수가 2000년 10월 미국을 방문하여 북미 간 '공동성명'과 '반테러 공동성명'을 발표하며 북·미 간 적대관계를 마감하려 하였 다 김계동 2013, 100. 그러나 2001년 부시 행정부의 대북 강경정책과 부시 대통령의 '악의 축' 발언, 그리고 북한의 핵개발 의혹은 2002년 북한의 제2차 핵위기로 연결되고 현재까지 별다른 핵문제 해결방안 없이 국제적 대북체재와 북한의 고 립상황이 지속되고 있다.

첫째, 북한의 대외정책의 특징을 말하자면 김정은의 권력승계 이후 북한 지도부는 국제적 고립과 경제제재에도 불구하고 김정은 자신의 권력구축에 치 중함으로써 북한의 대외정책에도 국내정치적 요소가 더 많은 영향력을 미치는 경향을 보였다. 김정은은 자신의 권력공고화를 위하여 당 중심의 권력재편과 핵무장을 자신의 통치기제로 활용하여 외부적 압박과 제재를 더욱더 악화시키 는 결과를 초래했다. 김정은 집권 후 특징으로 우선 핵 중심의 공격적 군사전 략과 김정은 군지도 과시인데, 2011년 12월 김정일 사망 이후 2012년 4월까지 는 자신의 권력을 확립하지 못한 상황에서 보다 공격적인 외교전략을 선보임으로써 국내 정치권력을 다잡고 해외에 자신의 힘을 과시하려는 의도를 보였다. 2012년 1월 1일 김정은의 신년 첫 공식활동은 '근위서울 류경수 105땅크사단' 을 방문하였고, 2월에는 연평도 포격부대인 4군단을 현지지도하면서 선군정치 의 기치를 확인하고 본인의 군 장악 능력을 과시하는 모습을 보였다. 이와 동 시에 2월 말, 미국 오바마 행정부와 대화에 적극적으로 나서서 김정일 때부터 진행되었던 북미 간 고위급회담을 통하여 북한의 우라늄 농축 프로그램HEU 임 시 중단과 함께 24만 톤의 영양지원을 미국으로부터 제공받는 데 합의하였다북 미간 2·29합의. 그러나 북미 간 협상에도 불구하고 4월 15일 100회 태양절 기념식 을 위한 장거리 로켓을 발사함광명성 3호, 4월 13일으로써 2·29합의를 무산시키면서 김정은의 도발적 외교행태를 다시 한 번 보여주었다. 이는 북한의 장거리 미사 일 발사를 통해 김정은의 군통수 지도력을 국내에 선전하고 국제적으로 벼랑끝 외교를 보여줌으로 자신의 강한 면모를 대외적으로 과시한 것으로 보인다.

둘째, 2012년 장거리로켓 발사시험 이후 국제적 제재로 인한 북한의 경제적 고립이 현실화되자 김정은 정권은 8월에 장성택을 중국에 급파하여 북·중 간 경제협력을 보다 적극적으로 추진함으로써[3] 북·중 간의 관계증진을 통해 북한의 외교적 고립에서 벗어나려 했다. 그러나 북한은 2012년 12월 12일 장거리 로켓(은하 3호) 시험을 감행함으로써 UN은 2013년 1월 22일 유엔 결의안 2087호를 채택하게 되었고 더욱더 강력한 경제제재하에 놓이게 된다. 북한은 이러한 유엔 결의안 채택 이후에도 2013년 2월 12일 함경북도 길주군 풍계리에서 제3차 핵실험을 감행하였다. 새롭게 출범하는 시진핑 주석의 만류에도 불구하도 핵실험을 감행하게 되면서 북·중 간의 경색국면이 심화되는 요인으로 작용하였다. 정치적 경험이나 카리스마가 부족한 김정은은 북·중 관계의 개선보다는 선대로 물려받은 '선군정치' 통치이념과 '핵무장' 논리로 개인의 정권안정화에 중심을 둔 것으로 판단된다.

북한은 이러한 핵실험과 장거리미사일 시험을 통해 핵무기의 소형화, 경량화, 다종화를 달성했다고 선언하며 보다 강경한 대외정책을 구사하였다고 볼 수 있다. 물론 이에 맞서 유엔 안보리는 대북제재 결의안 2094를 채택하였는데, 항공관련 제재 및 금융과 무역제재를 강화하는 것으로 중국이 보다 적극적으로 참여하여 조선무역은행을 비롯한 북한 은행들과의 거래를 금지하는 조치를 취함으로써 보다 적극적 대북제재에 동참하는 모습을 보였다(박종철 외 2013, 54).

세 번째, 북한은 2012년 장거리미사일 발사와 2013년 핵실험을 통하여 김정은 정권은 자신의 정치 안정화를 이루었다고 판단하고 유화적 대외정책을 행태를 보이게 된다. 북한은 핵개발로 인한 경제, 정치적 고립을 만회하기 위해서 외교적 개선이 필요하다고 인식하고 북한은 주변국들과 다채널 외교를 시도하게 된다. 우선 북한은 2013년 5월 14일 이지마(飯島勳) 일본 내각관방참여의 방북을 수용하여 북일 간 관계개선에 나서게 된다.[4] 또한 북한은 경색된 북·중 관

3__장성택은 약 50명의 대표단을 구성하여 중국을 방문하고, 제3차 황금평과 나선시 공동개발을 위한 '북·중 개발합작연합지도위원회' 회의에 참석하였다.
4__일본 아베 내각은 주변국들과의 갈등상황을 돌파하기 위해 북한과의 관계개선

계를 완화하고자 2013년 5월 22일 최룡해 총정치국장과 2013년 6월 18일 김계관 외무성 제1부상이 방중하였다. 중국의 한반도비핵화 원칙과 6자회담의 조속한 재개라는 중국의 입장에 동조하는 듯한 태도를 보였고, 2013년 7월 27일 '전승절' 기념행사에 참석한 중국 정부의 축하사절단을 최대한 예우하였다.[5] 대미관계에 있어서도 2013년 6월 16일 미국에게 고위급회담을 제의하면서 유화적 제스처를 취해 6월 27일 예정된 한중회담을 앞두고 북미관계의 개선의지를 보여 북한에 대한 한중 간의 대북강경노선 입장이 논의되는 것을 방지하려는 의도를 보였다. 또한 북한은 2013년 7월 4일 김계관 북한 외무성 제1부상이 러시아를 방문하는 등 러시아와도 적극적 외교행태를 보였다. 이는 북한이 북·러 간 경제협력을 통해 동북아시아 정세에 있어 러시아를 이용할 속셈으로 여겨진다. 이렇듯 김정은 정권이 주변국과 외교적 유화정책을 취했으면서도 대남관계에서는 보다 강경한 정책을 구사하였다. 북한은 정전협정과 불가침협정 무효화를 주장하고 핵 공격 가능성을 경고하였고, 2013년 4월에는 개성공단을 잠정적 폐쇄하였다.

네 번째, 대남 양면 전술을 지속적으로 구사하고 있는데 대남정책에 있어 핵개발을 중심으로 군사적 긴장감을 지속적으로 고조시키면서도 북한은 강한 민족주의를 내세우며 대남 유화정책인 '자주통일'을 내세워 양면전략을 활용하고 있다. 2013년 12월 장성택 숙청 이후 북한은 먼저 대남비방을 강화하고 박근혜 대통령의 드레스덴 통일구상이 발표된 직후 2014년 3월 30일 북한 외무성은 북한의 미사일 발사에 대한 유엔 안보리 경고를 비난하며 제4차 핵실험에 대한 언급으로 공포감을 조성하면서 중국에게도 강경한 입장을 보였다. 2014년 7월 시진핑 중국 주석의 한국방문과 한중 간 우호적 관계증진을 바라보는 김정은은 불편할 수밖에 없었을 것이고, 이에 북한은 같은 달에 열린 국방위원회 정책국 대변인 담화에서 단거리 미사일 발사를 규탄한 유엔 안보리 성명 직후 이에 동조한 중국을 "줏대 없는 나라"라고 비난하였다. 시진핑 주석의 방한 직

을 통하여 고립국면에서 탈출하려는 의도를 보였다(박종철 외 2013, 55).

5__ 북한은 리위안차오(李源潮) 중국 국가부주석을 주석단에 앉히고 김정은의 행사일정에 대동시키는 등 최대한 예우에 정성을 쏟았다(박종철 외 2013, 56).

전인 3월 28일에는 노동신문을 통해 중국을 "대국주의자"라고 비판하면서 "그 어떤 강권 책동도 대국주의자들의 압력도 우리 인민을 굴복시킬 수 없었다."고 언급하게 된다노동신문 2014/06/28.

북한은 제3차 핵실험, 장성택 숙청 이후 북·중 관계 경색국면의 심화와 외교적 고립을 해소하고자 북일관계 개선을 적극 추진하게 된다. 북한은 일본의 아베 내각과 일본인 납치자 문제 해결을 빌미로 북일 국교정상화 교섭에 적극 나섰다. 북일 양국은 2014년 5월 29일 스웨덴 스톡홀름에서 국장급 비밀회담을 갖고 북측의 일본인 납치자 문제 재조사와 일본의 대북 독자제재 일부 해제를 합의하였다. 일본은 7월 4일 독자적 대북 제재의 일부인 인도적 목적의 북한 선박의 입항허용, 북한 송금 상한선 재조정 등을 풀기로 각의에서 결의하였으며, 이에 발맞춰 북한도 조선중앙통신KCNA을 통해 "우리 공화국은 7월 4일부터 특별조사위원회를 조직하고 모든 일본인에 관한 포괄적 조사를 개시하게 된다."고 화답했다조선중앙통신 2014/07/05. 또한 북한은 러시아와도 관계개선에 보다 적극적인 자세를 보였다. 2014년 7월 19일 노동신문은 김정일과 푸틴 러시아 대통령의 정상회담 14주년을 맞아 양국의 친선을 한층 더 발전시켜야 한다고 발표했는데노동신문 2014/07/19, 이것은 2014년 7월 11일 북·중 우호조약 체결 기념일에 노동신문이 이례적으로 중국에 대한 메시지를 언급하지 않은 것과는 대조적 모습을 보였다. 이러한 북한의 다채널 외교전략은 핵개발로 인한 북·중 관계의 경색국면과 강경한 북미, 대남관계로 인한 자국의 고립화, 그리고 한중 간 우호관계의 급진적 발전 등 변화하는 동북아정세에 대한 인식이 북한외교정책에 반영된 것으로 볼 수 있다.

여기서 주목해야 할 대목은 다변화된 북한외교행태는 어디까지나 전술적 측면의 소폭변화라는 것이다. 김정은 정권은 '북한식 사회주의'를 고수하는 정치목표와 외교전략 틀에서 강경적 외교자세와 폐쇄성을 유지시킴으로써 김정은의 '북한경제 살리기' 정책에 부정적 영향을 미쳤고 서방세계로부터 외교적 신뢰성을 잃게 하는 요인으로 작용해 왔다. 김정은 정권은 지속적으로 핵 억지력을 기반으로 '강성국가'라는 체제통치이념을 제시하고, '핵개발'과 '경제건설'이라는 병진노선을 주장하고 있다. 이는 북한 경제발전 없이는 정권유지도, 체제안정도 보장받을 수 없기 때문이다홍석훈 2014a, 96.

핵폭발 시 예상되는 사상자와 파괴

핵폭탄 위력	예	파괴력 추정치
500톤	북한의 2006년 실험 (약 0.5kt)	200미터 반경 내 100% 사망, 750미터 반경 내 치사율 50% 이상.
15~20킬로톤	팻맨과 리틀보이(16kt과 20kt), 미국이 1945년 일본에 투하	1.5마일 반경 내 건물 대부분 붕괴, 대부분 사망. 히로시마에서는 9만~16만 명 사망, 나가사키에서는 6만~8만 명 사망.
100킬로톤	W-76탄두(미국과 영국 잠수함 발사탄도미사일의 주력)	2마일 반경 내 대부분 부상, 전소.
1메가톤	미니트맨 I 탄두(미국이 1965년 배치)	4.5마일 반경 내 대부분 건물 붕괴, 대부분 부상, 높은 치사율, 폭발지점으로부터 7.25마일까지 3도 화상.
10메가톤	'아이비 마이크'(최초의 수소폭탄, 약 10.4Mt)	3.5마일 반경 내 100% 사망. 10마일 반경 내 대부분 부상 건물 대부분 붕괴.
50메가톤	차르 봄바(Tsar Bomba, 57Mt), 소련이 1961년에 실험	반경 1.5마일의 화구 발생, 16마일 반경 내 대부분 건물 붕괴. 36마일 지점까지 3도 화상.

출처: 고봉준 역, Andrew Futter 『핵무기의 정치』(명인문화사: 2016)

(2) 북한 핵 고도화 전략 분석

북한은 탈냉전 이후 사회주의권의 와해 그리고 변화된 국제정세하에서 체제생존전략으로써 상대적 우위를 점할 수 있는 핵과 미사일 중심의 비대칭 군사전략을 발전시켜 왔다.[6] 비대칭전략은 상대방 국가의 잠재적 군사위협에 유리한 대응을 하기 위하여 상대방의 취약한 전력규모, 전투능력, 무기체계 면에서 상대방이 갖고 있지 않은 전략과 전술을 통하여 상대방 국가가 효과적인 군사적 대응을 못하는 전략을 말한다.[7] 북한의 기본 군사전략인 선제기습공격, 배합전, 속전속결전략의 트리오 군사전략에 선제적 핵개발과 미사일 능력 증대로 북한군의 완성도를 높여 왔다. 2014년 국방백서에 따르면, 북한의 전략무기개발과 비대칭무력강화에 대한 실례로 공군을 중심으로 전체병력을 1만여 명으로

---

6 ＿ 정영태 외, 『북한의 핵전략과 한국의 대응전략』(서울: 통일연구원, 2014).
7 ＿ 위의 책, p. 75; 정보사령부, 『북한집단군·사단』(대전:육군인쇄창, 2009), p. 19.

늘렸고, 핵무기 소형화 능력이 상당한 수준에 이른 것으로 판단된다고 발표했다. 또한 김정은의 지시로 자강도 일대의 군수시설 경비와 북·중·러 접경지역의 군사력 보강 등을 위해 군단급 부대인 12군단을 창설한 것으로 판단했다.[8]

2006년 첫 핵실험 이후 2016년 4, 5차 핵실험과 2017년 9월 6차 핵실험 감행을 통해 핵무력의 고도화를 국제사회에 확인시키고 있다. 2016년 1월 4차 핵실험 이후 북한 당국은 "새롭게 개발된 시험용 수소탄의 기술적 제원들이 정확하다는 것을 완벽하게 확증하였으며 소형화된 수소탄의 위력을 과학적으로 해명하였다"라고 발표하였고, 2016년 9월 5차 핵실험에서는 '핵무기연구소' 명의의 성명을 통해 "노동당의 전략적 핵무력 건설에 따라 우리 핵무기연구소 과학자들은 북부 핵실험장에서 새로 제작한 핵탄두의 위력 판정을 위한 핵폭발 시험을 단행했다조선중앙TV 중대발표"며 공식 확인하였다.[9] 6차 핵실험 이후 '핵무기연구소' 성명을 통해서는 "조선노동당의 전략적 핵무력 건설 구상에 따라 우리의 핵 과학자들은 9월 3일 12시 우리나라 북부 핵시험장에서 대륙간탄도로켓 장착용 수소탄 시험을 성공적으로 단행하였다"라고 조선중앙TV 중대발표를 통해 밝혔다.[10] 6차례의 핵실험을 통해 북한의 핵무력이 상당부분 향상되고 있음을 부정하기는 어렵다. 실제 북한 핵무기의 핵물질량이 증가하고 있고 핵탄두 제조 기술력이 날로 향상되는 등 핵전력이 고도화되고 있으며, 핵탄두 제조기술도 1세대인 핵분열탄과 2세대인 수소폭탄을 제조할 수 있는 단계 사이 수준인 것으로 추정되고 있다.[11] 특히 이번 6차 핵실험으로 핵기폭 기술이 일정 수준 달성됨으로써 북한이 스스로 강조한 '핵무력의 완성'이 이제 목전에 와 있다.

8 ──「헤럴드경제」, 2014.1.6.

9 ── 위의 글, pp. 25-26.

10 ──「세계일보」, 2017.9.3.

11 ── 정성윤, "북한의 핵전력 평가," 『KINU 통일＋』, 2016년 겨울호(서울: 통일연구원, 2016); 6차 핵실험은 폭발력, 제조환경 및 기술력, 고도화 수준 및 북한 주장 등을 종합해 보면 '수소탄'보다는 '증폭핵분열탄'일 가능성이 높다고 보지만, 북한의 고농축 우라늄 즉 수소탄일 가능성도 완전히 배제할 수 없다. (정성윤, "북한의 6차 핵실험(1): 평가와 정세전망," 『Online Series』CO-17-26 (2017), pp. 1-2.)

북한 핵실험 탐지결과

	1차핵 실험	2차핵 실험	3차핵 실험	4차핵 실험	5차핵 실험	6차핵 실험
실험일자	2006.10.9.	2009.5.25.	2013.2.12.	2016.1.6.	2016.9.9.	2017.9.3.
지진탐지 범위	3~4.3 mb	4.5~4.7 mb	4.9~5.1 mb	4.8~5.1 mb	5~5.3 mb	5.7~6.3 mb
폭발규모	1 kt 미만	4~5kt	6~7kt	6kt	10~30kt	50~200kt
사용 핵물질	플루토늄	플루토늄	고농축 우라늄 (추정)	플루토늄, 중수소 삼중수소 (증폭핵분열 폭 탄추정)	고농축 우라늄 (추정)	플루토늄(혹은 고농축 우라늄) 중수소, 삼중수 소(증폭핵분열 탄실험)

출처: 통일연구원 자료

　　북한의 핵무기 고도화 전략으로써 군력 강화를 위한 4대 전략적 노선과 3대 과업을 제시하고 있다. 2015년 신년사를 보면, 김정은은 당의 유일적 영군체계를 강조하며 "군력강화를 위한 4대 전략적 노선과 3대 과업"[12]의 철저한 관철과 군종 및 병종 간 유기성을 강조하고 있어 선대의 군사관련 지침과는 다소 차이가 있다. 다병종의 강군화는 육군·해군·항공 및 반항공군 등과 최근 제4군 종으로 추가된 전략군 등 군종 사이를 보다 유기적으로 연계하는 새로운 전략, 전술의 필요성 등이 반영된 것으로 보인다. 2006년 1차 핵실험 이후 전방 배치 전력을 3단계에서 2단계 타격체제로 통합하고 경보병부대를 증강하였던 공세적인 기동전력으로의 조직 개편과 연속선상에 있으며 핵무기 고도화 단계에 따라 군종, 병종 간 체계를 재편성하고 '실전능력'을 기준으로 조율하고 있다. 또한 북한 전략군은 2012년 3월 김정은의 '조선인민군 전략로케트사령부' 시찰 소식으로 전해졌고, 전략로케트사령부는 기존의 미사일지도국을 확대, 개편한 것으로 2012년 4월 15일 열병식에서 '전략로케트군'으로 직접 호명되었다.[13]

　　이러한 핵 고도화 전략은 김정은 체제 확립과 직접적으로 연관되어 있으며, 특히 김정은은 군부 장악에 사활을 걸고 있는 것으로 보인다. 2015년 조국

12 __ 4대 군사노선은 정치사상의 강군화, 도덕의 강군화, 전법의 강군화, 다병종의 강군화이며, 3대 과업은 사상무장의 강조, 과학기술의 발전, 실질적 훈련이다.
13 __ 홍민, "핵경제 병진노선 이후 북한정세 종합평가," 『제11차 KINU 통일포

해방 70년과 조선노동당 창건 70년을 강조하였고, 김정은 자신의 군지휘능력을 과시하면서 자신의 부족한 카리스마를 감추려 하고 있다. 이러한 핵개발과 장거리 미사일 능력 증대는 김정은 정권 확립의 필요조건이라는 판단과 함께 인민군대가 김정은과 당의 홍위군 역할을 강조하기 위해 대대적 군사훈련과 현지지도를 연출하고 있는 것으로 해석된다.

2017년 북한 신년사에서도 이례적으로 핵·미사일 고도와 성과를 전면에 내세우면서 최근 성과를 구체적으로 열거하였으며 '대륙간 탄도미사일 시험발사 준비사업이 마감단계'에 있다고 주장하였다. 또한 우리의 군사훈련 중단을 요구하면서 "핵무력을 중추로 자위적 국방력과 선제공격능력을 계속 강화"라는 강경적 표현을 서슴치 않고 발표하였다. 2018년 신년사에서는 국가핵무력 완성을 공표하고 김정은 위원장 자신의 목소리로 미국 본토 전체가 핵공격 사정권임을 강조하면서 핵탄두, 탄도로켓 대량생산과 실전배치를 언급했다. 이는 북한이 과거 수세적 핵정책을 펼쳤다면, 국가 핵무장을 통한 공격적 핵정책으로 진화하고 있음을 알 수 있다.

무엇보다도 젊은 김정은은 부족한 카리스마를 김일성 이미지 메이킹 홍보와 함께 백두혈통을 강조하면서 자신의 정통성을 강조하고 있다. 여기에 항일빨치산 2·3세와 만경대혁명학원 출신들을 핵심엘리트 반열에 올려놓음으로써 김정은과 공동의 이해관계를 형성시키고 있다. 북한 엘리트들 역시 김일성 일가의 항일빨치산 경험을 공유하며 한국전쟁 이후 김일성 유일체제 형성에 깊이 관여되어 있다는 역사적 사실로부터 그들의 정통성은 김씨 일가와 동거동락하여 왔다고 하겠다. 또한 권력상층 엘리트들은 외화벌이 등의 경제적 분야에까지 깊이 관여하고 있는 것으로 알려지고 있듯이, 북한 권력엘리트들은 김정은과 정치적, 경제적 이익을 공유하고 있다.

하지만 2013년 장성택 숙청, 지난 2017년 2월 김정남 암살 등 공포정치를 통한 강력한 통제시스템을 지속적으로 정치수단으로 사용하고 있는 북한이 향후 정권의 안정성을 유지할 수 있을지에 대한 근본적인 의구심이 들 수밖에 없다. 김정은 정권의 장기 집권을 염두에 두고 당 중심의 정치체제 확립을 통해 '북한

림』(서울: 통일연구원, 2015), p. 41.

식 유일체제'가 정치체제로 작동하기를 기대하고 있으나, 권력상층부의 공포정치와 통제체제는 단기적으로 그 안정성을 보장받을 수 있겠지만 장기적으로는 권력내부의 불만과 반발로 인한 북한 정치체제의 변화가능성이 여전히 존재한다. 김정은의 부족한 카리스마를 메우고 권력을 공고히하는 전략으로 북한 핵개발은 국내정치적 의미가 크며, 대외적으로도 국가전략의 대표적 기조로 표현되고 있다. 종합적으로 살펴본다면 외부와 단절되어 있는 북한은 핵개발을 국내 정치 안정화와 대외적으로 정권 보장의 수단으로 활용하고 있다고 하겠다.

또한, 북한 핵능력 고도화에 따라 대외전략도 변화하고 있다. 북한은 과거 수세적이고 방어적인 의미를 강조하며 핵개발을 주장해 왔으나 핵과 장거리 미사일 능력 증대에 따라 보다 공격적으로 북한 핵개발 의미를 부여하고 있다. 최근 미 트럼프 대통령이 뉴저지주 베드민스터 트럼프 내셔널 골프 클럽에서 "북한이 위협을 계속하면 화염과 분노fire and fury, 솔직히 말하면 현재 세계에서 본 적 없는 힘과 맞닥뜨리게 될 것"이라고 경고한 발언에 대해, 북한이 3시간 후 전략군 대변인 성명을 통해 "중장거리 탄도로케트미사일 화성-12형으로 괌도 주변에 대한 포위사격을 단행하기 위한 작전방안을 심중히 검토하고 있다"고 대응하는 등[14] 미국을 상대로 공격적이고 직접적인 언급을 하면서 공격적 의미의 핵개발을 표명하고 있다.

북한의 핵무장과 관련하여 2013년 4월 최고인민회의 제12기 7차 회의에서 '자위적 핵보유국 지위' 관련 법령을 최고인민회의 법령으로 채택했는데, 제1조에는 "미국의 적대시 정책과 핵위협에 대처"하기 위해 부득이하게 핵개발을 추진하였다며 그 정당성을 주장하고 있다. 제2조는 대량보복 원칙을 천명하고 있는데, 이는 미국을 비롯한 남한까지도 가정한 규정이라 볼 수 있다.

핵·미사일 능력의 진전으로 북한은 미국과의 군사적 대응에서도 보다 공세적 전략으로 전환하고 있다. 북한 김정은 위원장은 트럼프 미국 대통령의 북한에 대한 강한 어조에 강대강으로 상대해 왔고, 괌 타격과 미국 그 주변국에 핵·미사일 공격을 가할 것이라고 엄포를 놓고 있다. 또한 미국 트럼프 대통령이 2017년 9월 유엔연설에서 "북한 지도부가 오래 가지 못할 것"이라고 언급

---

14 __ 「중앙일보」, 2017.8.10.

한 것에 대해 북한 이용호 외무상은 미국이 먼저 북한에게 '선전포고'를 했다고 주장하였다. 그는 북한이 영공을 넘지 않은 채 NLL 근처를 비행하는 미 전폭기를 격추할 권리가 있음을 경고했다.[15] 이러한 외교적 언급은 북한이 미국에게 굴복하지 않겠다는 의지를 보인 것이다. 이러한 북한의 외교적 행태는 과거 김정일 시대가 정권 보호를 위한 방어적 핵전략 논리였다면, 김정은 시대는 핵억지력 수준에서 벗어나 핵능력 고도화를 적극적 외교수단으로 활용하는 양상을 보였다.

그러나 북한은 2017년 11월 핵무력완성을 선언하였고, 2018년 4월 노동당 전원회의를 열고 핵병진 노선의 승리를 선포하고 '경제건설'에 집중할 것을 발표하였다. 이러한 핵병진 노선의 경제발전 전략으로의 전환은 향후 북한의 한반도 비핵화 협상과 연결되며, 북미 간 비핵화 협상을 통하여 미국으로부터 안보적 체제보장을 담보받으려는 의도로 파악되고 있다.

2018년 들어 문재인 정부의 대북 대화·협력 정책과 변화된 북한의 국가전략 변화는 한반도 정세의 급변화를 가져왔다. 북한은 2018년 4월 핵병진 노선에서 '북한 경제건설'로의 전환을 공표하였다. 북한의 경제발전을 위해서는 미국을 필두로 대외관계 개선이 시급하다는 인식 때문일 것이다. 따라서 북한은 비핵화 문제를 경제발전과 연계하여 외교적 수단으로 활용하려는 의도를 보였다. 이후 3차례의 남북정상회담과 4.27판문점선언, 9.19평양공동선언 등으로 남북관계는 새로운 국면을 맞이하였다. 지난 '판문점선언'은 남북교류협력에 관련 의제를 남북정상이 합의하였으며, 9.19평양공동선언과 군사분야 합의서 체결을 통해 한반도 군사긴장 완화와 남북관계 전 분야에 걸친 남북교류협력의 기대감을 상승시키는 계기가 되었다. 또한, 북한은 남북관계 개선에 힘입어 미국과의 비핵화 협상을 재개하였고 북한 비핵화 의제는 2018년 싱가포르 '6.12 북미정상회담'을 계기로 급진전되었다. 싱가포르 북미 양국 정상은 이 회담을 통해 ▲완전한 비핵화 ▲평화체제 보장 ▲북미관계 정상화 추진 ▲6·25 전쟁 전사자 유해송환 등 4개 항에 합의하였다.

즉, 북한은 2019년 이후 강경적 대외정책 회귀와 선제적 핵정책을 추진하

15 __ 「중앙일보」, 2017.9.27.

고 있다. 2019년 하노이북미정상회담 결렬 이후 북한의 비핵화 문제와 한반도의 평화정착은 험난한 과정을 밟고 있다. 여기에 코로나19 전염병 확산으로 미중 갈등은 심화되는 가운데 북한의 국경 폐쇄와 대미 강대강 외교 추진은 남북관계 단절과 한반도 정세의 불확실성을 가중시키고 있다. 특히, 2020년 북한은 대북 전단지 살포 문제를 빌미 삼아 개성 남북공동연락사무소를 폭파하는 등 대남공세를 강화하고 있다. 또한, 북한은 2021년 초 8차 당대회를 통해 대미·대남 '강대강, 선대선 원칙'을 주장하고 미국의 대북 적대시정책 철회시 까지 핵무력 증강의 강수를 내세웠고 남북한 교류협력도 비본질적인 문제로 치부하고 남북관계 악화의 원인을 남측의 책임으로 돌리고 있다.

북한 김정은 정권은 8차 당대회 이후 신년사를 대신해서 노동당 중앙위원회 전원회의 결정으로 갈음하였다. 2021년 12월 27~31일 조선노동당 중앙위원회 제8기 제4차 전원회의 개최하였고, 주요 의제는 ▲ "2021년도 주요 당 및 국가정책들의 집행 정형 총화^{결산}와 2022년도 사업 계획에 대하여", ▲ "2021년도 국가예산 집행 정형과 2022년도 국가예산안에 대하여", ▲ "우리 나라 사회주의 농촌문제의 올바른 해결을 위한 당면과업에 대하여", ▲ "당규약의 일부 조항을 수정할 데 대하여", ▲ "당중앙지도기관 성원들의 2021년 하반년도 당조직사상 생활 정형에 대하여", ▲"조직 문제" 등을 다루었다.

북한이 처한 상황은 녹록치 않으며, 대외환경이 빠른 시일 내에 좋아질 수 없는 상황을 감안하여 나름대로 내치를 집중하는 모습을 이번 전원회의에서 엿볼 수 있었다. 김정은 총비서는 당 중앙위원회 제8기 제4차 전원회의에서 "2021년은 엄혹한 난관속에서 사회주의건설의 전면적발전에로의 거창한 변화의 서막을 열어놓은 위대한 승리의 해이라는 것이 당중앙위원회가 내린 총평"이라고 발표했다는 점은 상기 내용을 반영한 것이라 판단된다.

또한, 북한은 미국의 적대시 정책을 명분 삼아 반제국주의, 자주역량 강화를 위해 사회주의권 연대를 표명하고 있다. 특히 북한은 "하나의 운명으로 결합된" 북중관계를 강조하고 있어 북중관계 강화를 통해 경제난과 대외 고립의 난관을 극복하려는 의도를 내비쳤다. 즉, 북한은 미국의 대북 적대시 정책 철회를 요구하면서 사회주의권 연합전선 추진과 북중 협력을 통해 대미 공동대응정책을 추진하려는 의도를 보였다. 북한과 중국은 미중간 전략경쟁이 심화되는 상황 속에서 공동 이익을 모색해 나가겠다는 의지를 지속적으로 표명하고 있다. 이러한 가운데 2021년 9월 15일 방한 중이던 중국 외교부장은 북한의 장거리 순항미사일 시험 발사9월 11일~12일에 대해 "다른 나라도 군사행동을 하고 있다"라며 북한을 두둔하기도 하였다.[16] 한편, 대외 군사관계에서 북한은 불법 군사 협력과 무기 거래, 주류 수입 등 다양한 제재 위반 행위를 하고 있다는 보고도 있었다.[17] 이러한 북중간 군사관계의 동향과 구사회주의권 군사연합의 추이를 관찰할 필요가 커졌다.

2022년 북한은 핵미사일 모파토리엄 모라토리엄 파기 선언을 하였고, 지난 2022년 9월 8일 최고인민회의 시정연설에서 김정은 총비서는 핵무력 법제화를 선언하고 핵무기 보유와 사용을 법제화하는 최고인민회의 법령을 채택하였다. 이는 2021년 북한 8차 당대회 이후 핵무력 강화에 강점을 두고 핵미사일 강화전략을 극대화하려는 의도로 보인다. 북한은 핵의 평화적, 방어적 사용을 주장해 왔지만 2022년 4월 김여정 부부장은 "남조선은 우리의 핵타격력의 목표"임을 밝히면서 대남 핵사용을 천명하고 나섰다. 2022년 9월 8일 최고인민회의에서 채택된 11개항은 북한 핵사용의 구체적 조건과 원칙을 법제화하고 핵무기의 선제 사용 가능성까지 시사하면서 공세적 핵무력 정책의 강화를 선언하였다.

---

16 『조선중앙통신』(2021년 9월 15일).

17 https://www.securitycouncilreport.org/un-documents/dprk-north-korea/ (검색일: 2022년 10월 15일)

02
북한 핵정책과
한반도 정세

● **(1) 북한 김정은 정권의 핵정책 특징**

북한은 '핵병진 노선'을 대외정책 기조로 삼고 핵실험을 연이어 감행하며, 핵탄두의 운송수단인 장거리 미사일 고도화를 위해 필사의 노력을 하고 있다. 이는 북한 핵정책이 대외 협상용 또는 수세적 수단을 벗어나 공격적 군사수단으로 진화하고 있음을 보여주는데, 핵탄두 기술과 대륙간탄도미사일ICBM 기술이 완성된다면 북한이 남북관계, 동북아 정세의 게임 체인저Game Changer가 될 수 있으며, 한반도 안보지형에 북한 주도의 변화가 가능하다고 판단하기 때문인 것으로 추측된다.

먼저, 북한 김정은의 대외정책의 특징은 김정은 정권의 권력 안착과 연계되어 있다. 김정은의 권력승계 이후 북한 지도부는 국제적 고립과 경제제재에도 불구하고 김정은 자신의 권력구축에 치중하고 있다. 북한의 대외정책에도 국내정치적 요소가 더 많은 영향력을 미치는 경향을 보이는데, 김정은 위원장은 자신의 권력공고화를 위하여 당 중심의 권력재편과 핵무장을 자신의 통치기제로 활용하고 있다.

또한, 주목해야 할 부분은 북한 김정은 위원장 집권 이후 북한의 대외기조이다. 북한은 대외 강경정책 기조 속에서 대내 정당성 확보를 위한 자주·평화·친선의 수사적 표명을 유지하고 있다.[18] 하지만 실질적 북한의 외교정책의

---

18 __ 2014년 북한 신년사에서 "평화는 더없이 귀중하지만 그것은 바라거나 구

목표는 2013년 3월에 '핵무력건설과 국가경제발전'을 병행하겠다는 의미의 '핵
병진노선'이라 말할 수 있다. 다시 말해, 북한 김정은 정권은 선대가 핵개발을
통해 억지력을 기반으로 구축한 '강성국가'라는 체제통치이념을 내세우면서 '핵
개발'과 '경제건설'이라는 병진노선을 대외전략 기조를 삼고 있다. 이러한 병진
노선은 지금까지 국제적 대북경제제재와 북핵문제 해결을 위한 우리정부의 대
화 요구에도 불구하고 추진되고 있다.

유엔 안보리의 북핵 및 미사일 제재 성명·결의 일지

연도	일자	내용
2006	7.5	· 북한, 장거리로켓 대포동 2호 발사
	7.15	· 안보리, 북한 도발을 규탄하면서 미사일 관련 물자·상품·기술·재원의 북한 이전 금지를 유엔 회원국에 요구하는 권고적 성격의 결의 1695호 만장일치 채택
	10.9	· 북한, 제1차 핵실험 강행
	10.14	· 안보리, 북한 핵실험을 규탄하고 대북제재 이행과 제재위원회 구성을 결정한 결의 1718호 만장일치 채택
2009	4.5	· 북한, '광명성 2호' 발사
	4.13	· 안보리, 북한의 행위를 규탄하는 의장성명 발표
	5.25	· 북한, 제2차 핵실험 강행
	6.12	· 안보리, 북한 핵실험을 '가장 강력하게 규탄'하고 전문가 패널 구성 등 강경한 제재를 담은 결의 1874호 만장일치 채택
2012	4.13	· 북한, 장거리로켓 은하3호 발사
	4.16	· 안보리, 북한의 로켓 발사를 강력 규탄하는 내용의 의장성명 채택
	12.12	· 북한, 장거리로켓 은하3호 2호기 발사
2013	1.22	· 안보리, 로켓 발사를 규탄하고 기관 6곳·개인 4명 추가해 대북 제재 대상을 확대·강화한 결의 2087호 만장일치 채택
	2.12	· 북한, 제3차 핵실험 강행
	3.7	· 안보리, '핵·탄도미사일 개발과 관련된 것으로 의심되는 북한의 금융거래 금지'를 골자로 한 결의 2094호 만장일치 채택

결한다고 하여 이루어지는 것이 아니다"라며 강경정책적 의미를 표시하고
"조선반도에 우리를 겨냥한 핵전쟁의 검은 구름이 항시적으로 떠돌고 있는
조건에서 우리는 결코 수수방관할 수 없으며 강력한 자위적 힘을 행사할
것"을 표명하였다. 이어 김정은을 의미하는 "민족의 존엄"을 지킬 것을 핵
심 과업으로 설정하고, 전통적 대외정책 이념인 자주, 평화, 친선은 수사적
으로 유지하였다: "2014년 북한신년사 분석," 『통일정세분석』(통일연구원,
2014.01). p. 11.

	1.6	· 북한, 제4차 핵실험 강행(북, '첫 수소탄 시험 성공' 주장)
	1.6	· 안보리, 북한 핵실험 규탄 언론성명 발표
	2.7	· 북한, 장거리로켓 '광명성호' 발사
	3.2	· 안보리, 북한의 4차 핵실험과 장거리 로켓 발사에 따라 북한 화물 검색 의무화, 육 · 해 · 공 운송 통제, 북한 광물거래 금지 · 차단을 주요 내용으로 하는 '역대 최강' 수위의 제재 결의 2270호 만장일치 채택
	3.17	· 북한, 탄도미사일 2발 동해상으로 발사
	3.18	· 안보리, 북한 규탄 언론성명 채택
	4.23	· 북한, 탄도미사일(SLBM) 발사
	4.24	· 안보리, 북한 규탄 언론성명 채택
	6.1	· 안보리, 4–5월 탄도미사일 발사 비난하는 언론성명 채택
2016	6.22	· 북한, 중거리탄도미사일 2발 발사
	6.3	· 안보리, 22일 북한의 무수단 미사일 발사에 대해 15개 이사국의 동의를 거쳐 북한의 탄도미사일 발사를 강력히 규탄하는 언론성명 채택
	8.24	· 북한, 잠수함탄도미사일(SLBM) 발사
	8.26	· 안보리, 북한 잠수함탄도미사일(SLBM) 발사에 대한 언론성명 채택
	9.5	· 북한, '노동' 추정 준중거리탄도미사일 3발 발사
	9.6	· 안보리, 북한의 5차 핵실험 및 안보리 결의 중대 위반 강도 높게 비난. 새로운 제재를 추진하겠다는 내용의 언론성명 채택
	9.9	· 북한, 제5차 핵실험 강행
	9.9	· 안보리, 긴급회의 후 핵실험 규탄 언론성명 채택
	10.15	· 북한, 무수단 추정 중거리미사일 발사
	10.17	· 안보리, '무수단 중거리미사일' 발사 규탄하는 언론성명 발표
	11.30	· 안보리, 북한의 5차 핵실험에 대응하는 결의 2321호 만장일치 채택
	4.20	· 안보리, 북한의 미사일 발사(16일 발사실험)를 규탄하는 언론성명을 만장일치로 채택
	5.14	· 북한, '화성-12형(IRBM)' 발사
	5.15	· 안보리, 북한의 도발(14일 탄도미사일 발사)을 규탄하고, 북한에 대한 추가 제재 경고 등 언론성명 만장일치 채택
	5.21	· 북한, 중거리탄도미사일(MRBM) '북극성-2형'(KN-15) 발사
	5.27	· 북한, 신형 지대공 유도미사일 시험사격(KN-06 추정)
	5.29	· 북한, 스커드-ER급 지대함 탄도미사일 발사
	6.2	· 안보리, 북한 기관 4곳 · 개인 14명 추가제재를 담은 결의 2356호 만장일치 채택
	6.8	· 북한, 지대함 순항미사일 발사
2017	7.4	· 북한, ICBM급 '화성-14형' 발사
	7.28	· 북한, ICBM급 '화성-14형' 발사
	8.5	· 안보리, 북한 ICBM급 미사일 발사에 대한 대북제재결의 2371호 채택
	8.26	· 북한, 탄도미사일 발사
	8.29	· 북한, IRBM급 '화성-12형' 발사
	9.3	· 북한, 제6차 핵실험 강행
	9.11	· 안보리, 유류공급 30% 차단, 섬유수출 전면금지를 담은 결의 2375호 만장일치 채택
	9.15	· 북한, IRBM급 탄도미사일(추정) 발사
	9.15	· 안보리, 15일 중거리탄도미사일 발사를 규탄하는 언론성명 만장일치 채택

※ 저자가 정리

다음으로 북한의 최근 핵정책 방향을 분석해 보려 한다. 북한의 외교정책 결정자들은 수령체제의 붕괴는 곧 국가의 붕괴로 인식하고 정권 보장을 대외정책의 최고 목표로 삼고 있다고 볼 수 있다. 그러므로 북한의 외교정책은 국가 안보와 마찬가지로 북한식 수령체제 존속을 최고의 목표로 삼고 외교적 전략과 전술을 전개한다고 가정할 수 있다.[19]

북한의 핵정책은 안보적 관점에서 미국을 가장 중요한 국가로 상정하고 '안보 우선주의' 대외전략에 중점을 둔다. 북한 김정은 정권은 선대가 활용한 '민족주의'를 강조하면서 '반미 사상과 자주통일' 전략을 활용하고 있다. 미국의 북한 '적대시 정책'을 지속적으로 비판하면서 북한 핵개발과 북한의 경제적 고립·악화의 원인으로 강조하고 있다. 김정은 정권은 선대가 활용한 '민족적 자주우리끼리'를 대남전략으로 채택하여 남한 사회를 선동하는 동시에 미국과는 민족자주를 실현시키기 위한 명목으로 미군철수를 요구하며 정전협정을 평화협정으로 전환하여 수세에 몰린 북한정권의 생존을 보호받으려는 셈법을 엿볼 수 있다.

먼저, 대외전략 목표를 달성하기 위해 북한은 대미 전술로서 핵실험과 미사일 발사 등을 통한 도발 전술과 대화를 통한 유화적 전술을 병행하고 있다. 이와 같은 도발과 대화를 통한 벼랑끝 외교 수단은 북한이 미국을 상대로 벌여왔으며, 도발과 대화를 통한 합의과정은 핵을 중심으로 합의, 파기를 반복하였다. 이는 북한이 핵을 이용하여 미국으로부터 북한의 체제보장과 경제적 수혜를 받으려 노력하였다는 것을 보여준다.

선대의 김정일 정권과 마찬가지로 김정은 정권도 도발과 대화를 번갈아 가며 미국과 줄다리기 외교전략를 활용하고 있다.[20] 이는 북한 김정은 정권이 대화

19__ 홍석훈, "중국의 대북한 외교정책 기조와 전략: 중국 지도부의 인식과 정책 선호도를 중심으로", 『정치·정보연구』제17권 1호(2014.6), pp. 125 – 126.

20__ 2005년 9.19 공동성명을 통하여 북한 핵문제 해결에 대한 합의가 이루어졌으나 미국이 BDA 동결문제를 일으키자 2006년 7월 대포동 2호 미사일 발사를 강행하였고, 3개월 후인 10월에 핵실험을 감행함; 2007년 2.13합의, 10.3 조치 발표 이후 북한의 핵 불능화 조건으로 2008년 10월 미국은 북한을 테러지원국 명단에서 삭제하는 조취를 하였으나 2009년 4월 북한은 위성을 발사하고 5월 25일에는 제2차 핵실험을 감행함: 김계동, 『북한의 외

를 통한 유연한 외교적 입장에서 북·미 간 합의를 이끈다 하더라도 북한정권의 안보 우선주의 대미 외교 전략에 맞지 않는다면 언제든지 파기하고 핵과 미사일을 통한 도발적 수단을 이용할 수 있다는 것을 보여주는 것이다. 2017년 9월 15일 '화성 12형－중장거리탄도미사일IRBM' 시험 발사 후, 9월 23일 72차 유엔총회에서 이용호 북한 외무성이 미국 트럼프 대통령의 북한 '완전파괴' 발언에 대응하여 대북 선제 타격 조짐을 보이면 미국은 물론 그 주변국에 먼저 핵·미사일 공격에 나서겠다는 등 미국과 군사적 대치상황을 조성하면서 급기야 지난 2017년 11월 29일 '화성 15형ICBM급' 장거리 미사일 실험을 감행하여 한반도에 군사적 위기를 재점화하였다.[21]

이러한 군사적 도발은 북한이 전략적 차원에서 미국과의 정치적 담판을 통해 핵보유국 인정 및 북·미 간 평화협정을 동시에 성사시키려는 의도로 파악할 수 있다. 구체적으로 북한의 공세적 핵전략은 핵·미사일 도발을 통해 트럼프 정부의 대외정책 순위에 있어 대북정책 우선순위를 격상시키려는 의도로 파악된다. 이러한 공격적 핵전략 전개는 미국과의 평화협정 논의를 통해 북미관계 정상화와 북한체제 보장을 확보하기 위함일 것이다. 결국 북한은 미국과 단판을 통해 '평화협정'과 '국교 정상화'를 추구할 것으로 예상된다.

최근 언론 보도에 따르면 북한은 트럼프 대통령과 김정은 위원장의 말 폭탄 싸움 이전에 은밀히 미국 공화당 측근 워싱턴의 미국 전문가들과 접촉하고자 시도했다는 것이다.[22] 또한 지난 2017년 10월 19~21일 러시아에서 열린 모스크바 비확산회의에 참석한 최선희 북한 외무성 국장은 미국의 대북 적대시 정책을 비판하면서도 한국에 대해서는 공격적 발언을 자제했다.[23] 이는 북한이 미국과 군사적 대결 구도를 통해 긴장감을 최고조로 이끌면서, 대화를 병행하

교정책과 대외관계』(명인문화사, 2013), p. 445.

21＿ 북한은 조선민주주의인민공화국 정부 성명을 통해 화성－15형 대륙간탄도로케트 시험발사가 성공적으로 진행되었으며 김정은 위원장이 국가핵무력 완성과 로케트강국위업이 실현되었음을 선포하였다고 밝혔다:「노동신문」, 2017.11.29.

22＿「The Washington Post」, 2017.9.26.

23＿「중앙일보」, 2017.10.24.

는 양면전략을 구사하였다.

북한이 화성15호 미사일 시험발사 이후 '핵무력 완성'을 선포하였으며, 이를 바탕으로 북미 평화협정과 북미 수교를 동시에 추구하고 있다. 이처럼 북한은 핵무력 완성을 발판 삼아 미국으로부터 북한정권 보장과 정상적 국가관계를 추구하고 있다.

둘째, 경제적 실용주의 외교 전술이다. 북한은 경제적 지원과 협력을 조건으로 미국과 협상을 시도해 왔다. 또한 미국을 비롯한 자본주의 국가들과도 경제적 협력관계를 맺어 장기적으로 혁명역량을 증대시켜 정치적으로 북한과도 우호적인 관계를 맺게 한다는 외교적 목적을 갖고 있다. 결국 북한의 '핵 고도화와 경제발전 병행' 정책을 북한식 수령체제가 존속하는 한 지속할 것으로 본다. 북한 정치체제는 청중비용이 적용되지 않아 정책적 합리성이나 책임정치가 담보될 수 없기 때문이다. 또한 김정은 정권이 지속되고 있는 한 북한 지도부의 의사결정 구조나 정책의지가 바뀔 가능성은 희박하다. 즉, 북한의 핵개발로 인한 대북제재와 압박이 가중된다 하더라도 북한은 현 핵병진노선을 고수할 것이다.

마지막으로 북한의 핵병진 대외전략에서, 북한의 대미 핵정책이 핵 개발과 ICBM의 기술력 발전에 따라 과거 방어적 차원에서 공세적 차원의 핵전략으로 진화하고 있다는 점이다. 이러한 북한의 핵무장 가능성은 한반도 평화통일 정책에도 큰 영향을 줄 수 있다. 만약 북한이 실전 핵배치가 가능하게 된다면 우리에게도 큰 위협이자 부담이 된다. 당장 우리정부도 '대화' 또는 '전쟁수단'을 선택해야 하는 부담감을 가질 수밖에 없을 것이다.

(2) 북한 핵정책에 따른 국제정세 변화와 대응방안

조셉 나이Joseph S. Nye, Jr는 핵무기가 '공포의 균형balance of terror'이란 특이한 형태의 세력균형을 만들어 냈다고 지적한다.[24] 또한 2차 세계대전 이후 3차 세

24__ J. Nye and D. Welch, Understanding Global Conflict and Cooperation,

계대전의 발발을 제한하는 역할을 핵이 담당했다고 하면서, 효과적 핵억지의 요소로 능력capability과 핵무기가 사용될 수 있을 것이라는 신뢰성credibility이 작동되어야 하고, 그 신뢰성은 분쟁과 관련된 사안에 따라 결정된다고 설명한다. 이와 관련하여 조셉 나이 교수는 핵무력 사용에 있어 도덕ethics과 여론public opinion 때문에 핵보유 국가들이 핵사용에 대한 제한성을 보인다고 말했는데, 앞서 언급한 바와 같이 북한은 청중비용 적용이 어렵고 정책결정과정에서 도덕적 제한을 받기가 힘들다는 상황이다. 결국 북한의 핵보유는 핵 억지능력 보유뿐만 아니라 안보적 공세성이 급상승한다는 것을 말해 준다.

북한이 핵탄두 기술과 대륙간 탄도미사일 능력을 확보한다면, 미국의 예방전쟁preemptive war에 북한이 대미 2차 보복 수단을 갖는다는 의미를 다시금 상정해야 한다. 미국은 북한의 보복 능력이 있다고 가정한다면 미북 간 협상과 압박에 있어 또 다른 국면을 맞이할 수 있기 때문이다. 미국의 입장에서는 대북한 정책에 있어, 북한의 핵능력과 투발 수단의 고도화가 이루어지면 핵무장 이전의 북한과는 다른 차원의 접근방법을 채택할 수밖에 없다. 물론, 안보적 차원에서 볼 때 남북관계에서 한국이 주도적 관계를 선점하기가 용이하지 못하다.

북한의 핵개발은 일차적으로 대외 체제보장을 위한 군사적 안보수단으로 활용되지만, 동시에 김정은 정권의 연착륙수령체제 존속과 군사지도자 이미지 확립을 위해 핵과 전략미사일 개발은 지속될 것으로 보인다. 2017년 북한은 미국 트럼프 행정부와 남한의 문재인 정부 출범과 맞물려 '대결'과 '대화'라는 두 가지 옵션을 마주하고 있다. 추가 핵실험 감행과 ICBM 발사 실험 등 군사도발을 감행해 미국을 자극할 경우 트럼프의 개인적 성향을 고려할 때 군사적 옵션을 선택하는 최악의 상황으로 전개될 수 있으며, 반대로 북한이 대화테이블로 나와 미국과 평화협정 논의 등을 통하여 진정성 있는 대화를 이어 나가면서 남북관계를 우호적으로 개선시킨다면 북한은 과거와 달리 북미관계의 개선을 꾀할 수 있는 기회를 잡을 수 있다.

북한은 정경분리 원칙을 통해 남북관계 접근법과 대륙간 탄도미사일·핵 고도화를 바탕으로 미국과 동시에 협상을 개진할 수 있다. 2017년 말 북한이 국가

Ninth Edition (Pearson, 2013) pp. 176－178.

핵무력 완성을 선포한 것은 '핵무력 과시와 핵국가 지위인정' 그리고 핵무력이 완비되었으니 '경제 발전'을 추구하겠다는 이중적 의미로 해석할 수 있다.

2018년 신년사에서 김 위원장이 핵무력 실전배치를 언급하면서도 평창올림픽 북한대표단 파견 및 남북당국 회담을 제의하는 등 남북개선 의지를 밝히면서 우리정부의 한반도 평화와 번영의 대북정책에 화답하였다. 북한의 핵고도화 정책으로 대북제재와 봉쇄가 강화되는 상황에서 남한의 경제적 지원과 협력이 절실하기 때문이다. 이러한 남북의 평화무드와 당국의 개선 의지가 진일보할 수 있는 계기가 마련되었다. 2018년 남북대화 재개와 연이은 남북정상회담을 통하여 북한은 한반도 비핵화 의제를 협상을 통해 풀어나가는 외교적 방식을 채택하였다. 2018년 6월 싱가포르 북미정상회담으로 이어진 한반도 평화무드 전개는 한반도 평화체제의 서막을 열 것으로 기대되었다.

그러나, 2019년 2차 하노이 북미정상회담 결렬 이후 '선미후남先美後南'의 대남정책으로 선회하면서 남한 정부와 거리를 두면서 남북관계는 단절되었고 한반도 정세의 불확실성은 증가 되었다. 이후 북한은 자력갱생을 중심으로 사회주의 강국을 표명하면서 '핵 고수 정책'을 드러내고 있으며 북미 간 비핵화협상 결렬의 탓을 남한에게 전가하는 양상을 보였다. 2021년 초 북한은 8차 당대회를 개회하고 '김정은 유일체제' 강화를 골자로 제2기 집권체제 출범을 공식화하는 동시에 핵무력 고도화 및 국방력 강화를 주문하면서 강경한 대외·대남정책 메세지를 전달하면서 북한 비핵화 협상과 남북관계는 경색국면에 접어들었고 한반도 평화체제 구축은 난관에 봉착했다.

하지만, 북미 간 비핵화 협상은 남북관계 진전과 함께 한반도 평화정착과 번영을 여는 단초이다. 따라서 우리정부는 북한의 국가전략 전환을 잘 파악하여 남북관계 진전 및 복잡한 해외변수 방정식을 잘 풀어나가야 한다. 북한과의 신뢰회복과 북미관계 개선을 적극적으로 추진해야 할 것이다. 따라서, 남북한의 관계 개선과 향후 한반도 평화와 공동이익 추구를 위해서는 한미 간 긴밀한 공조가 무엇보다 중요해지고 있다.

2021년 5월 한미정상회담에서도 바이든 대통령은 한반도 평화를 위해 한국과 긴밀한 협력을 강조하고 민주주의 가치 동맹을 확인하고 있다. 즉, 바이든이 이끄는 미국 행정부는 북한 핵협상과 관련하여 단계적, 실용적 입장을 재확인하고 있으며 문재인 정부의 한반도 비핵화 노력과 이산가족상봉, 남북대화 추진 정책을 인정하고 미국의 대북 관여정책과 우리 정부와의 협력을 약속하였다.[25] 또한, 한미일 3자 협력의 필요성과 북한 인권 개선 및 인도적 지원을 강조하면서 글로벌 문제에 한미가 공동 대응할 것을 한미 양국이 약속하는 자리였다는 점은 양국이 한반도를 넘어서 포괄적인 동맹관계를 발전시키기로 합의하였다고 해석할 수 있을 것이다. 결국, 한미 간 미국의 민주주의 가치, 단계적, 실용적 대외정책 접근법이 2021년 바이든 행정부 출범 이후 첫 한미정상회담에서 확인되는 자리였으며, 양국의 미사일지침이 종료되고 첨단 기술 등 미래지향적 파트너십이 강화되는 등 한국의 위상과 자율성이 강조되는 회담이었으며 한미 양국의 협력을 통해 북한 핵문제의 평화적 해결이 다시금 강조되었다.[26]

또한 코로나19 팬데믹으로 가중화된 미중 간 경쟁은 한반도 정세에 많은 영향을 미칠 수 있다. G20 정상회의와 안보리 대북제재결의안 2375호 채택과정에서 잘 드러났듯이, 중국과 미국 간 패권경쟁이 북핵 및 한반도문제를 하위 구조화시켜 북핵문제의 해결에 부정적 영향을 미치고 있다. 실제 6차 핵실험 이후 미국 주도의 고강도 대북제재가 또다시 중국과 러시아에 의해 상당 수준 완화되었다는 사실에서 이를 확인할 수 있다.[27] 미중 간의 협력과 갈등관계가 반복되는 것은 어쩔 수 없으나, 만약 미중이 동아시아에서의 패권경쟁에 과

25__ "Remarks by President Biden and H.E. Moon Jae—in, President of the Republic of Korea at Press Conference," The White House(2021.05.21.) <https://www.whitehouse.gov/briefing—room/speeches—remarks/2021/05/21/remarks—by—president—biden—and—h—e—moon—jae—in—president—of—the—republic—of—korea—at—press—conference/> (검색일 2021.06.02.).

26__ "FACT SHEET: United States-Republic of Korea Partnership," the White House(2021.05.21.) <https://www.whitehouse.gov/briefing—room/statements—releases/2021/05/21/fact—sheet—united—states—republic—of—korea—partnership/> (검색일 2021.06.02.).

27__ 6차 핵실험 이후 9월 11일(현지시간) 만장일치로 채택된 유엔안보리의 새로운 대북제재결의안 2375호에서는 미국이 강력하게 요구했던 원유 금수, 해상봉쇄, 김정은 자산동결 등 이른바 '끝장 제재'가 중·러의 강경한 반대로 통과되지 못하면서 '무용론'까지 제기되고 있다: 「헤럴드경제」, 2017.9.12.

도하게 집착하게 된다면 북핵 문제와 한반도 통일 문제는 간과될 수밖에 없고 중국은 북한을 자국의 동맹국으로서 재인식하여 대미 완충국가buffer zone 역할을 중시할 수 있다.

북한이 핵무기 개발을 포기하지 않는 한 '북한핵문제 협상'은 난망하나, 북한의 안보위협을 해소하기 위해서는 북미 간 비핵화 협상 진척이 우선적으로 요구된다. 북미 간 비핵화 합의를 도출시키기 위해 우리 정부의 북한 비핵화 과장의 적극적 역할도 필요하다. 북한과 미국과의 관계가 개선되지 않는다면, 지금까지 북한의 핵·미사일 시험 발사로 인해 취해졌던 유엔안보리 대북제재가 해제되기 어렵고, 남북관계 개선을 위한 남북교류협력사업이 본격화되기 위해서도 북한 비핵화 문제가 어느 정도 진전을 보어야 하기 때문이다. 무엇보다 북한의 대외, 대남정책의 획기적 정책 변화 없이는 한반도 평화 유지와 남북관계 개선도 힘들다. 지난 문재인 정부의 남북관계 개선 무드 역시 북한 핵협상 결렬과 연동되어 그 결실을 맺지 못했다. 또한, 남북교류협력의 지속성과 관련하여, 북한의 체제 특성상 남북한 당국의 협력과 북한 당국의 의지 없이는 우리의 지속 가능한 대북교류정책은 큰 의미가 없어 보인다. 남북간 고위급 회담의 정례화를 통해 합의 이행을 담보해내야 한다는 점을 인식해야 한다.

결국, 북한의 공세적 대외전략 확대로 인해 한반도 안보의 불확실성이 커진 상황에서 한국은 북한의 핵과 미사일 위협뿐만 아니라 주변국의 잠재적 위협 등 전방위 위협으로부터 안보 취약성에 노출되지 않도록 국방력 강화와 발전적 한미동맹을 관리해나가면서 다자협력을 확대해야 한다. 이와 함께 한반도 특성상 국제 변수도 중요한 역할을 담당하고 있기 때문에 한반도를 둘러싼 주요국들의 협조와 이해가 필수적이다. 북한의 핵문제가 해결되기 위해서는 국제사회의 도움 또한 절실하기 때문이다. 북한의 핵개발로 인한 한반도 안보의 불확성 속에서 한미군사동맹 강화가 필수적이지만 장기적으로 우호적 한중·한러 관계 발전과 전략적 관리 역시 중요하다. 즉, 한반도 다자협력 회담6자회담의 재조명과 국제사회기구의 협력도 중요하다.

북핵 문제의 해결을 위한 다자협력과 더불어 남북관계의 진전을 통한 남북 간 한반도 평화정착 노력도 필요하다. 비정치적 분야의 남북 간 대화 재개 및 에너지, 환경, 문화 교류와 같은 민간 중심의 남북교류 활성화를 통한 지속적인 신뢰 구축이 동시에 추진되어야 한다. 여기에 한반도 평화와 남북관계 개선을 실현하기 위해서는 우리 사회의 합의와 노력이 무엇보다도 중요하다. 이미 우리 사회는 발전된 민주주의 단계에 도달했기 때문에 정부와 국민의 소통과 합의 없이는 합리적이고 장기적인 대북·통일 정책 실현이 불가능하다. 주지하듯이 미·중 간의 가치경쟁으로 심화되고 있으며, 러시아의 우크라이나 공격 등 글보벌 안보위기는 한반도 정세의 불확실성을 가중시키고 있다. 한국 정부는 그 어느 때보다 튼튼한 안보책 마력과 적극적인 통일 외교에 나설 필요가 있다는 점을 강조하고 싶다.

• 토의 주제

1. 북한 핵무기 개발의 원인과 김정은 체제의 '핵병진 노선'의 특징을 토론해 보자.

2. 북한 핵문제의 평화적 해결방안에 대해 논의해 보자.

3. 북한 핵·미사일 고도화가 한반도 정세에 미치는 영향을 토론해 보자.

4. 북핵문제 해결과 한반도 평화를 위한 우리정부의 역할에 대해 논의해 보자.

도
입

이 주제와 관련 동영상
– 〈오준 대사 연설… UN도 울고 젊은세대도 울었다〉 (출처: YTN)

교
육
목
표

· 북한인권 실태와 개선 방법에 관한 전반적인 이해를 바탕으로 한국과 국제사
회의 건설적인 역할을 제시할 능력을 기른다.

북한인권문제의
이해와 해법

내용요약

북한인권 상황은 체계적이고 지속적으로 심각하다고 평가되는데, 그에 대한 북한과 국제사회의 평가는 서로 다르다. 거기에는 인권관의 차이는 물론 인권개선 방안에 대한 북한의 소극적 태도와 국제사회와의 소통 부족도 한몫하고 있다. 북한인권 개선을 위해서는 적절한 원칙과 방향성에 대한 공감대 형성이 중요하고, 한국의 경우 국제사회의 일원으로서의 역할과 함께 북한과 통일을 준비해 나갈 특수 과제를 조화시켜 접근하는 지혜가 필요하다.

우리는 언론을 통해 북한인권 상황이 대단히 심각하고 그에 따라 북한정부에 그 책임을 묻는 국제기구의 결정을 듣곤 한다. 국내에서는 북한인권 상황의 심각성을 들어 북한정권을 교체하는 것이 인권개선의 지름길이라는 주장과, 통일 준비를 위한 남북 화해와 공존이 더 중요하기 때문에 갈등을 초래할 인권문제에는 신중하게 접근해야 한다는 시각이 대립하고 있다. 이런 입장 차이는 한국이 국제사회의 일원이자 북한과 통일을 추구해야 할 특수한 사정에 겹쳐 있기 때문이다.

아래에서는 북한인권 실태를 개괄해 봄으로써 그 정도를 평가하고 그에 대한 국제사회의 움직임을 평가한 후, 북한인권 개선을 향한 한국의 역할과 과제를 생각해 보고자 한다. 이런 논의를 위해 북한의 입장도 간략히 살펴볼 것이다.

01
북한인권
실태

오늘날 인권은 유엔 인권기구에서 제시하고 있는 국제인권법상의 목록에 담긴 인간의 존엄을 보장하고 누릴 다양한 권리를 말한다. 여기에는 생명권, 정치적 자유, 참정권 등을 포함하는 시민·정치적 권리이하 자유권와 노동권, 교육권, 건강권 등을 포함하는 경제·사회·문화적 권리이하 사회권, 그리고 여성, 아동, 장애인 등 취약집단의 권리를 망라한다. 또 북한인권에는 탈북자와 이산가족, 납치자, 군인포로 문제도 포함되는데 여기서는 지면 관계상 생략한다.[1]

1__북한인권 실태에 대한 전반적이고 정기적인 이해를 위해서는 통일연구원이

(1) 자유권

자유권의 핵심이자 모든 인권의 출발이라 할 수 있는 것이 생명권이다. 이와 관련해 사형제는 생명권 침해로 여겨 국제인권기구는 사형제 폐지를 생명권 보장의 주요 방안으로 삼는다. 북한에서는 사형제가 존속하고 있고 공공연하게 시행되고 있다.

북한 형법상 사형은 "범죄자의 육체적 생명을 박탈하는 최고의 형벌"이며, "범죄를 저지를 당시 18세에 이르지 못한 자에 대하여서는 사형을 줄 수 없으며 임신 여성에 대하여서는 사형을 집행할 수 없다."고 규정되어 있다. 김정은 집권 이후 형법은 수차례 개정되었다. 2015년 7월 22일 최고인민회의 상임위원회 정령으로 개정된 형법에 따르면 사형 대상이 되는 범죄에는 '국가전복음모죄', '테러죄', '조국반역죄', '파괴암해죄', '민족반역죄', '비법아편재배마약제조죄', '마약 밀수, 거래죄', '고의적 중살인죄'가 있다. 사형과 관련된 형법 개정의 특징 중 하나는 2013년 개정 형법 이후부터 아편 재배나 마약 제조와 관련한 범죄에 대해서도 사형이 적용되었다는 것이다. 또 한국의 녹화물을 시청하거나 유포한 자도 사형에 처한다는 포고문이 게시되기도 한 것으로 알려졌다. 2019년에도 미신행위를 이유로 공개처형이 있었던 것으로 조사되었다. 2010년을 전후로 공개처형이 감소하고 있다는 증언들이 수집되고 있지만, 실제 어떤지는 확정하기 어렵다. 코로나19 대응 차원에서 나온 비상방역법이 방역질서를 위반한 경우 최고 사형까지 처할 수 있는 규정을 갖고 있기 때문이다. 북한은 사형을 공개 방식으로 진행해 대중들에게 공포감을 불어넣기도 하는데 이에 대한 국제사회의 비난이 높아지자 공개처형이 줄어들었다. 그럼에도 사형제는 지속되고 있고 새로운 사형 사유를 들어 북한주민을 통제하는 강권적 수단으로 기능하고 있다.

매년 국·영문으로 발간하고 있는 『북한인권백서』를 추천한다. 본문에서 언급하고 있는 북한인권 실태도 별도의 언급이 없는 한 2022년 발간한 위 백서에서 갖고 온 것이다. 유엔에서의 북한인권 결의는 아래 웹사이트를 참조할 것. https://www.ohchr.org/EN/Countries/AsiaRegion/Pages/KPIndex.aspx

북한인권 실태 중 국제사회에 가장 널리 알려져 있는 분야가 정치범수용소와 관련된 인신의 구속이다. 지금까지 북한 당국은 체제에 위협이 되는 적대세력과 잠재적인 위협세력을 사회와 격리하는 정치범수용소 제도를 유지하고 있다. 특히, 북한체제를 비판한 사람, 수령을 모독한 사람, 한국행을 시도한 사람, 종교 활동을 한 사람들이 주로 정치범수용소에 수용되는데, 이들의 수용 과정에서 불법과 수용 생활에서 비인간적인 처우도 문제가 되고 있다.

북한 주민들이 권력의 통제와 함께 불평등을 강요받고 있는 것은 각종 감시 및 차별정책 때문이다. 평등권과 관련해 북한당국이 계층과 성분으로 주민들을 분리, 차별해 온 것은 평등권을 정면으로 침해한 것이다. 북한의 주민등록제도 연구에 따르면, 북한 당국은 '기본군중', '복잡한 군중', '적대계급 잔여분자' 3대 계층으로 구분하고 있다. 그리고 성분의 종류는 총 25개에 달한다.[2] 김정은 시기에 들어와서 주민등록문건 '개혁재정리' 사업을 단행해 주민 통제 및 차별에 부분적인 완화가 있었다고 알려져 있지만, 성분이 북한체제의 기본 골격이라는 점에서 개선 가능성은 높지 않다. 오히려 경제적 요소에 의한 새로운 차별과 불평등이 중첩되어 차별 구조가 심화되고 있다고 하겠다.

한편, 참정권 분야에서 눈에 띄는 현상이 지방인민회의 대의원 선거에서 주민 참여가 강조되고 있다는 점이다. 2023년 11월 26일 북한의 도직할시, 시구역, 군인민회의 대의원을 선출하는 지방인민회의 대의원 선거에서 지역주민들이 선거자 회의를 통해 최종후보자를 결정하는 방식이 나타났다. 물론 실제 얼마나 많은 곳에서 복수의 후보들이 출마했는지는 확인할 수 없으나, 이런 현상은 지방선거에서 주민의 참여를 확대해 권력과 대중의 협력을 높이려는 의도로 보인다.

(2) 사회권

북한사회는 세계에서 통제와 차별이 가장 심각하다고 평가되고 있지만, 그를 제외하더라도 주민들의 생존 환경도 열악하다. 식량과 보건 사정이 계속해

---

2 — 통일연구원, 『북한인권백서 2017』, p. 207.

서 어렵기 때문이다. 경제사정이 호전되었다는 김정은 정권 들어서도 북한주민의 식량 사정은 국제기구의 권장량에 미달한다.

북한은 양정법2015을 통해 식량권을 국가가 보장하며 공식적으로는 식량배급제를 유지하고 있다. 하지만 실제 북한 주민들의 식량권은 적절히 보호되지 않고 있다. 2010년대 들어 북한은 토지관리제도를 수차례 개정하고 재해대책 활동에도 적극 나섰지만, 유엔에서는 북한 전체 인구 40% 가량이 국제기준의 영양 섭취를 하지 못하고 있다고 평가하고 있다. 포전제는 농민의 생산의욕을 고취한다는 취지를 담고 있으나 생산계획이 과도하게 높아 자유롭게 처분할 생산물이 거의 없는 것으로 알려지고 있다.

> ·포전제 : '농가책임생산제'로 불리는 포전제는 사회주의 계획경제의 문제점인 생산의욕 저하를 개선하기 위한 조치의 일환으로서, 농업생산 단위를 5-6명의 포전으로 축소시키고 거기에 목표 달성 이외의 생산물을 자유 처분하도록 해 농산물 증산을 추구하는 일종의 개혁조치이다.

건강권과 관련해서 북한은 무상의료제도를 자랑하고 있지만 현실은 그와 크게 거리가 있다. 의료전달체계와 의약품에 대한 계층별 접근성이 불균형적이고, 입원 및 수술이 극히 제한적으로 시행되고 있다. 그런 상태에서 형편이 여의치 않은 많은 주민들은 병원에 갈 엄두를 내지 못하거나 약을 구하는데 개인 부담이 크다고 한다. 북한의 정책방향과 달리 의료서비스 접근성에 있어 계층별 불평등이 크다는 것을 알 수 있다.

한편, 김정은 정권이 들어선 2012년 9월, 12년제 의무교육 실시로 학제개편을 단행했다. 이는 의무교육의 안정적 시행을 겨냥하고 있다고 할 수 있지만, 그와 별도로 북한교육에서 정치사상교육의 비중이 과도해 학생들의 인성 함양이 침해받을 수밖에 없다. 각급 학교에서 당과 수령의 위대성, 주체사상원리, 당의 정책, 혁명전통, 혁명 및 공산주의 교양 등을 가르치고 있는 현실이 그 예이다. 민주화, 세계화 시대에 북한 학생들이 자유와 창의적 사고를 발달시킬 기회를 차단당하고 있는 것이다. 다만, 북한학생들은 컴퓨터 교육과 같이 정보화 관련 교육은 받고 있는 것으로 알려져 있다.

노동권에서는 북한 법령에서 그 권리를 인정하고 노동 환경 개선, 8시간 노동제 등을 보장하고 있다. 그렇지만 열악한 경제 사정으로 노동시간이 적거나 군수공장의 경우 과다한 경우도 있다. 전반적으로 북한 주민들은 노동 환경이 열악하거나 임금이 낮아 문화생활을 향유할 권리도 취약할 수 있다. 코로나19 종식 이후 북한에서도 공장 가동이 높아진 것으로 추정되지만, 노동 여건의 개선과 임금 향상은 아직 보고되지 않고 있다.

(3) 취약집단 인권

취약집단이란 그 사회에서 소수이고 인간다운 삶을 스스로 영위하기에 힘들어 사회에서 관심과 배려가 필요한 집단이다. 그렇지만 취약집단의 권리는 국가의 시혜나 일반 사람들의 동정이 아니라, 여느 집단과 같이 신성하고 정당한 인권이라는 점에 유의할 필요가 있다. 북한에서도 취약집단은 여성, 아동, 장애인, 노인 등이 있지만 이들의 인권 실태는 여성, 아동에 국한되어서만 알려져 있다.

북한당국은 여성의 사회 진출과 정치 참여 수준을 과대평가하고 있지만 현실은 저조한 것으로 알려져 있다. 북한정부는 2014년 제13기 최고인민회의 여성 대의원 비율은 20.2%이고, 2015년 지방 인민회의 여성 대의원의 비율은 27%라고 밝힌 바 있다. 그런데 2019년 제14기 최고인민회의 대의원선거 당선자 중 여성의 비율은 17.6%로 앞선 시기보다 더 줄어들었다. 이보다 더 고위직에 있는 여성들의 비중은 더 낮다. 2020년 1월 1일 북한 <로동신문>이 공개한 조선노동당 7기 5차 전원회의 단체 사진2019년 12월 31일에 나온 256명 중 여성은 9명3.5%에 불과했다.[3] 또 북한에서는 고용에서 남녀 성차별이 두드러진다. 남성은 공식 부문, 여성은 비공식 부문에 종사하는 경향이 뚜렷하게 확인되고 있다.

북한이탈주민의 증언에 의하면, 김정은 집권 이후 북한의 정치적, 공적 영역에서 여성의 진출이 늘어나고 있는 것으로 파악된다. 북한이탈주민들은 당증을 가진 여성이 당과 행정기관의 간부로 진출하는 경우가 늘어났다고 한다. 기업소와 협동농장에서도 지배인이나 작업반장을 하는 여성이 늘어났다고 한다.

3__『한겨레』, 2020년 1월 2일.

이같은 증언은 김정은 정권 들어 경제 성장과 그에 따른 여성의 사회 참여 필요성 증대, 그 과정에서 실력 있는 여성의 고위직 진출이 과거에 비해 상대적으로 높아진 것으로 풀이할 수 있다. 여성의 경제력 향상으로 가부장제도가 일부 개선되었다는 증언도 마찬가지이다. 그러나 오래된 가부장제와 남녀 차별 관행으로 여성이 가정과 사회에서 공평하고 대등하게 대우를 받고 있다고 말하기는 어렵다. 평양 밖에서 여성이 오토바이나 자전거 타는 것이 금지라는 증언은 그 단적인 예이다.

대부분의 북한 아동들은 건강, 교육, 문화 등 다방면에서 열악한 상태에 놓여 있다. 북한에서 태아 또는 영아가 담당의사의 관리를 받는다는 북한 당국의 설명은 현실과는 상당한 괴리가 있다. 그동안의 조사에 따르면, 북한에서 질병예방을 위한 예방접종은 호전되고 있는 것으로 보인다. 그러나 경제난의 악화로 의료보급체계가 제대로 작동을 하지 못함에 따라 질병에 걸린 아동들이 적절한 치료를 받지 못하는 경우가 여전히 많은 것으로 파악된다. 이러한 사례는 도시 지역보다는 농촌 지역에서 많이 발생하고 있는데, 한 북한이탈주민은 영양실조, 고열, 폐렴 등을 앓던 농촌 아이들이 병원이 멀고 약을 구하지 못하여 죽는 경우를 목격하였다고 증언하였다. 북한아동들은 군사교육과 훈련에 참여하고 유아 시기부터 군사주의 문화에 노출되어 있어 인성 형성에 부정적인 영향을 받을 우려가 있다. 코로나19를 겪으며 아동들이 악영향을 받았을 것으로 추정된다. 그러므로 북한이 2021년 유엔에 아동사망률이 줄어들었다고 한 것은 코로나19 이전 상황일 가능성이 높다.

한편, 최근 북한은 2000년대 들어 장애인 권리에 대해서도 관심을 보이고 있다. 2003년 6월 장애자보호법이 제정되었고 조선장애자보호연맹이 활동하고 있다. 2018년 12월 북한이 유엔 장애인권리위원회에 제출한 최초보고서에 따르면, 2016년 기준 북한의 장애인 인구는 전체 인구의 5.5%이다. 북한은 조선장애어린이회복원과 같은 시설, 장애인을 위한 교정기구 생산시설, 그리고 장애인들이 일하는 공장도 운영하고 있다. 그러나 과거 한국사회처럼 장애인들에 대한 사회적 편견과 소외가 크고 장애인들의 이동과 직업생활에 큰 어려움이 있다. 또 북한에서도 노령인구가 늘어나고 있는 것으로 알려져 있는데, 노인층의 인권 실태에 대해서는 알려진 바가 거의 없다.

02
북한의
인권정책

● **(1) 북한의 인권관**

북한은 인권을 "사람으로서 마땅히 가져야 할 자유, 평등의 권리" 혹은 "사람이 사람으로서 마땅히 가져야 할 권리 곧 사람의 자주적 권리" 등으로 정의하고 있다. 북한은 '인권 문제'를 "사람의 기본권리를 보호하고 보장하며 그것을 유린하는 행위와 투쟁할 데 대한 문제"라고 규정하고 있다.[4]

북한의 인권관이 갖는 특징은 크게 네 가지로 정리해볼 수 있다.[5] 먼저, 계급적 시각이 크게 반영되어 있다. 북한은 인권의 역사가 계급투쟁의 성격을 갖는다고 본다. 북한은 "우리는 자기의 당성을 숨기지 않은 것처럼 인권 문제에서도 계급성을 숨기지 않는다. 사회주의 인권은 사회주의를 반대하는 적대분자들과 인민의 리익을 침해하는 불순분자들에게까지 자유와 권리를 주는 초계급적 인권이 아니다"라고 밝히고 있다.

둘째, 북한의 인권관은 집단주의를 강조하고 있다. '하나는 전체를 위하여, 전체는 하나를 위하여'라는 구호에서 집단주의가 널리 고취되고 있음을 알 수 있다. 북한에서 사람, 인민대중이라는 용어 자체가 집단주의적 성격을 갖고 있고, 인민대중은 수령과 당과 '일심동체'를 이루고 수령과 당의 지도를 따를 때

4__서보혁, 『북한인권: 이론·실제·정책』, 개정판 (파주: 한울아카데미, 2014), p. 138.
5__아래 네 가지는 위의 책, pp. 140－142.

'자주적 권리'를 실현할 수 있다고 본다.

셋째, 북한은 기본권과 사회권을 중심으로 인권을 이해하고 있다. 북한은 기본권을 "그 누구도 침해, 유린, 훼손할 수 없는 확고부동한 것"으로 간주하면서, "우리나라에서와 같이 로동에 대한 권리에서부터 먹고 입고 쓰고 살 권리, 배우며 치료받을 권리에 이르기까지 사람의 모든 권리가 철저히 보장되고 있는 나라는 세상에서 찾아보기 힘들 것"이라고 주장한다. 북한을 포함한 사회주의 국가에서 사회권을 강조하는 이유는 국가가 의식주, 보건, 교육 등 인민생활의 기본적 필요basic needs를 제공하는 것에 일차적 관심을 두고 있기 때문이다. 북한은 이를 인민적 권리와 자유의 실질적 보장, 물질적 조건 충족을 통한 인민의 행복추구로 설명하고 있다. 물론 이런 시각은 현실과 별개이다.

마지막으로, 북한은 인권을 국가주권과 결부시켜 파악하고 있다. 이 같은 입장은 "국가의 자주권을 떠난 인권이란 있을 수 없다", "국권을 잃은 나라 인민은 인권도 유린당하게 된다"라는 표현으로 나타난다. 북한의 국권론은 부시 G. W. Bush 정부의 대북 강경정책을 배경으로 2003년 이후 지속하고 있는데, 이는 집단주의적 인권관과 대외적 긴장상태가 결합된 결과이다.

(2) 북한의 인권법제

북한 헌법에도 인권보호 조항이 있을까? 북한 헌법 제정 때 인권보호 조항은 없었다. 21세기에 막 들어서도 없었다. 드디어 9차 헌법 개정2009.4에서 "국가는 … 근로인민의 리익을 옹호하며 인권을 존중하고 보호한다."제8조는 조항을 신설하였다. 북한은 또 장애자보호법2003, 연로자보호법2007, 여성권리보장법2010, 아동권리보장법2010, 해외동포권익옹호법2022을 비롯하여 인권 관련 법규를 계속 제정하고, 인권교육도 늘리고 있다.

북한은 이동 및 거주의 자유와 관련하여 1998년 9월 헌법 개정을 통해 제75조에서 "공민은 거주, 려행의 자유를 가진다"는 내용을 첨가하였다. 하지만 이러한 법제도적 변화와는 별개로 북한 당국의 주민이동 제한정책은 지속되어 왔으며, 대표적 예가 여행증 제도이다. 다만, 위 조항의 헌법 삽입은 북한에서 경제활동이 당·국가party-state 주도의 계획경제로는 한계가 있고, 그 대신 시장화를 인정할 수밖에 없고 그에 따라 주민의 이동이 불가피한 현실을 반영하고 있다. 그에 비해, 북한의 헌법에는 사상·양심의 자유가 발견되지 않는다. 북한은 유일사상·유일지도체계를 정치사상의 핵심으로 삼고 있기 때문에 북한이 탈사회주의 노선을 걷기까지 사상·양심의 자유는 인정하지 않을 것이다.

북한 헌법은 공민은 인신의 불가침을 보장받는다고 규정하는 한편, 법에 근거하지 않고는 공민을 구속하거나 체포할 수 없음을 명시하고 있다제79조. 또 북한 형사소송법은 범죄자 및 범죄사실 적발을 위한 수사절차와 범죄자 및 범죄사실 확정을 위한 예심절차를 구분하고 있는데, 체포, 구속 등의 강제처분은 예심단계에서 하는 것을 원칙으로 하며, 수사단계에서는 일정한 경우에만 범죄혐의자 또는 범죄자에 대한 체포가 예외적으로 인정된다제142조. 수사단계에서 예외적으로 체포하였을 경우 48시간 내에 검사의 승인을 받지 못하거나 10일 내에 범죄자라는 것이 확인되지 않으면 즉시 석방하여야 한다제143조. 북한 형사소송법은 예심 단계에서의 체포 및 구속과 관련해서는 "예심원은 피심자가 예심 또는 재판을 회피하거나 범죄사건의 조사를 방해하지 못하도록 하기 위하여 피심자를 체포하거나 구속처분을 할 수 있다"고 체포 및 구속의 목적을 규정한 후제175조, 법에 규정되어 있지 않거나 법에 규정된 절차를 따르지 않고서는 사람을 체포, 구속할 수 없다고 규정하고 있다제176조. 한편, 북한 형법은 사법기관이 불법적으로 사람을 체포, 구속, 구인한 경우에는 1년 이하의 노동단련형에 처하고, 이 같은 행위를 여러번 하였거나 엄중한 결과를 일으킨 경우에는 5년 이하의 노동교화형에 처할 것을 규정하고 있다제241조.

또 북한은 2010년대, 즉 김정은 정권 들어 금수산태양궁전법2013, 반동사상문화배격법2020, 청년교양보장법2021 등의 법을 제정해 대중의 사상과 행동을 통제하는 조치를 강화하였다.

북한은 국제사회의 인권개선 요구에 정치적으로 반발하면서도 일부 기능적 측면에서는 협조하고 있다. 유엔 인권위원회 혹은 인권이사회, 그리고 총회는 2000년대 초부터 북한인권 결의를 지금까지 계속해서 채택하면서 인권개선을 촉구하였다. 최근에는 유엔 안전보장이사회에서도 북한인권 논의가 일고, 북한인권 침해 책임자에 대한 책임규명 움직임도 나타나고 있다. 북한은 이런 움직임에 대해서는 미국의 주도하에 진행되는 "공화국 압살 책동" 혹은 "와해 기도"라고 반발하며 유엔의 결의를 배격하고 있다. 특히, 북한은 2014년 2월 북한인권조사위원회^{COI} 북한 내 반인도적 범죄 혐의와 그에 대한 북한정권의 책임을 다룬 보고서에 강력히 반발하였다.

다른 한편, 북한은 일부 국제인권협약에 가입해 보고서 제출, 인권대화 등에 나서고 있다. 북한이 가입한 국제인권협약은 자유권규약^{발효 1981.12.14.}, 사회권규약^{발효 1981.12.14.}, 아동권리협약^{발효 1990.10.21.}, 여성차별철폐협약^{발효 2001.3.29.}, 장애인권리협약^{발효 2017.1.5.} 등이다. 또 북한은 2006년 유엔 인권이사회 창립과 함께 도입된 보편정례검토^{UPR}에도 응하고 있다.

· 보편정례검토(Universal Periodic Review: UPR) : 2006년 유엔 인권이사회가 신설될 때 유엔 모든 회원국들이 정례적으로 인권상황을 유엔에 보고하고 당사국과 인권이사회 회원국들이 토의하는 방식으로 인권 개선에 이바지하는 제도이다.

03
국제사회의
북한인권 정책 평가

● (1) 정책 현황

북한인권문제는 이미 국제적인 관심사가 되었다. 우선 유엔 차원에서는 총회 및 인권이사회가 중심이 되어 북한인권문제를 다루어 왔다. 북한의 "체계적이고 광범위하고 심각한" 인권침해에 대하여 우려를 표명하는 북한인권 결의가 각각 2003년부터 매년 채택돼 왔다. 2021년 12월에도 유엔 총회에서 북한인권 결의안이 채택됐다. 유엔에서 북한인권 결의는 매년 봄 인권이사회,[6] 가을에는 총회에서 각각 북한인권 결의가 채택돼 왔다. 지금까지 북한인권 결의안 표결 과정에서 찬성국가가 증가한 반면 반대 및 기권국가가 감소하였고, 2012년부터는 표결 없이 합의로 북한인권 결의안을 채택하는 경우가 자주 나타나고 있다. 이는 북한인권 상황과 그 개선에 관해 국제사회의 폭넓은 공감대가 있음을 말해 준다.

아울러 유엔에서는 북한인권 특별보고관이 임명되어 2005년 이래 매년 보고서를 제출하여 북한의 인권 상황에 대한 국제사회의 관심을 촉발해 왔다. 북한인권 특별보고관의 보고서는 북한 주민의 식량권 확보 및 분배 개선 등 사회권과 더불어, 공개 처형 및 연좌제 폐지와 정치범수용소 문제 등 자유권에도 중대한 침해가 있다고 판단하였다. 또한 북한이 비준한 국제인권협약들의 준수 및 보편정례검토의 이행, 평화협상 및 인도적 지원이 이루어지도록 할 것을 북한정부에 촉구하는 한편, 이를 위한 국제사회의 협력도 요청하였다.

이런 유엔인권기구의 결의 및 보고서 채택에도 불구하고 북한당국의 태도 변화가 미흡하자 2013년 3월 21일 제22차 유엔 인권이사회에서는 북한인권 결의문을 통해 북한에서 자행되고 있는 인권침해에 대해 유엔 차원에서의 체계적이고 면밀한 조사 및 기록을 위해 1년 임기의 북한인권 조사위원회Commission of Inquiry, COI를 신설하였다. 3명의 위원과 10여 명의 조사관들로 구성된 이 조사위원회는 식량권, 정치범 수용소, 고문과 비인간적 대우, 임의구금, 차별, 표현의 자유, 생명권, 이동의 자유, 강제실종 등 9개 영역에 걸친 조사를 해 2014년 봄 제25차 인권이사회에 보고서를 제출했다. 400쪽 가까운 보고서는 북한 내에서 자행되는 인권침해들이 '반인도적 범죄crime against humanity'에 해당하는지는 별도로 밝히고 있는데, "유엔 안전보장이사회에서 국제형사재판소ICC나 유엔 임시법정을 만들어 거기에 인권침해 책임자들을 제재하라"고 권고했다. 또

6__유엔 인권이사회가 설립되기 전인 2003~2005년까지는 인권위원회에서 북한인권 결의가 채택되었다.

보고서는 한반도 평화정착, 대북제재가 북한주민에게 직접 피해를 주지 않도록 할 것을 국제사회에 주문하기도 했다. 이렇게 유엔에서는 인권이사회, 총회에서 북한인권 결의를 2023년 말까지 채택해오고 있지만, 북한은 이를 정치적 압박으로 간주하고 반대해오고 있다.

국가 차원에서는 미국과 일본, 그리고 유럽연합이 북한인권문제에 적극적이다. 북한과 적대관계를 유지하고 있는 미국과 일본은 각각 2004년과 2006년 북한인권법을 제정해 탈북자 및 탈북단체 지원, 북한에 외부정보 유입, 납치자 관련 단체 지원 등을 전개하며 북한에 인권개선을 촉구하는 압력을 가하고 있다. 미국 바이든 정부는 북한인권에 우려를 표하며 무조건적인 대화를, 일본 기시다 정부는 납치자 문제를 위해 북한과 대화의사를 표명한 바 있다. 그러나 대북 제재와 양국 내 정치적 상황과 각국 외교에서 북한문제의 낮은 비중으로 인권대화의 가능성은 높지 않다.

유럽연합 회원국 대부분은 2000년대 들어 북한과 수교를 맺었고 이들은 유럽연합과 함께 북한에 인도적 지원, 정치대화 및 인권대화 등 미국과 일본에 비해 부드러운 방식으로 인권개선을 추구해 왔다. 동시에 유럽연합은 유엔에서 북한인권 결의안을 상정·채택하는 데 주도적인 역할을 하고 있는데, 북한이 이를 문제 삼아 정치·인권대화를 중단시켰다. 그럼에도 유럽연합 및 회원국들은 북한과 개별적으로 지원·교류·협력을 진행하며 인권개선을 추구하고 있다. 한편, 중국은 북한과 인권관을 공유할 뿐만 아니라 북한과의 안보상 이해관계로 북한인권문제를 공식적으로 거론하지 않고 있다.

국제민간단체들은 보고서 발간, 캠페인 등을 통해 북한의 인권상황에 대한 국제사회의 관심을 꾸준히 촉구해 왔다. 특히 2011년 9월에는 북한의 반인도적 범죄행위를 중단시키기 위해 국제사면위원회AI, 휴먼라이츠워치HRW, 국제인권연맹FIDH 등을 포함한 15개국 40여 인권단체 및 인권운동가 200여 명이 일본 동경에서 모여 '북한 반인도범죄 철폐를 위한 국제연대ICNK'를 창립했다. 여기서 주목할 만한 점은 이러한 연대를 통해 국제 민간인권단체 차원에서 북한 주민의 인권 유린 책임자에 대한 처벌 문제가 활발히 제기되고 있다는 것이다. 미국 북한인권위원회 역시 보고서를 통해 주민의 기아상태를 악화시키는 북한 정권의 식량정책, 정치범수용소 내 인권침해, 외국인 납치 등은 국제법상의 범죄를 구성한다고 꾸준히 주장해 왔다. 프리덤하우스Freedom House도 북한의 정치범수용소에서 자행되는 인권억압이 국제형사재판소 관련 로마협정 제7조상의 반인도적 범죄에 해당된다고 주장하였다.

전반적으로 유엔, 관련 국가, 그리고 비정부기구 등의 북한인권정책은 북한의 심각한 인권 상황에 따라 비판과 압박 위주로 접근해왔다. 그리고 코로나19로 그동안 일부 진행된 지원과 협력도 중단되어왔다. 앞으로 북한이 보건의료, 식량 등에서 협력할 가능성은 있지만, 국제분쟁과 미중 갈등 상황, 그리고 북한의 높은 위협인식으로 국제 인권협력의 전망은 밝지 않다.

(2) 정책 평가

오늘날 국제사회가 북한인권문제를 심각하게 바라보고 있음은 부인할 수 없다. 예를 들어 그동안 주로 무력충돌이 수반된 인권침해 사태에 초점을 두고 구성되었던 조사위원회가, 처음으로 명백하고 특별한 무력충돌이 발생하지 않은 북한인권문제를 조사하기 위해 설립되었다는 점은 국제사회가 북한인권 상황을 얼마나 심각하게 다루고 있는지 알 수 있다. 그러나 지금까지 국제사회의 북한인권 대응 방식은 북한인권문제에 대한 뚜렷하고 실질적인 해결책을 제기하지 못하고 있는 것 또한 부인할 수 없는 사실이다. 실질적으로 국제사회가 할 수 있는 일도 많지 않다. 북한 정부 스스로가 변하지 않는 한 북한 주민들의 인권 개선에는 분명 한계가 있을 수밖에 없기 때문이다.

오랜 시간 국제사회는 북한을 상대로 비판과 폭로, 인도적 지원, 그리고 경제제재 등 다양한 방법으로 접근해 왔다. 그런 가운데서도 북한 정권교체나 북한의 핵·미사일 문제와 식량지원을 연계하는 식의 비인권적 접근도 눈에 띄었다. 더욱이 북한인권 조사위원회의 보고서 채택 이후 북한인권 개선을 위한 국제사회의 압력 증대와 그에 대한 북한의 반발로 북한인권문제가 정치적 갈등으로 비화되고 있다. 또 최근에는 북한의 핵능력 고도화와 그에 따른 국제사회의 대북 제재 강화로 북한인권문제에 대한 관심은 줄어드는 모습이다. 그럼에도 북한인권문제에 대한 국제사회의 목소리는 지속되고 있지만, 문제는 그에 비례해 실효적인 개선은 이루어지지 않는 현상이 나타나고 있다.

북한인권문제를 가해자 및 책임자 처벌, 그리고 이를 통한 북한체제 변화만이 해결책이라는 일방적 접근으로는 실효적 개선을 기대하기 어렵다. 기존 국제사회의 대응을 살펴볼 때 관건은 북한정부의 태도를 인권친화적인 방향으로 이끌어 내고 주민들에게 인권의식을 불어넣을 수 있느냐의 문제이다. 그런 건설적인 논의를 소홀히 하고 정치적 접근에 의존하는 것은 북한인권개선을 더욱 어렵게 할 수 있다는 점에 유의할 필요가 있다.

물론 북한정부가 인권침해의 일차적 당사자임은 두말할 필요도 없다. 그러나 동시에 자명하지만 북한인권문제의 특성상 국제사회도 책임으로부터 자유롭지 못하다. 미국을 중심으로 한 국제사회는 분단과 전쟁, 군사적 대치, 그리고 북한에 대한 고립과 제재에 참여하거나 방조해 온 것을 부인할 수 없다. 그런데 국제사회가 심판관과 같은 태도를 취하는 것은 적절한 태도가 아니다. 또 현실적으로 북한 정부야말로 주민들의 인권을 개선시킬 수 있는 일차적 책무가 있다. 결국 북한 내부로부터 인권 보호 및 정책 변화가 일어날 수 있는 방안들을 국제사회는 모색하여야 한다.

북한인권문제는 책임자 처벌 및 정의 실현이라는 외부로부터의 변화 측면에서 접근해야 할 분명한 이유가 있지만, 동시에 대화, 교류, 원조, 기술협력, 교육 등 다양한 방법을 동원한 포괄 접근이 유용하다. 북한 정부, 특히 인권정책에 직접 관련있는 관료들과, 그리고 가능하다면 주민들이 국제사회를 더 접촉해 인권개선에 유용한 정보와 제도를 습득할 수 있는 다양한 노력을 전개해 나가야 한다. 국제기구 및 국제 민간단체들이 추진할 수 있는 분야들, 예를 들어 국제기구나 북한과 수교한 나라를 통한 인권 연수, 질병퇴치를 위한 기술협력과 관련 물품 지원 등은 비록 부분적일지라도 북한 정부로 하여금 자국의 상황을 국제적 기준에서 판단하고 개선 방법을 수용할 수밖에 없도록 만든다. 그리고 이러한 협력과 대화를 통해 북한과의 접촉면을 넓혀 나갈수록 북한 내부로부터의 점진적인 변화를 가져올 수 있다. 물론 이러한 접근 방식들이 북한 주민들의 인권 개선에 기여하도록 모니터링monitoring 작업을 병행해 가야 할 것이다.

향후 국제사회에서 북한인권문제에 대한 관심이 증대함은 물론 접근의 수

위가 더 높아질 것이다. 유엔 차원의 북한인권문제에 대한 대응은 개별국가 차원에서 북한인권문제에 대한 관심 확산으로 이어질 것이며, 결국 북한인권문제는 국제사회에서 지속적으로 공론화되면서 핵심 인권 이슈로 주목받게 될 것이다. 그리고 북한인권문제에 대한 국제사회의 대응은 향후 질적으로 변화될 것이다. 북한인권조사위원회의 설립 과정에서 알 수 있듯이, 일부 국제 민간단체들이 유엔 등 국제사회에서 북한인권 관련 활동을 선도하는 현상이 두드러지고 있다. 앞으로도 북한인권 개선을 위한 행위자로서 그런 민간단체들의 활동은 더욱 확대되어 나갈 것으로 예상된다.

04
한국의
역할과 과제

● (1) 한국의 역할

냉전기 남북한 사이에 인권문제는 체제경쟁의 소재로 활용되어 왔다. 그러나 민주화, 냉전 해체, 그리고 북한의 식량난과 그에 따른 탈북자의 속출로 북한인권문제에 대한 관심과 우려가 크게 높아졌다. 냉전 해체 이후 남한은 북한과의 오랜 적대관계를 화해협력관계로 전환하고 시급한 북한주민의 경제적 생존권을 개선하는 데 역점을 두었다. 그 과정에서 북한이 민감하게 반응하고 우리와 체제를 달리해 인식의 차이를 보이는 자유권 분야에 대해서는 북한을 향해 직접 입장 표명을 하지 않거나, 한반도 평화정착을 위해 전략적인 접근을 취하기도 했다.

그러나 북핵문제의 악화와 남한 내 정권 교체, 무엇보다 북한인권상황의 개선이 나타나지 않으면서 우리정부는 북한인권문제를 공개적이고 적극적으로 다뤄 나가기 시작했다. 대통령이 북한인권문제를 언급하고 우리정부가 유엔 북한인권 결의안에 찬성 투표를 일관되게 하는 것은 그런 변화의 예이다. 그러나 이명박, 박근혜 정부에 들어서 남한의 대북정책이 압박 위주로 전개되면서 남북관계 악화를 넘어 군사적 긴장을 초래해 남북을 막론하고 한반도에 거주하는 모든 사람들의 평화적 생존권이 위협받는 상황에까지 이르렀다. 그런 조건에서 남한정부의 북한인권 관련 언급은 실효적인 개선에 뚜렷한 기여를 하지 못했다. 문재인 정부가 들어선 2017년에도 한국은 유엔의 북한인권 결의에 찬성 투표하였지만, 인도적 지원과 이산가족상봉, 그리고 남북대화가 전혀 이루어지지 않고 있다. 이후 문재인 정부는 유엔 북한인권 결의에 참여하지 않으면서 국내외적으로 비판을 받기도 했다. 이런 현상을 갖고 문재인 정부가 북한인권문제에 침묵하는 것이라고 비난할 필요는 없다. 어떤 정부이든 한국정부는 북한인권 상황에 대해서는 국제사회와 공감대를 갖고 있지만, 문재인 정부는 남북관계 개선과 비핵화를 위한 환경조성 차원에서 북한을 지목하는 방식을 자제하는 것이다.

한편, 노무현 정부 시기인 17대 국회부터 북한인권법 제정 논의가 10여 년 동안 이어져 왔다. 그러다가 박근혜 정부 시기인 2015년 후반부터 여당과 제1야당 사이의 협상이 진행돼 2016년 3월 북한인권법이 제정돼 인권침해 기록 및 보존, 인도적 지원, 인권대화, 민간활동 지원 등을 법적 근거를 갖고 할 수 있게 되었다. 그러나 이 법의 주요 기구인 북한인권재단이 뒤바뀐 여야의 입장 차이로 2023년 12월 말 현재까지 출범하지 못하고 있다.

윤석열 정부는 '담대한 구상'을 내놓으며 대북정책에서 북한인권문제의 비중을 그 어느 정부보다 높게 잡았다. 정부는 북한인권 실태를 널리 알리고, 북한에 인권 개선을 압박하고, 이를 위해 국내외에 광범위한 지지를 추구하고 있다. 특히, 고령으로 얼마 남지 않은 이산가족, 납치자, 국군포로, 억류자 문제 해결을 강조하고 있다. 그렇지만 남북 간 대결과 군사적 긴장으로 북한과의 대화 혹은 북한의 협력을 이끌어내기는 힘들어 보인다.

우리는 북한인권에 대해 왜 고민을 하는가? 첫째는 인도적인 관점에서 수십 년 가까이 절대 영양 부족 상태에 빠져 있는 북한 '사람'들의 생명과 미래에 관심이 있기 때문이다. 둘째, 북한인권을 포괄적으로 접근하되 남북 간 이질감 극복, 군사적 긴장 해소 그리고 실질적 개선 원칙을 종합 고려한 지혜가 필요하다. 셋째, 평화통일의 관점에서 북한 주민들도 통일의 한 주체인데, 절대 영양 부족상태에 빠져 있거나 노동권조차 보장되지 못한 사람과 통일을 논하는 것은 거의 불가능하기 때문이다.

북한인권을 개선하기 위해서는 우선 노약자, 영유아, 여성 등 사회적 취약계층을 주 대상으로 하는 지원 및 협력 사업을 진행해야 한다. 이를 위해서는 남북적십자사회담, 인도적 지원, 개발지원을 통해 이들의 삶의 질 개선에 주력해야 한다. 다음으로 북한과의 대화를 재개해 신뢰를 회복해야 한다. 대북지원에서 정치·안보적 논리와 인도적 관점을 분리하여 실천해 나가지 않으면, 앞으로도 인권은 정치적 소용돌이에서 벗어나지 못할 것이다. 해외 탈북자의 인권 개선을 위하여 유엔과 협력하여 외교력을 발휘하는 것이 효과적이다. 또한 국군포로 및 납북자 문제는 김대중, 노무현 정부의 방식대로 '조용한 외교'에 의해 해결을 시도하는 것이 안전한 귀환과 한국 사회에서의 재정착을 가능하게 할 수 있다. 다만, 강제송환에 대해서는 분명한 지적과 함께 재발 방지를 이끌어 내야 한다.

마지막으로 이산가족 교류 사업을 정례화하는 것은 이산가족의 행복추구권 증진을 위해서나 남북 간 신뢰회복을 위해서 시급한 일이다. 남북이 먼저 대화할 수 있어야 남북 간에 신뢰와 관련된 법제도적인 논의를 할 수 있다. 우리는 분단으로 인한 상호 적대의식으로 왜곡된 인권의식에 빠져 있었는지도 모른다. 한반도 구성원들이 진정한 인권을 향유하기 위해서는 분단과 냉전의 억압 패러다임을 통일과 평화를 향한 공존 패러다임으로 바꿔야 한다.

(2) 북한인권 개선을 위한 과제

북한인권 상황을 개선하기 위해 접근할 때 염두에 둘 가치가 있는 몇 가지 원칙을 제안하고자 한다. 첫째, 북한인권 개선의 주체는 북한이고 국제사회는 북한이 인권개선을 제대로 해 나갈 수 있도록 감시와 촉진 역할을 다해 나가야 한다. 이런 관계설정이 효과적이고 지속가능한 인권개선에 유용하다. 절대적으로 미흡한 북한의 인권개선 의지와 역량을 제고하는 방향으로 국제사회는 감시, 조력, 촉진자의 역할을 전개해 나간다. 북한의 인권상황이 대단히 열악한 만큼 북한정부에 대한 불신이 크다. 그러나 국제사회의 깊은 우려가 북한의 역할을 대신한다는 왜곡된 소명의식으로 변질될 경우 이라크, 리비아 사태처럼 반인권적인 폭력 상황이 초래될 수 있고, 무엇보다 북한의 인권 역량은 높아지기 어렵다. 북한인권은 결국 북한인들이 향유할 과제이므로 북한의 인권 역량강화에 주력해야 한다.

둘째, 북한인권문제에 대한 모든 논의와 접근은 북한의 인권상황을 '실질적'으로 개선하는 데 모아져야 한다. 인권을 명분으로 다른 목적을 추구하거나, 실효적 대책 없이 비판 일변도의 태도는 삼가야 한다. 북한 사람들의 인권 개선에 이바지하는 방향성 속에서 다양한 인권 정책과 운동은 건전하게 경쟁하고 협력할 수 있을 것이다.

셋째, 북한인권 개선에 나서는 정부와 시민사회, 한국과 관련 국가들, 국가와 국제기구 등 다차원의 행위자들이 상호보완적 관계에서 협력해야 한다. 각 행위자들은 서로가 처한 여건과 관심사, 역량을 존중하고 협력해 나갈 때 인권개선에 이바지할 것이다. 그 가운데 한국은 북한인권에 가장 적극적인 역할을 하도록 힘써 나가야 한다.

넷째, 북한인권 개선 노력은 남북관계 발전 및 한반도 평화 정착 노력과 조화롭게 추진해야 한다. 남북관계 개선과 한반도 평화는 북한인권 개선에 긍정적인 환경을 조성할 뿐만 아니라 남북 간 인도적 문제 해결과 평화적 생존권 실현 등 그 자체로 북한인권 개선의 일부를 구성한다. 또 남한이 북한인권 개선에 적극적인 역할을 수행하기 위해서도 남북 간 협력과 평화정착 노력은 긴요하다.

그럼 이런 원칙을 바탕으로 북한인권을 개선하기 위해 어떤 방향성을 갖고 나가야 할까? 첫째, 인권침해로부터의 보호와 역량강화protection and empowerment 노력을 병행해 나간다. 현실적으로 북한정부가 인권개선에 나서도록 감시와 비판, 대화와 지원, 교류와 협력을 병행해 나간다. 특히 북한정부에 인권 개선 노력과 그 역량을 제고시키는 것이 유용하다는 점을 알려주는 일이 중요하다. 북한주민의 인권의식 함양 노력을 교류협력 사업에 반영하는 것도 중요하다.

둘째, 자유권과 사회권 신장, 그리고 인도적 문제 해결을 통합적이고 균형 있게 추진해 나간다. 다방면의 북한인권을 조화롭고 실효적으로 개선하기 위해서는 각 분야의 성격에 알맞은 주제별 접근을 시도하는 동시에 이를 통합적으로 전개해 나갈 정책 틀도 필요하다.

셋째, 북한인권문제의 근본적 해결을 위해 분단·정전체제를 극복하는 노력을 기울인다. 북한인권문제의 뿌리는 북한체제와 함께 분단과 전쟁의 유산에 있다. 단기적이고 현상적인 인권문제에 대응하는 한편, 인권침해의 구조적, 역사적 원인을 해소하는 노력을 통해 인권을 비롯한 보편가치들을 한반도 전역에 구현하는 과정으로 평화통일을 추진해 나가야 한다.

넷째, 남북협력과 국제협력의 조화를 비롯해 북한인권 네트워크를 풍부하게 형성해 공동협력을 추진한다. 남한의 입장에서 북한인권 개선에 긴요한 두 축은 남북협력과 국제협력이다. 인권운동사에서 입증된 바 있는 협력망을 확대해 북한의 인권침해 중단 및 인권개선으로의 전환을 꾸준히 전개한다.

한국 입장에서 북한인권문제는 인류 보편가치를 한반도 전역에 구현하는 일이자, 그런 과제를 북한과의 화해·공존을 바탕으로 통일을 준비하는 일과 조화시켜 나가는 이중적 성격을 띠고 있다. 북한인권문제가 북한체제의 문제이자 한반도 차원의 문제인 이유가 여기에 있다.

토의주제

1. 북한인권 상황을 토론해 보고 그중 어떤 면이 가장 인상적이었는지 토론해 보자.

2. 북한인권 개선을 위한 방안들에는 무엇이 있는지 알아보고, 그중 가장 효과적인 방안은 무엇인지 그 이유를 말해 보자.

3. 북한인권 개선과 관련해 한국은 어떤 입장을 갖고 접근하는 것이 가장 적절한지 토론해 보자.

이 주제와 관련 동영상
– <북한 촬영한 재미 언론인 진천규 기자>   <최근 북한 경제 실태
(2018.1.4) (출처: JTBC 뉴스룸 인터뷰)   (출처: 민주평화통일자문회의)

– 〈지방자치단체의 남북교류협력〉
　　(출처: 민주평화통일자문회의)

· 북한 경제정책의 변화과정을 이해함으로써 대북인식의 전환을 가져오도록 한다.
· 북한 경제현실을 정확히 이해함으로써 실리적인 협력관계로 나아갈 수 있도록
　한다.
· 북한 시장화 현상을 이해함으로써 향후 구체적인 협력과 통합 가능성을 전망
　하도록 한다.
· 중앙과 지방, 정부와 민간 차원의 다채널 남북교류협력 필요성을 이해하도록
　한다.

한반도 쟁점 탐구(3) 　　진희관

북한의 경제:
교류협력

내용요약

북한의 경제 현실은 코로나19로 인해 많은 어려움이 있는 것은 사실이지만 최근 20년간 많은 변화를 겪으며 기아현상에서 벗어나고 있을 뿐 아니라 발전단계로 나아가고 있음을 인지할 필요가 있다.

김정은시대 북한의 경제정책은 과거를 답습하면서도 정통 사회주의 경제 방식의 변화를 꾀하고 있고, 경공업과 주민생활의 향상을 중요시하고 있다.

북한 주민들의 소득, 식량 생산량, 전력 및 에너지 생산에서 전반적으로 향상되었으나 최근 유엔제재, 코로나, 자연재해 등으로 다소 어려움을 겪고 있다.

북한 장마당의 시장화는 매우 활발하게 이루어지고 있으며 국가기업과 민간시장이 상호 보완적인 관계로 변화하고 있다.

해외 인력송출은 유엔제재로 중단될 상황에 있지만 이로 인해 외화를 벌어들여 왔고, 한편 노동자들의 송출은 대외적 자신감을 보여주는 것으로 평가된다.

남북경협은 중단되어 있지만, 상호 이익이 되는 부문에 대해서는 기존의 중단된 사업을 재개해 나가야 하며, 세 차례의 남북정상회담과 다양한 상호 방문을 계기로 중앙과 지방, 정부와 민간의 다양한 남북교류 채널을 통해 남북관계의 지속성을 확보해 나갈 필요가 있다.

01
북한 경제 현실과
경제정책

(1) 북한의 경제 현실

북한 주민들은 굶주리고 있고 매우 못살고 있다는 게 일반적인 생각이다. 그런데 이것은 20년 전으로 거슬러 올라가는 이야기이다. 물론 여전히 북한의 경제가 우리와 비교할 때 30배 가까이 차이 난다는 통계를 쉽게 볼 수 있을 것이다. 그러나 과거처럼 굶주리는 사람은 흔치 않다는 게 요즘 확인되는 사실이며 경제적으로도 많이 회복되고 있다. 심지어 한국산 가전제품을 살 수 있을 정도로 달라지고 있고, 예를 들면 라오스와 캄보디아와 같이 동남아의 수준까지 육박하고 있다는 것이 최근 평가라 할 수 있다.

그렇다면 이런 의문을 가질 수 있다. 우선, 2006년 10월 제1차 핵실험 이후 2017년까지 11년간 유엔안보리의 대북 결의안이 10차례 나오면서 북한을 경제적으로 압박해 왔는데 어떻게 경제가 나아질 수 있는가라는 질문이다. 유엔 결의안이 북한 경제를 압박하는 것은 사실이고 점차 강도가 높아져 온 것도 사실이다. 그러나 결정적으로 북한의 경제성장을 역행시킬 만큼 강력한 제재를 하기는 어려웠던 것이 사실이라고 봐야 한다. 안보리 상임이사국인 중국과 러시아가 대북결의안에 대해 찬성표를 던져 만장일치로 통과된 데는 그만한 이유가 있었던 것이다.

그동안의 결의안 내용을 보면 제재 리스트^{목록}와 함께 비핵화를 위한 해결 방법을 담고 있으며, 부록^{Annex}에 제재 대상^{기업, 기관, 선박, 인물, 사치품}을 포함하도록 구성한다. 다시 말해서 리스트를 통한 제재라는 점을 알아둘 필요가 있는데, 모든 것을 제재하는 '캐치올^{catch-all}' 방식이 아니라는 점이다. 즉 제재 리스트는 무기개발에 사용될 수 있는 품목에 한정된다. 만일 캐치올 방식으로 제재한다면 이것은 경제봉쇄를 의미한다. 경제를 봉쇄한다면 북한의 지도부가 아니라 우선 선량한 주민들에게 큰 피해가 갈 수 있다. 따라서 비인도적이라는 비난을 면하기 어려울 수 있어 완전한 봉쇄는 쉽지 않은 일이다.

즉 리스트에 포함되는 물건들을 제재할 뿐이며 그 외의 대상을 무역 거래하는 것은 제재를 받지 않는다. 물론 2016년 1월의 수소탄 시험과 이후 2년여에 걸쳐 ICBM을 비롯한 장거리 미사일 시험이 반복되면서 점차 제재 리스트가 많아지고 있고, 이로 인해 북한이 경제적으로 부담을 느끼고 있다는 평가가 나오고 있고 최근 다소의 마이너스 성장이 나타나고 있는 것은 사실이다. 그러나 적어도 최근까지는 북한이 어느 정도 경제가 성장할 수 있었던 것이 가능한 일이었단 점을 알아둘 필요가 있다.

다음으로 북한의 사회주의적 경제관리방식으로 과연 경제성장이 가능한가에 대한 의문이 있을 것이다. 20세기 말 사회주의 국가의 경제적 어려움은 이미 확인된 바 있고, 소련과 동유럽 사회주의체제가 붕괴되면서 사회주의 경제의 한계가 많이 알려진 바 있다. 즉 집단방식의 운영체제는 개인에게 유인 요인을 줄 수 없어서 열심히 일을 하지 않으며, ^{상대적으로} 양적인 성장만을 추구한 나머지 오랜 기간 기술축적이 되지 못해서 질좋은 상품을 만들어 내지 못하는 등 사회주의 경제의 구조적인 문제들로 인해 경제성장을 생각한다는 것은 어려운 일일 것이라는 점이다. 결국 러시아와 동유럽 국가들은 체제를 바꾸고 자본주의를 받아들이면서 변화하기 시작하였고 중국 또한 마찬가지로 '사회주의적 시장경제' 수용을 통해 많은 변화와 발전을 경험하게 된 것이 알려진 사실이다. 이와는 달리 지금까지도 북한이 사회주의체제를 개혁한다는 말은 들어본 적이 없기에 경제발전도 어려운 것이 아닐까 하고 생각할 수 있다.

그런데 최근 북한은 변화하고 있는 것이 사실이며 여러 분야에서 감지되고 있다. 제도의 변화와 함께 에너지와 식량 생산의 변화가 무엇보다 중요한 변화 요인이라 할 수 있을 것이다. 장마당(시장)에서의 경제활동과 무한 경쟁이 일반화되고 있다. 그리고 전력생산은 80년대 최대치에 다시 육박하고 있으며, 식량은 약 500만톤 내외로 수요량에 가까운 생산량을 보이고 있다. 최근 유엔 제재로 인해 해외 인력파견이 어려워지고 있지만 연간 10억 달러에 가까운 소득이 발생했고 해외 무역도 순조롭게 진행되었다. 사실상 최근 북한의 모습은 정치적으로는 여전히 사회주의를 강조하고 비사회주의적 현상을 적대시하고 있지만 경제적으로는 많은 부분에서 자본주의적 특성을 받아들여 경제발전의 동력으로 삼고 있다고 해도 무리가 아닐 것이다. 따라서 과거의 북한과 다르게 김정은 정권 출범 이후 북한은 완만하지만 발전된 결과를 보이고 있다.

(2) 북한의 경제정책

북한 경제관리방식은 사회주의 경제관리방식이다. 그 기본은 대안의 사업체계로 알려져 있는데 주된 경제정책의 하나는 전쟁 직후 1953년 8월 당 전원회의에서 제시된 국가계획경제를 바탕으로 하는 '중공업 우선, 경공업과 농업의 동시 발전' 전략이다. 다음으로 60년대 국제정세의 위기쿠바 미사일 위기, 베트남전쟁로 인해 '경제국방 병진로선'1966년, 제2차 당대표자회을 제기하였고 국가재정의 30% 가까이를 군사비로 돌리게 되었다.

그리고 사회주의 경제구조의 모습을 갖추게 된 것은 1961년 조선로동당 제4차대회에서의 선언을 통해서라고 할 수 있다. 이 대회에서 김일성주석은 '사회주의 생산관계양식'가 만들어졌다고 선언하면서 이후부터는 생산력일종의 기술력을 발전시켜 나가야 한다고 강조한 바 있다. 이때 말했던 생산관계는 바로 1958년 8월에 완성되었다고 하는 '농업협동화'와 '개인상공업의 사회주의화'라는 두 축을 말하는 것이다. 농업협동화는 모든 농토가 개인농장이 아닌 협동농장으로 바뀌었다는 것을 의미하며, 개인상공업의 사회주의화는 그동안 개인이 자유롭게 운영했던 상공업을 중단하고 국가 계획과 경영에 의해 상공업이 이루어진다는 것을 의미한다. 다만 잉여 농산물을 거래하는 농민시장만 일부 잔존했다.

· 대안의 사업체계 : 1961년 12월 김일성이 평안남도 용강군에 있는 대안전기공장을 현지 지도한 후 공장 당위원회 확대회의에서 제시한 기업소(공장)의 조직체계와 운영방식이다. 그 이전의 '공장 유일관리제'가 위계별 결재 선상에 있는 1인이 모든 것을 좌우하면서 탁상공론식의 명령만을 하달하는 지도관리 체제로 비판되었고, 직접 현지에 가서 노동자들과 소통을 통해 사업을 전개해야 한다는 내용의 관리방식을 의미한다.

그러나 90년대 소련의 붕괴와 사회주의 개혁개방 이후 북한의 시장도 변화했다. 농민시장은 장마당이라는 이름으로 농산물 이외의 공산품과 쌀을 비롯한 전략물자가 거래되기 시작하였고 2000년대에 이르러서는 합법적인 시장으로 변모한 것이다. 한때 노동력 확보를 위해 상인의 나이를 40세 이상으로 제한하려는 움직임도 있었지만 2015년 이후에는 다시 해제한 것으로 알려지고 있다. 요컨대 지금의 북한은 사회주의적인 경제구조가 해체되는 과정을 걷고 있으며 자본주의화, 시장화되어 가고 있다.

또한 김정은 정권 이후에는 약 5년간 변형된 병진노선의 모습을 전개하기도 했다. 바로 2013년 3월 당중앙위원회 전원회의에서 결정된 '경제건설 및 핵무력건설 병진로선'이다. 이것은 과거의 병진노선을 답습하면서도 변형된 모습을 띠고 있다. 김일성의 병진노선은 국방예산을 두 배로 늘린다는 점에서 병진이란 명칭으로 제기된 것인데, 김정은의 병진로선은 핵무기개발을 통해 재래식 군비를 줄이고 경제건설에 더 많은 예산을 투입하겠다는 반대의 전략이라 할 수 있다. 핵개발에 더 많은 군비가 소요될 것이라 생각하기 쉽지만 북한 자체기술로 만들고 있어서 해외로 지출되는 로열티가 없으며 우라늄을 포함해서 모든 금속이 북한에서 생산되고 있기 때문에 미사일의 액체연료 외에는 수입할 필요가 없다. 또한 과학자들의 인건비가 매우 저렴하기 때문에 전체적으로 개발비용은 자본주의 국가의 핵 미사일 개발비용과 비교가 안 될 정도라 할 수 있다. 그럼에도 불구하고 적지 않은 비용이 소요되겠지만 재래식 군비를 마련하는 것보다 상대적으로 비용이 적게 든다는 것이 북한 지도부의 판단으로 보인다.

· 재래식 군비 : 재래식 무기에는 전투기, 탱크(전차) 및 대포 등 매우 고가의 첨단무기들이 포함되며 최첨단 전투기를 구매하려면 최소 60여 대를 구입하여야 안정적 운영이 가능한 비행단을 만들 수 있고 대당 가격이 한화로 1,500억 원이 넘어 이에 소요되는 비용이 최소 10조 원에 이른다고 한다. 최첨단 탱크로 구성된 기갑여단은 최소 수백대가 필요한데 대당 가격이 80억 원이 넘으며 최소 2~3조 원이 필요하다.

그리고 재래식무기를 개발하는 중공업을 중시하는 것이 아니라 첨단과학기술과 경공업 발전을 중시하는 정책으로 변화하고 있다. 그래서 강조되는 단어가 '인민경제생활 향상'이다. 2016년 5월 조선로동당 제7차 대회에서 김정은 위원장은 5개년전략 수행기간의 목표로 "당의 새로운 병진로선을 틀어쥐고 에네르기^{에너지}문제를 해결하면서 인민경제 선행부문, 기초공업부문을 정상궤도에 올려세우고 농업과 경공업생산을 늘려 인민생활을 결정적으로 향상시켜야" 한다는 점을 강조한 바 있다. 그러나 이제 북한은 병진로선마저도 중단하였다. 2018년 4월 당 7기 3차 전원회의를 개최하여 병진로선을 '결속^{종결}'하고 경제건설에 집중할 것이라고 노선 전환을 선포했다. 또한 2021년 1월 조선로동당 제8차 대회에서도 자립적 국방공업의 발전을 언급하긴 했지만 자력갱생을 강조하였고 더 이상 병진노선에 대한 언급은 없었다.

이와 같이 지금 북한의 경제구조를 평가하면 전통적인 사회주의 경제관리방식, 경제구조와 현저히 다른 모습을 보이고 있다. 그리고 경공업을 발전시켜소비품의 질과 양을 확대하는 데 관심이 크며, 농업의 성장을 통해 전반적으로일상생활이 상대적으로 나아질 수 있도록 하는 데 정책의 방향이 집중되고 있다.

02
북한 경제의 성장도

• (1) 소득의 성장

다음 표에서와 같이 한국은행의 통계를 보면 북한의 1인당 GNI가 지난 9년 동안 소폭 증가한 것을 확인할 수 있다. 특히 2006년 한국은행 통계에서 GDP 1,075달러로 발표한 것에 비하면 단순 비교할 경우 약 20.7%의 증가를 의미한다. 특히 1990년대 중반 이후 고난의 행군시대와 비교한다면 많은 차이가 있음을 알 수 있다. 한국은행 통계에 의하면 고난의 행군 마지막 시기인 2000년 1인당 GNI가 757달러에서 2018년 1,298달러로 71.5% 증가한 것으로 나타나고 있다.

유엔제재와 코로나, 자연재해 등 3중고로 인해 최근 3년간 다소 감소했지만, 과거 20년 전의 고난의 행군시기와 지금의 북한을 동일시해서 평가하고 대응책을 생각한다면 착오가 발생하게 된다. 북한의 한 가구당 한 달 평균소득이 한화로 약 50만 원 정도에 이르고 있으며 이는 해외의 전자제품을 구입할 수 있는 구매력을 가지고 있다는 것을 의미한다는 점에서 관심의 요구되는 수준에 이르렀다고 볼 수 있다.

북한의 인구, 명목 GNI, 1인당 GNI, 경제성장률

	단위	2022	2021	2020	2019	2018	2017	2016	2015	2014	2013	2012	2011	2010
인구	천명	25,660.4	25,484.1	25,367.9	25,250.4	25,132.3	25,014.2	24,896.6	24,779.4	24,662.5	24,545.3	24,427.4	24,308.0	24,186.6
명목 GNI	십억원	36,704.2	36,253.2	34,970.4	35,561.6	35,895.1	36,630.8	36,373.3	34,512.0	34,235.9	33,844.0	33,479.0	32,438.3	30,048.7
	(억달러)	284.1	316.8	296.3	305.1	326.2	323.9	3133.4	305.0	325.1	309.1	297.1	292.7	259.9
1인당 GNI	만원	143.0	142.3	137.9	140.8	142.8	146.4	146.1	139.3	138.8	137.9	137.1	133.4	124.2
	(달러)	1,107.0	1,243.0	1,168.0	1,208.0	1,298.0	1,295.0	1,259.0	1,231.0	1,318.0	1,259.0	1,216.0	1,204.0	1,074.0
경제성장률	%	-0.2	-0.1	-4.5	0.4	-4.1	-3.5							

주: 한국은행 자료는 본래 원화 기준으로만 되어 있으나, 편의상 이를 한국은행에서 제공하는 환율을 이용하여 달러로 전환한 수치 역시 제공함.

출처: 한국은행, 검색일: 2023. 12. 1.

(2) 식량생산의 정상화

또한 지난 20년간 식량생산량 증가 역시 주목할 만하다. 평균생산량을 보면 1995년에 300만톤 겨우 넘었던 식량생산량이 2014년에는 500만톤에 육박하고 있다. 더욱이 최근 한국개발연구원이 조사한 통계에 의하면 2016년 생산량은 515만톤이며 20만톤을 수입하고 나면 부족분은 25만톤 가량으로 4.6%에 불과할 만큼 사정이 크게 변하였다. 식량생산 면에서도 과거의 경제난 이전으로 회복되고 있으며 오히려 부식이 다양해지면서 식량문제는 해결국면으로 접어들었다는 평가를 받고 있다.

북한의 식량 생산 및 소요량 추이(2012-21년)

(단위: 만톤)

구분		2012	2013	2014	2015	2016	2017	2018	2019	2020	2021
생산량	농진청[1]	467	480	480	451	482	470	455	461	440	469
	FAO[2]	513	521	526	477	478	452	397	529	489	n.a.
소요량[3]		573	575	578	581	584	586	589	592	595	597
부족량	농진청 기준	106	95	98	130	102	116	134	131	155	128
	FAO 기준	60	54	52	104	106	134	192	63	106	n.a.

자료: 1) 농촌진흥청, 북한 식량작물 작황 추정에 관한 보도자료, 각년도.
    2) FAOSTAT: 단, 2020년 수치는 FAO의 2020/21년 수급 전망치 자료를 차용(FAO GIEWS Update, 14 June 2021).
    3) FAO의 2020/21년도 북한 식량 소요량 추정치를 이용(FAO GIEWS Update, 14 June 2021), 각년도 수치는 인구에
      비례해 산출.
출처: 김영훈, "북한 식량·농업의 동향과 전망,"『KDI북한경제리뷰』2023년 1월, p.70.

20년간 북한의 식량생산량과 수입량

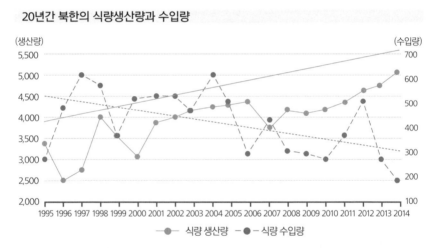

출처: FAOSTAT (http://www.fao.org/faostat/en, 검색일: 2017. 4. 13), UN Comtrade(https//comtrade.un.org,
    검색일: 2017. 4. 17).

     이처럼 식량증산의 결과는 북한주민들의 식생활에 바로 나타나고 있음을 확인할 수 있다. 서울대 통일평화연구원이 최근 10여 년간 매년 탈북자들을 조사분석한 결과에 따르면 탈북 직전 하루 세끼를 먹었다는 대답이 90% 가까이에 이르고 있다. 더욱이 지난 5년간 평균 88%를 유지하고 있으며 그 이전과 비교할 때 10% 이상 높은 수치라는 것을 확인할 수 있다. 그리고 주식이 강냉이가 아니라 쌀이라는 대답이 57.6%에 이르고 있다는 놀라운 변화도 확인되고

있다. 강냉이만 먹었다는 대답은 10.6%에 그치고 있다최근 5년 평균, 2015~2019. 육
고기 섭취 횟수가 일주일에 1~2회가 넘는다는 대답이 53.3%에 이르고 있다.
이처럼 유엔의 식량생산량 통계가 식생활의 변화로 고스란히 나타나고 있는 것
을 확인할 수 있다.

(3) 전력생산의 증가

에너지 소비에서도 많은 변화가 나타나고 있다. 발전량은 북한의 공장가
동률과 밀접하고 90년대 중반의 고난의 행군시기의 수력 화력발전량의 저하는
비료생산 감소로 이어지고 농업생산에 심각한 영향을 미친 바 있다.

북한 전력공급 추이

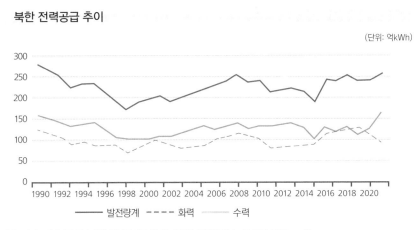

(단위: 억kWh)

출처: 신정수, "팬데믹 전후 북한 에너지 수급 변화", 『KDI북한경제리뷰』 2023년 9월호, p. 81.

그림에서 보듯이 북한은 사회주의권이 해체되기 이전까지 에너지 수급이 원
활했다고 평가되지만, 고난의 행군 시기인 90년대 중반에 에너지난을 경험하게
되었다. 이후 점차 증가하였고, 다소 하락하다가 2016년을 기점으로 다시 상승하
고 있음을 알 수 있다.

최근 보도를 통해서도 북한의 수력발전소가 꾸준히 건설되고 있고 채탄량
의 증가로 인해 화력발전소의 발전량이 늘어날 것이라는 것을 예측할 수 있을
것이다.

북한의 **장마당** 현황과 시장화

(1) 장마당 현황

통일연구원의 분석^{2023. 5}에 따르면 북한의 종합시장 총 개수는 414개로 집계되었다. 북한의 도별^{9개 도, 평양직할시, 남포특별시, 나진특별시} 평균 시장 개수는 31.8개로 나타났다. 도별 시장 분포를 보면, 평안남도에 68개의 시장이 입지하고 있어 압도적 우위를 나타냈다. 평양직할시 31개와 남포특별시 21개를 평안남도에 포함시킬 경우 119개로 전체 시장 414개의 28.7%가 평안남도 지역에 위치한다. 다음은 평안북도 50개, 함경남도 48개, 함경북도 46개 순이었으며, 나선과 개성을 제외하면 양강도는 18개로 상대적으로 가장 적은 수의 시장이 입지하고 있었다.

장사활동 경험 유무

장사경험	조사연도									
	2011	2012	2013	2014	2015	2016	2017	2018	2019	2020
있다	71.3	69.8	74.4	69.8	76.7	68.8	69.7	60.9	64.7	**63.3**
없다	28.7	30.2	25.6	30.2	23.3	31.2	30.3	39.1	35.3	**36.7**
합계(빈도)	101	126	133	149	146	138	132	87	116	**109**

출처: 서울대 통일평화연구원

시장 전체 면적의 총합은 58만 8,524평, 시장 1개 평균면적이 1,420평이며 전체 매대수가 115만 3,722개이고 1개 시장당 평균 2,787개의 매대가 있는 것으로 추산할 수 있다. 그리고 시장 관리 인원이 6,590여 명으로 추산되며 이 숫자를 매대수와 합치면 최소 116만 명 가량이 시장에 종사하고 있는 것으로 볼 수 있다. 현재 종합시장에서 매대 장사가 가능한 경제활동 인구를 통계청의 2021년 통계자료를 보면 14,416명으로 여성비 51.1%를 적용하면, 매대 장사가 가능한 여성인구는 736만 6,576명으로 볼 수 있다. 따라서 이들 중 약 15.8%에 해당하는 116만 명이 종합시장에 종사하고 있다고 볼 수 있다. 물론 남성 종사자도 있으나, 대체로 시장관리소 인력에 해당하기 때문에 시장 관련 종사자의 대부분은 여성이 차지하고 있다고 할 수 있다. 최근 탈북자들을 조사해 보면 약 68%가 장마당에서의 장사경험을 가지고 있다. 이는 최근 탈북자의 58%가 여성으로 이루어졌다는 점과 20~50대 탈북자가 96%로 가장 많다는 점들이 복합적으로 작용했을 것이라고 볼 수 있다. 요컨대 탈북 여성 상당수는 장마당 경험이 있다고 할 수 있다.

비공식 소득 수준

비공식수입	조사연도									
	2011	2012	2013	2014	2015	2016	2017	2018	2019	2020
0원	18	21	32	33	24	32	18	18	26	31
1000원 이하	6	0	3	4	0	2	1	0	0	4
5000원이하	7	2	0	2	0	1	4	1	1	1
1만원 이하	2	2	3	2	0	1	0	1	0	1
10만원 이하	18	25	9	26	9	11	11	14	8	8
50만원 이하	19	44	52	43	43	37	45	27	38	26
100만원 이하	6	8	10	17	36	33	18	12	16	12
100만원 초과	6	7	19	15	34	22	35	13	27	16
무응답	23	18	2	2	–	–	–	1	–	10
합계	105	127	133	144	146	138	132	87	116	109

출처: 서울대 통일평화연구원

(2) 북한의 시장화

최근 탈북자들의 소득을 분석해 보면 공식소득은 78.9%가 북한화 5천 원이하^{이 중 절반인 55%는 0원}에 불과한 데 반해, 비공식소득^{장마당 등}은 북한화 50만 원 이상이 49.5%, 10~50만 원 사이가 7.3%로 나타나고 있다. 이 통계가 의미하는 것은 국가의 월급으로 생활하는 사람이 거의 없음을 말해준다. 즉 대부분은 비공식 벌이를 통해 경제생활을 유지하고 있음을 알 수 있다. 이것은 북한 사회에 개인 상업이 성행하고 있고 시장화가 활발히 진행되고 있음을 의미한다. 더구나 장마당에서의 소매가격은 국가의 계획경제의 지시를 받는 것이 아니며 수요와 공급에 의해 가격이 형성되고 있다.

쌀의 시장가격 변화 추이를 보면 2020년 1월 2023년 6월까지 기간 중 1kg에 4,000원~6,000원까지 시시각각 변화를 보이고 있으며 대략 5,000원을 기준으로 가격이 변동하고 있다. 이것은 국가에 의해 가격이 정기적으로 조절되는 방식이 아니라 시장에 의해 가격이 형성되고 있다는 것을 보여주는 예라고 할 수 있다. 이 밖에도 옥수수 및 곡물과 육류를 비롯한 대부분의 상품들이 시장에 의해 가격이 형성되고 있음을 확인할 수 있다.

이와 같이 북한의 경제는 국가가 방침을 정할 뿐, 대부분의 상품에 대한 가격이 시장에 의해 결정되고 있다. 그리고 대자본에 의한 상품생산의 경우 국가의 투자로 이루어지지만 '소상품경리'는 사적으로 만들어지고 유통, 판매가 이루어지고 있음을 알 수 있다. 그리고 개인의 소득은 국가가 책임지는 것이 아니라 개인의 상공업 능력에 따라 달라질 수 있다. 이러한 북한의 시장화는 점차 확대되는 추세에 있다.

현재도 북한당국은 매년 생산 관련 계획을 수립하여 국영 공장·기업소들에게 하달하고 있는 것으로 파악되고 있지만 오히려 생산에 필요한 원자재를 제공하지 못하는 상황에서, 국영부분의 공장·기업소들은 국가에서 받은 계획분^{생산계획과 액상계획}을 달성하기 위해서 시장을 활용하고 있다. 이에 따라서 원자재의 구입을 포함해서 상품의 판매와 자금의 조달 등이 시장영역을 통해서 이루어지게 되며, 국영부문이 시장에 의존하는 현상도 지속적으로 증가하게 되고 있다. 즉 국영과 사영의 보완적 형태로 경제가 운영된다고 평가할 수 있을 것이다.

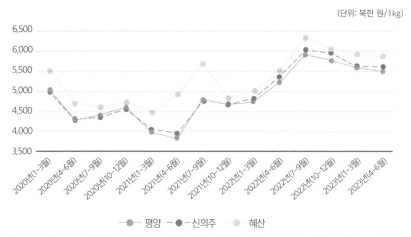

쌀의 시장가격 변동(2020-2023년)

(단위: 북한 원/1kg)

출처: 이지선, "높은 쌀 자급률에도 불구하고 왜 북한주민들은 식량난을 경험하는가?", 『KDI 북한경제리뷰』 2023년 9월, p. 31.

(3) 북한의 해외인력 송출과 외화 수입

유엔 북한인권 특별보고관의 2015년 보고서에는 북한의 해외인력 송출로 벌어들이는 외화수입이 연간 12억 달러에서 23억 달러한화 1~2조 원에 이른다고 밝힌 바 있다. 그리고 2017년 통일연구원의 추산으로는 약 10만여 명이 해외로 송출되어 있다고 한다. 물론 유엔결의안 제2375호2017.9로 인해 해외 송출인력은 계약기간이 만료될 경우 신규승인이 불가하도록 조치되어 급격한 감소가 예상되었고, 제2397호2017.12 8항은 채택일로부터 24개월 이내, 즉 2019년 12월 22일까지 유엔 193개 회원국 내 북한 노동자들의 본국 송환을 의무화하여 현재 합법적인 해외 송출인력은 없다고 볼 수 있다.

북한의 해외송출 인력의 역사는 확인되지 않지만 매우 오래전부터 있어 왔다. 다만 매우 소수 전문가 또는 단순노무자들의 제한적 송출이 있었는데 예를 들면 중동의 공사현장, 러시아 밀림의 벌목공으로 파견하는 것이 일반적이었다. 그러나 김정은 시대 이후 해외 인력 송출은 일반 공장노동자들을 다양한 국가에 파견하고 있으며 그 규모도 급증세를 보인 바 있다. 이것은 경제적인 국가이익을 위한 정책이면서 다른 한편으로는 주민들을 해외로 보낸다는 점에서 체제에 대한 일종의 자신감의 표현이라 해석할 수 있을 것이다. 초기에는 제한된 공간에서의 노동활동과 일상생활이 영위되도록 통제하는 형태를 띠었다면 최근의 송출인력들은 상대적으로 자유롭게 해외생활을 하고 있는 것으로 확인된 바 있다. 더욱이 통제를 한다고 해도 해외에서 보고 들은 것을 모두 통제할 방법은 없을 것이다.

이처럼 북한은 국가경제를 위해 인력의 송출을 전개하면서 동시에 폐쇄된 현상을 변화시켜 나가고 있는 특징을 보이고 있다. 다만 이들 노동 인력들이 벌어들이는 소득에 대한 분배와 세금의 문제에 대해서 주목할 필요가 있을 것이다. 노동 인력들이 노동한 만큼의 충분한 대가를 받았는지, 그리고 송출과정에서 비인권적인 계약이 이루어지는 것은 아니었는지 등에 대해 확인이 필요하다.

북한 해외 노동자 송출 국가 및 인원: 기관별 추정치

연도	관련 보고서	기관	국가 및 인원 추정치
2012	The Conditions of the North Korean Overseas Labor	Int'l Network for the Human Rights of NK Overseas Labor(INHL)	· 40개국, 60,000~65,000명
2013	해외파견 북한 근로자 현황	외교부	· 40개국, 46,000명 · 중국(19,000), 러시아(20,000), 몽골(1,800), 아프리카 등
2014	UN 북한인권조사위원회 보고서와 그 이후의 북한 인권	아산정책연구원	· 16개국, 52,300~53,100명 · 러시아(20,000), 중국(19,000), 몽골(1,300~2,000), 쿠웨이트(5,000), UAE(2,000), 카타르(1,800), 앙골라(1,000) 폴란드(400~500), 오만(300), 말레이시아(300), 리비아(300), 미얀마(200), 나이지리아(200), 알제리(200), 적도기니(200), 에티오피아(100)
2015, 2016	북한 해외노동자 현황과 인권실태, 북한 밖의 북한	북한인권정보센터	· 러시아, 중국(19,000), 쿠웨이트(3,500~5,000), UAE(2000), 카타르(1,800, 매년 680명 신규인력), 오만(300), 폴란드(800~1,000), 몰타(40), 체코, 루마니아, 불가리아, 인도네시아, 싱가포르, 말레이시아(400~500), 알제리, 리비아, 나이지리아, 에티오피아, 앙골라, 적도기니
2016	North Korean Forced Labor in the EU, the Polish Case	네덜란드 라이덴대학 아시아 센터	· 폴란드(2008~2015년, 총 2,783건 취업허가증 발급) · 오스트리아(104~111)
2016	인신매매 보고서 (Trafficking in Persons Report)	미국 국무부	· 러시아, 중국(송출 규모 가장 큰 국가) · 중동, 아프리카, 유럽, 아시아 국가
2016	북한 해외노동자의 인권 세미나 주제발표	통일연구원	· 20~40개국, 110,000~123,000명 · 중국(70,000~80,000), 러시아(30,000), 쿠웨이트(40,000~50,000), UAE(20,000), 카타르(1,800), 몽골(1,300~2,000), 폴란드(400~800), 말레이시아(400), 리비아(300), 오만(300)

주: 1) 북한 해외 노동자에 대한 여러 자료들과 언론 보도들이 존재하지만 김정은 정권이 시작된 2011년 12월 이후 발표된 보고서를 중심으로 송출 국가와 인원 추정치를 정리함.
　　2) ( ) 안의 숫자는 각 국가의 북한 노동자수 추정치이며 단위는 명임.

출처: 『KDI북한경제리뷰』, 2017년 2월호, p. 104.

04
남북교류
협력의
현황과 전망

● **(1) 남북교류협력 현황**

남북교류협력이란 남북 정부 또는 민간 사이에 상호 주고받으면서 밀접한 관계를 가지고 상호 도움을 주는 행위양식이라고 정의할 수 있을 것이다. 이러한 남북 간의 교류협력은 노태우 정부 시기인 1988년 7월 7일 '민족자존과 통일번영을 위한 특별선언이하 7.7선언'이 발표되면서 개막을 예고했다. 그리고 1990년 8월 '남북교류협력에 관한 법률'이 제정됨으로써 제도적으로 안정적인 모습을 띠게 되었다. 이러한 노력은 1993년 북한이 NPT를 탈퇴함으로써 일시적 위기를 마련하기도 하였지만 이듬해 10월 제네바에서 핵문제가 타결됨으로써 남북경협의 토대가 마련되기에 이르렀다.

김대중 정부가 출범하자 1998년 4월 '남북경제협력 활성화 조치'가 발표되고 이듬해 10월 '남북경제교류협력에 대한 남북협력기금 지원지침'을 제정하였으며, 2000년 6.15 공동선언으로 남북경협은 새로운 발전 국면으로 접어들게 된 것이다. 또한 노무현 정부는 김대중정부에서 합의한 개성공단 가동을 위해 전격적으로 추진하여 2004년 12월 첫 상품이 생산되는 성과를 거두었다. 또한 그간의 변화 상황을 반영하기 위해 관련 법률을 개정(2005.5)하고 북한 주민접촉 승인을 신고제로 완화하는 등 교류협력 절차를 간소화했다. 그리고 동년 12월 '남북관계 발전에 관한 법률'이 제정 및 시행되면서 남북관계는 급속히 발전되어 갔다.

이명박 정부에서도 법제를 정비하는 등 남북교류협력을 위한 노력을 전개하였지만 금강산관광객 사건과, 천안함 사건에 이은 5.24조치로 인해 개성공단을 제외한 대부분의 교류협력사업이 중단되었고, 박근혜정부에 이르러서는 북한의 핵실험과 장거리 로켓 발사로 인해 개성공단마저 전면중단 함으로써 남북교류협력은 완전 중단된 사태를 맞고 있었다. 그러나 2018년 문재인 정부는 세 차례의 남북정상회담을 추진하였고 '4.27 판문점공동선언'과 '9월 평양공동선언'을 통해 "상호호혜와 공리공영의 바탕위에서 교류와 협력을 더욱 증대"시키기로 약속하고 새로운 교류협력 시대를 준비해 왔다. 2019년 이후 반입반출 건수가 전년 대비해서 감소 추세이나 2017년을 대비할 경우 7배, 4배 가량 증가한 수준을 보이고 있다.

남북교역 현황

(단위: 백만 달러, %)

	2007	2008	2009	2010	2011	2012	2013	2014	2015	2016	2017	2018
반입	765 (47.3)	932 (21.8)	934 (0.2)	1,044 (11.7)	914 (−12.5)	1,074 (17.5)	615 (−42.7)	1,206 (96.1)	1,453 (20.4)	186 (−77.3)	0 (−100)	11 (110)
반출	1,033 (24.4)	888 (−14.0)	745 (−16.1)	868 (16.6)	800 (−7.8)	897 (12.1)	521 (−42.0)	1,136 (118.3)	1,262 (11.1)	146 (−79.6)	1 (−99.3)	21 (200)
계	1,798 (33.2)	1,820 (1.2)	1,679 (−7.8)	1,912 (13.9)	1,714 (−10.4)	1,971 (15.0)	1,136 (−42.4)	2,343 (106.2)	2,715 (15.9)	332 (−78.4)	1 (−99.7)	31 (300)

주: 1) 한국 정부는 북한과의 거래를 민족 간 내부거래로 보고 관세 대상에서 제외시키기 때문에 수입·수출이라는 용어 대신 반입·반출이라는 용어를 씀.
　　2) ( ) 안은 전년동기 대비 증가율을 의미함.

출처: 통일부 월간남북교류동향 각월호

형태별 남북교역

(단위: 백만 달러)

구분	남북교역 유형	2007	2008	2009	2010	2011	2012	2013	2014	2015	2016	2017	2018
반입	일반교역·위탁가공	645	624	499	334	4	1	1	0	0	0	–	–
	경제협력	120	308	435	710	909	1,073	615	1,206	1,452	186	–	–
	비상업적 거래	–	–	–	–	1	–	–	0	0	–	0	11
	반입 합계	765	932	934	1,044	914	1,074	615	1,206	1,452	186	0	11
반출	일반교역·위탁가공	146	184	167	101	–	–	–	–	–	–	–	–
	경제협력	520	596	541	744	789	888	518	1,132	1,252	145	–	–
	비상업적 거래	367	108	37	23	11	9	3	4	10	1	1	21
	반출 합계	1,033	888	745	868	800	897	521	1,136	1,262	146	1	21

주: 경제 협력은 개성공단, 금강산관광 및 기타경제협력을 의미함.

출처: 통일부 월간남북교류동향 각월호

남북경협이 가지는 의미는 적지 않고, 한반도의 안정을 위해서도 중요하다는 점에서 볼 때 보다 적극적으로 고려해 나가야 할 것이다.

우선, 남북경협은 경제적인 이익을 가져다줄 수 있다. 2015년 개성공단의 교역액이 반입, 반출액 합계 27억 달러에 이르렀다. 그리고 5.24조치 이전 2007년 남북위탁가공 교역액이 8억 달러에 이르렀다. 이 밖에도 금강산관광으로 강원도의 접근도로 인근의 가게에도 적지 않은 매출이 이어졌던 경험이 있다.2007년 34만 5천여 명 관광. 오히려 금강산관광이 중단되어 최소 1천 100억 원, 업체당 평균 40억 원 가량의 손실이 발생하게 된 점을 볼 때 역으로 재개되었을 경우의 이익은 그 이상이라고 할 수 있을 것이다. 북한은 2015년에 개성공단의 교역액 중 27분의 1인 1억 달러를 임금으로 가져갔지만, 우리 기업인들에게는 더 큰 이익이 있었던 것이 사실이다.

둘째, 국가의 대외 신인도 측면에서 중요하다. 당초 한국경제는 남북대립으로 인해 '코리아디스카운트'의 영향으로 저평가될 수밖에 없는 구조에 있으며, 남북관계가 위기로 접어들 때마다 국가 신용등급에 부정적인 영향을 미치게 된다. 개성공단 폐쇄 직후 무디스(Moody's)는 "국가신용에 부정적 영향을 줄 것"이라고 언급한 바 있다. 그러나 남북경협이 활성화되고 긴장이 완화될 경우 결과는 그 반대로 나타나게 될 것이다. 이처럼 남북경협이 우리에게 가져다 주는 소득은 적지 않다. 이 밖에도 군사안보적으로도 매우 중요하다.

(2) 금강산관광과 개성공단의 현황

금강산관광은 박정희정부 당시 70년대 초 남북대화 과정에서 논의되었던 것으로 알려지고 있는데 실질적인 성과가 나타난 것은 노태우 정부 시기이다. 정주영 현대그룹회장의 방북으로 1989년 1월 23일 '금강산 남북공동개발의정서'가 체결되었다. 이후 김영삼 정부 시기 북한의 제1차 핵위기로 인해 관계가 악화되면서 전개되지 못하였고 94년 10월 핵문제가 타결된 이후 98년 김대중 정부 출범으로 같은 해 11월 18일 금강호의 첫 출항이 이루어지면서 금강산관광의 막이 올랐다. 2008년 7월 관광객 박왕자 씨 피격사건으로 중단되어 15년째 재개되지 못하였는데 이때 시작된 개성관광 역시 11개월 만에 막을 내리게 되었다. 금강산관광은 총 193만여 명이 다녀왔고 가장 많았던 2007년에는 34만 5천여 명, 하루 평균 1천 명이 금강산에 다녀왔으며 2박 일정일 경우를 추산하면 대략 1천 5백 명의 남한사람이 매일 금강산에 체류하고 있었다고 할 수 있다. 개성관광은 2005년 시범관광 1천 5백 명을 포함하여 2007년 말부터 11개월간 11만 2천여 명이 다녀왔다.

개성공단은 6.15 남북공동선언 합의로 시작된 사업이다. 총 2천만 평의 부지로 조성되어 1단계 사업이 100만 평 부지에 진행되었는데 2004년 12월에 가서 첫 제품이 생산되었고 2016년 2월 10일 전면 중단될 당시 123개 기업이 조업을 하고 있었다.

금강산관광과 개성공단 조업으로 적지 않은 기업들이 경제적 이득을 얻었지만 중단으로 인해 그 손실이 막대한 것으로 평가되고 있다. 그리고 이 두 사업은 경제적인 평가뿐 아니라 군사안보적인 측면에서 중요한 의의를 가지는 것으로 평가되고 있다. 금강산관광으로 인해 북한의 고성 장전항에 있던 인민군 해군함대가 100km 북쪽 원산 인근으로 후퇴하였고, 개성공단 개발로 인해 최전방에 있었던 인민군2군단 기갑사단과 보병사단, 포병여단이 송악산 북쪽 약 5~10km 후방으로 재배치되었다.

중단된 이 두 사업은 유엔의 제재에 의해 새롭게 재개하는 것이 쉽지 않다는 전망이 나오고 있지만 신규 사업이 아니라는 점에서 그리고 우회하는 방법 등의 모색을 통해서 재개의 여지는 여전히 남아 있는 것으로 평가되고 있다.

(3) 민간과 지방의 남북교류협력 현황과 과제

2010년 5.24조치로 인해 남북교류협력이 중단되면서 민간과 지방의 남북교류협력 역시 대부분 중단된 상태에 있다.

지방의 남북교류 목적은 남북 동질성 회복과 화해 및 통일에 기여하고자 하는 명분과 함께 지역별 특성과 사업추진 현황 및 시기에 따라 다양하게 전개되어 왔다. 지방의 남북협력 사업은 1999년 제주도가 북한에 감귤 100톤을 지원한 것이 첫 시작이다. 제주도의 감귤지원사업은 초기부터 과잉 생산된 감귤의 가격 조정 기능에 대한 관심에서 시작되었다. 비슷한 시기인 1998년 강원도가 관련 조례를 제정하고 남북교류 사업을 시작하면서 상당수 자치단체들이 자매결연 사업에 관심을 보이게 되었다. 강원도 역시 솔잎혹파리 방제사업을 남한에만 전개해서는 효과를 거두기 어렵다는 현실적인 문제로 인해 북측 강원도와 공동으로 사업을 추진하면서 교류협력사업이 전개된 것이다. 이와 같이 지방의 남북교류협력 사업은 지역의 필요에 의해 전개된 성격을 띠고 있다.

또한 강원도, 경기도, 인천시 등은 지자체가 중심이 되어 사업을 진행한 반면, 제주도, 전남, 전북, 경남 등은 민간단체가 사업을 추동한 것으로 평가된다. 경기도 및 강원도는 남북교류 전담 부서가 있고, 통일부와 인력교류를 실시하고 있기도 하였다. 대부분 지자체의 경우 민간단체와 연계를 통해 사업을 추진하고 있으나, 강원도 등 일부 지자체는 별도의 민간단체를 설립하기도 하였다.

지방의 남북교류가 증가하면서 사업 추진 근거가 되는 관련 조례 제정과 기금 조성 등이 점차 이루어져 갔다. 많은 수의 광역 및 기초 자치단체들이 남북교류협력조례를 제정하여 2018년 12월 기준 광역 자치단체가 17개, 기초 자치단체가 37개 조례를 제정하였다.

지방의 대북사업은 대표적인 인도적 지원단체인 우리민족서로돕기와 북민협(대북협력민간단체협의회) 그리고 반관반민 단체라 할 수 있는 민화협(민족화해범국민협의회) 등의 도움으로 지속성을 이어왔는데 이러한 단체들은 향후 남북관계의 다양한 채널을 만들어 나가는 데 기여할 것으로 평가되고 있다.

앞서 살펴본 바와 같이 북한의 경제는 최근 발전 추세에 있다. 그리고 경제규모가 커지고 있으며 동시에 북한주민 개개인의 구매력이 증가하고 있다. 따라서 향후 북한 사회에는 많은 재화와 용역이 필요하며 이는 자체 생산만으로 부족할 가능성이 높다. 이러한 점에서 남북교류사업이 전개될 경우 남북 상호에게 주는 이익이 적지 않을 전망이다. 그리고 남북교류협력은 중앙 정부의 사업만으로 발전시키는 데 한계가 있으며, 기업과 민간, 지방의 요구들이 종합될 필요가 있을 것이다. 즉 다양한 요구들이 남북채널에 반영되어 다양한 이익을 창출해 내는 방법이 추진될 필요가 있다.

물론 2019년 2월 하노이 북미회담의 결렬로 인해 남북관계에도 많은 어려움이 있었던 것이 사실이다. 그러나 어떤 상황에서도 관계개선을 위한 노력은 필요하다. 그리고 지자체를 남북교류협력사업의 행위 주체로서 인정하는 남북교류협력법 개정이 2020년 12월에 이루어져 앞으로 좀 더 추진력을 가질 수 있을 것으로 기대되고 있다. 여전히 제도적 보완이 필요하지만 이제 중요한 것은 민간과 지방이 스스로 얼마나 관심을 가지고 준비하느냐에 달려 있다. 이에 따라 앞으로 북미관계가 개선되거나 또는 남북관계의 변화에 따라 지방의 남북교류협력에도 성과를 기대할 수 있을 것이다.

토의주제

1. 북한의 경제는 여전히 낙후되어 있고 굶주리고 있는가? 오늘날 북한은 어느 정도의 경제력을 가지고 있는가?

2. 남북한 경제력은 얼마나 차이가 있을까? 그리고 남북 경제 격차를 좁히는 것이 남북관계 개선에 긍정적일까 부정적일까?

3. 개성공단과 금강산관광처럼 중단된 남북 경제협력 사업을 재개하는 것이 바람직한가? 그리고 우리에게 어떠한 이익이 될 수 있을까?

4. 남북한 모두에게 경제적 이익을 줄 수 있는 경제협력 사업이 있다면 어떤 것들이며 이러한 사업이 발전하기 위해 우리정부와 개인이 해야 할 일은 무엇일까?

한반도 미래 탐구

도
입

이 주제와 관련 동영상
– 〈제1차 남북정상회담〉

교
육
목
표

· 남북한 통일방안에 대한 전반적인 논의를 살펴본다.

· 남북한의 통일방안 특징과 차이점을 살펴본다.

· 과거 남북한의 통일논의를 기반으로 발전적 남북관계와 한반도 통일 방안을
모색해 본다.

08

한반도 미래 탐구(1)　　홍석훈

남북한
통일방안의
역사비교

남북분단이 된 지 70여 년이 지나고 있다. 한반도는 아직까지 냉전적 구도로 유지되어 오면서 남북한의 체제경쟁을 중심으로 통일방안이 발전되어 왔다. 최근 북한 핵문제로 인한 남북관계 경색과 국제관계 악화는 한반도 평화와 번영에 막대한 걸림돌이 되고 있다. 그러므로 북한의 핵개발을 저지하고 한반도의 평화정착과 번영 그리고 평화적 통일을 이루기 위해서는 새롭게 변화하는 남북관계와 동북아 정세변화를 반영한 적절한 통일전략을 모색할 필요가 있다.

01
남북한의
통일정책 비교

헌법상의 우선적 가치인 남북통일은 우리 민족의 염원으로 여겨지고 있다. 제2차 세계대전 이후 분단된 국가들 중 대부분은 통일이 되었거나 통일의 과정이 진행되고 있으나 남북한만이 분단 상태로 70여 년이 지나고 있다. 통일의 실례로 1975년 베트남은 무력에 의해 공산화되었고, 1990년 동서독은 합의를 통해 동독이 서독체제에 편입통일을 이루었다. 남북예멘은 1990년 정상들 간의 합의에 의해 통일을 이루었다가 정치·사회적 충돌로 분리되었고, 1994년 내전의 결과로 북예멘이 남예멘을 재통일시켰다. 중국은 대만과 정치적으로 대립관계에 있지만, 경제적으로 양안관계는 경제공동체수준에 이르고 있다.

이러한 국가 간 통일사례에도 불구하고 한반도는 냉전구도를 유지하면서 남북이 정통성 경쟁을 지속하고 있으며, 최근 북한의 핵개발로 인한 군사적 긴장감이 고조됨에 따라 남북관계는 경색되었다. 90년대 이후 동구사회주의권 몰락으로 인해 전 세계적 냉전구도가 와해됨에 따라 남북한에서는 대외정책과 통일정책에 상당한 변화가 있었다. 북한은 '개방과 고립' 틈바구니에서 한국을 비롯한 서방세계와 줄다리기 대외전략을 구사하고 있다. 그러나 남북한은 1990년 이전과 달리 두 번의 남북정상회담을 개회하였고 북한 역시 냉전시대의 일방적인 '연방주의' 정책에서 1990년대 이후 '낮은 단계의 연방주의'라는 유연한 방식의 연방주의를 제시하고 있다. 남한은 김대중·노무현 정부시기에 남북한 화해 분위기를 조성하고 남북통일 논의가 있었으나 이명박 정부 출범 이후 남북관계가 경색되면서 통일논의는 답보상태에 놓여 있다.

(1) 남한의 통일정책

기본구상으로 통일국가는 민족구성원 모두에게 자유와 행복, 민족의 생존과 번영이 보장되는 국가라는 점은 분명하며, 이를 건설하기 위해 우리정부가 추구하고 있는 통일의 접근방식은 국민적 합의에 기초해 민주적이고 평화적인 방법에 따라 점진적·단계적으로 이루어 가는 것으로 논의하고 있다.[1] 우리정부는 서로 다른 성격을 지닌 두 체제가 점진적 방법을 통해 상호 신뢰를 조성하는 과도기를 거쳐 기능적으로 통합되면서 궁극적으로 통일에 이르는 접근방식을 선택하였다. 이는 1989년 '한민족공동체 통일방안'으로 공식화되었고, 1994년 '민족공동체 통일방안'으로 발전되었다. 이후 역대 정부는 '민족공동체 통일방안'의 기조를 계승하고 있다.

· 남북통일과 남북통합의 개념 차이

선행연구에 있어 남북통합에 대한 개념적 정의의 중요성에도 불구하고 명확한 합의는 존재하지 않는 것으로 보인다. 또한 선행연구들이 일반적으로 통일에 초점을 두었기 때문에 남북통일과 통합이 혼용되어 개념적 정의가 다양해졌다. 흔히 남북통일은 남북의 제도적 통합을 의미하는 것으로 상정하고 있으며, 남북의 제도적 통합과 가치의 통합을 구분하기도 힘들기 때문에 개념적 정의가 다양한 것으로 파악된다.[2]

그러므로 남북통합을 "남북한 주민이 의사소통적 상호이해를 통해 사회의 공통가치에 대한 주민의 동의 또는 합의를 성취하는 것정은미·송영훈", "구성원 전체가 단일한 정치공동체를 구성하는 것은 물론, 구성원들의 일체감이 경제, 사회, 문화 등 각 분야에서 확보되어 이질성을 극복하고 동질성을 느끼고 있는 상태최순종" 등 다양하게 정의하고 있다.[3]

1__통일교육원, 『2017 통일문제 이해』(서울: 통일교육원, 2017), p. 17.

2__박주화 외, 『남북통합에 대한 국민의식 조사』(서울: 통일연구원, 2016).

3__위의 책, p. 4.; 정은미·송영훈, "북한주민의 통일의식과 남한사회의 수용성,"

역대정부의 통일전략이 공통적으로 전제하고 있는 것은 대한민국이 한반도의 법적 정통성을 바탕으로 통일을 주도한다는 것이며, 자유민주주의와 시장경제질서가 구현되는 방향으로 한반도 통일을 이룩한다는 것이다. 이러한 전제를 바탕으로 역대정부는 해당 시기별 국제 및 한반도 정세, 북한의 대남전략 및 내부 상황, 남북한 국력의 차이, 안보상황, 남북관계 진전 상황, 국민여론 등을 종합하여 최고지도자의 특성과 결단에 따라 통일전략을 마련하여 왔다. 통일전략은 역대정부가 당시의 통일환경의 여건과 상대방인 북한의 입장에 따라 그 실행력에 제약을 받기 때문에 통일전략 구도 속에 적절하다고 선택된 통일 및 대북정책을 통해 구현되었다. 통일정책통일방안 포함이 중·장기적 관점에서 통일을 이루어 나가기 위한 기본 방향과 접근방법이라면, 대북정책은 역대정부가 주어진 임기 내에 중·장기적 통일정책 구도하에 중·단기적 관점에서 분단의 안정적·평화적 관리, 당면 남북관계 현안 대처, 통일을 위한 기반을 구축하는 것이라 할 수 있다.

역대 우리정부의 통일정책의 기조는 자유민주주의적 기본질서에 입각한 평화통일 추구이며, 점진적·단계적 접근방법을 취하고 있다. 기본적으로 평화·민주통일의 구현을 공식적인 기본방침으로 하고 있다. 그럼에도 불구하고 모든 가능성에 대비해야 한다는 입장을 갖고 있음도 부인할 수 없다. 북한의 무력공격이나, 급변사태에도 대비해야 한다contingency plan는 것이다. 그러나 위기사태를 통한 통일은 우리에게 엄청난 정신적, 물질적 피해가 초래되기 때문에 가능한 평화통일을 추구할 수밖에 없다. 따라서 우리는 일차적으로 평화적인 통일전략을 우선적으로 생각해야 하는데, 평화적인 통일전략은 '우리가 주도하여, 국력힘의 우위를 바탕으로, 한반도 평화를 정착시켜 나가면서, 남북 간의 교류협력을 통해 민족동질성과 당사자 간 통일의지를 높혀 나가는 한편, 북한의 올바른 변화를 이끌어 내며, 국제사회의 지지와 협력 속에, 평화적으로 연착륙

『통일문제연구』제24권 1호 (서울: 통일연구원, 2012). p. 222; 최순종, "통일 한반도 시각에서 바라본 사회통합의 의미: 독일통일 사례를 중심으로," 『남북문화예술연구』제15권 (2014). pp. 286－287.

soft landing하는' 통일국가를 실현하는 것이라 볼 수 있다.[4]

80년대 말 동구사회권의 몰락과 급격한 냉전의 종말이 진행되는 환경 하에서 남한 정부는 상대적인 대북 국력우위와 국제적 지위의 우위권을 확보하면서 대북 공세적인 관여정책engagement policy, 포용정책을 추진하였고, 현재까지 남한정부의 통일방안의 근간으로 지속되고 있는 '한민족공동체 통일방안'을 1989년 9월 11일에 발표하였다. 한민족공동체 통일방안은 '자주·평화·민주'를 통일의 원칙으로 '자유·인권·행복'이 보장되는 민주국가를 통일국가의 미래상으로 제시했다. 1992년 2월 평양에서 개최된 제6차 회담에서 '남북기본합의서'와 '한반도 비핵화 공동선언' 및 분과위원회 구성·운영에 관한 합의서가 발효되었다. 이후 김영삼 정부에 의해 1994년 '민족공동체 통일방안'으로 발전하였다. 이는 점진적·단계적으로 하나의 민족공동체를 건설해 나간다는 통일방안을 재확인하는 것이었다.

과거의 기능주의와 신기능주의, 군비통제이론을 이론적 바탕으로 하면서도 사회학적 접근법을 가미하여 점진적으로 남북 간의 교류협력을 통해 먼저 비정치적인 '민족공동체'를 형성한 후에 통일국가로서 정치적 통일인 정치공동체를 궁극적으로 달성한다는 것이다. 그 과정에서 남북이 평화적으로 공존, 발전하는 과도적 통일체제인 '남북연합The Korean Commonwealth'을 거치도록 함으로써 단계적인 통일방법이 되었다.[5]

'민족공동체 통일방안'은 통일 단계를 구분하는 '화해협력 단계·남북연합단계·통일국가완성 단계'의 3단계 통일 방안을 제시하였으며, 그 이후 우리정부의 공식 통일방안은 3단계의 민족공동체 통일방안이 기본으로 유지되고 있다.[6] 역대 한국 정부는 그 기조를 계승하고 있다. 특히, 김대중 정부는 남북관

4__홍석훈 외, 『북한의 4차, 5차 핵실험 이후 통일환경 변화에 따른 통일전략 모색과 통일공감대 확산 방안』(서울: 통일연구원, 2017), p. 10.

5__정부가 '남북연합'에서 '연합'의 영문표기가, 국제정치학에서의 국가연합에서의 '연합'의 영문표기인 'confederation'이 아니고, 'commonwealth'로 표현된 것은 영연방과 같은 느슨한 연합체를 상정한 것이라고 생각한다.

6__자세한 내용은 다음의 책 참조: 홍석훈 외, 『북한의 4차, 5차 핵실험 이후 통일환경 변화에 따른 통일전략 모색과 통일공감대 확산 방안』(서울: 통일연구원, 2017).

계 개선을 우선적 목표로 설정하고 대북 화해협력 정책을 추진하였다. 남한 정부가 남북관계 개선에 전향적 자세를 보임으로써 북한이 스스로 변화의 길로 유도한다는 취지였으며, 2000년 6월 처음으로 남북정상회담을 개최해 '6.15 남북공동선언'을 채택하였다. 6.15 남북공동선언 이후 한반도에 평화와 화해 분위기가 조성되었으나 2002년 10월 북핵 위기로 인해 남북관계 진전의 심각한 도전이 되었다.

노무현 정부는 한반도 평화증진과 남북한 공동번영 실현 및 동북아 공동 번영 추구를 목표로 하는 평화번영정책을 추진했다. 2007년 제2차 남북정상회담을 개최하여 '남북관계 발전과 평화번영을 위한 선언(10.4선언)'을 채택하고 남북의 상호 존중을 토대로 정치, 군사, 경제, 사회문화, 인도주의, 외교 등의 영역에서 통일을 위한 공동 사업을 추진할 것에 합의했다. 그러나 북핵문제가 풀리지 않는 상황에서 추진된 남북교류협력, 대북지원 등은 국민적 합의와 지지를 이끌어 내기에 부족하였다.

이후 2008년 출범한 이명박 정부는 상호주의를 통한 남북관계 재정립과 한미동맹관계 강화를 기반으로 보다 강경적 대북정책을 전개시켰다. 기존의 유화적 대북 포용정책에 대한 비판을 통해 '상생·공영의 대북정책'과 구체적 추진 전략으로 '비핵·개방·3000' 구상을 제시했다. 북한 비핵화를 국제사회와의 긴밀한 협조 속에 우선적으로 추진하기 위한 전략이었다. 금강산 여성 관광객 피격 사건이 발생했을 때는 금강산 관광을 즉시 중단하였고, 천안함 폭침사건이 발생하였을 때는 개성공단사업을 제외한 모든 남북 협력사업을 중단하는 '5·24조치'를 단행하였다. 그리고 '북한인권법' 제정 추진, UN차원의 '북한인권결의안' 공동 제안국으로 참여 등 북한인권 개선을 촉구하기 위한 활동을 적극 추진하였다. 대북 인도적 지원도 과거 정부의 '퍼주기'식을 지양하여 종전에 비해 규모가 매우 작은 지원을 하였다. 북핵문제에 관해서는 미국 등과 국제공조노력을 기울였고, 한반도 통일문제에 관해서도 주변 국가들과 전략적 대화를 시도하였다.

이명박 정부처럼 대북관계에서 보수적 성향을 띠고 출범한 박근혜 정부는 역대 정부의 통일방안의 기조를 발전적으로 계승하면서도 통일 및 대북정책의 핵심전략으로 '신뢰프로세스'를 제시하였다. 박근혜 정부는 그동안 남북 간에 많은 합의와 약속이 있었지만, 남북관계가 진전과 후퇴를 되풀이하는 악순환의 근본 원인을 남북 간의 '신뢰의 부재'에 있다고 보았다. 남북 간에 근본적인 신뢰가 존재하지 않는 상황에서 한반도의 진정한 평화와 통일은 기대하기 어렵다고 판단하며, 신뢰가 있어야 대화든, 교류든, 협력이든 의미가 있고, 신뢰에 기초해야 북한의 변화와 진정한 남북관계 발전을 이루어 나갈 수 있다는 것이다. '신뢰프로세스'로 요약되는 박근혜 정부의 통일전략은 출범 초 희망적 기대와 달리, 북한 김정은 정권의 군사적 모험주의와 이에 대한 강대강의 대결적 대응, 그리고 남북관계 운용과정에서 엄격한 원칙 적용으로 유연성이 부족하여 남북관계가 경직되고 적대적 대결관계로 고착되었다는 지적을 받았다.

2017년 5월 문재인 정부 출범 이후 우리정부는 과거 북한과의 대화·협력을 표방해 왔으며, 한반도의 비핵화와 평화체제 구축의 포괄적 추진으로 북핵문제를 평화적으로 해결하여 한반도의 평화 정착을 실현시키고, 남북대화와 교류를 재개하고 남북한의 법제화를 통한 '한반도 신경제지도' 구상을 본격적으로 추진할 계획을 갖고 있음을 밝혔다. 이와 함께, 문재인 신정부의 한반도 평화·공영 정책에 대한 초당적 협력과 국민적 지지를 강화하여 통일공감대를 확산할 것을 공표한 바 있다.[7] 2018년 평창동계올림픽을 계기로 남북 대화가 재개되었으며, 3차례 남북정상회담으로 이어져 4.27 공동선언, 9.19 평양공동선언

민족공동체 통일방안

민족공동체
통일방안

1 화해협력 단계
남북 간의 적대와 불신을 줄이기 위해 상호 협력의 장을 열어가는 단계

2 남북연합 단계
화해협력 단계에서 구축된 상호 신뢰를 바탕으로 남북 간의 교류와 협력이 더욱 활발해지고 제도화되는 단계

3 1민족 1국가의 통일국가 완성단계
남북연합 단계에서 제정한 통일헌법에 따라 남북 자유총선거를 실시해 통일국회를 구성하고 통일정부를 수립해 1민족 1국가 1체제 1정부의 통일국가를 완성하는 단계

출처: 통일교육원, 「2017 통일문제 이해」(2017).

7__국정기획자문위원회, 『문재인정부 국정운영 5개년 계획』, 2017년 7월.

등 한반도 평화와 번영의 장을 열었다. 또한 6.12 북미정상회담 이후 북미 간 비핵화 협상으로 이어져 한반도 평화체제 구축의 중요한 계기가 마련되었다. 그러나 2019년 북한과 미국, 양국의 북한 비핵화 협상 결렬 이후 북한은 공세적이고 폐쇄적인 대외·대남정책 회귀로 북한의 핵개발 저지와 한반도 평화구축은 그 한계점을 드러내었다. 이제 북핵 문제를 남북문제와 분리하거나 미국과 북한과의 비핵화 협상에만 의지할 수만은 없게 되었다.

윤석열 대통령은 취임사에서 2022년 5월 10일 국정 목표 중 '자유, 평화, 번영에 기여하는 글로벌 중추국가' 비전을 발표하며 대북정책으로 '담대한 구상'을 언급하며 '남북관계를 정상화하고, 평화의 한반도', '원칙과 일관성'을 바탕으로 한미 간 긴밀한 조율을 추진할 것을 표명하였다. 윤대통령은 대북정책의 최종 목표로 '북한의 완전하게 검증가능한 비핵화를 통해 한반도에 지속 가능한 평화를 구현'할 것임을 강조하였다.

광복절 경축사 2022년 8월 15일에서 '담대한 구상'의 구체적 대북정책을 제시하였는데, '북한이 핵 개발을 중단하고 실질적인 비핵화로 전환한다면, 그 단계에 맞춰 북한경제와 민생을 획기적으로 개선할 수 있도록 지원'할 것임을 선언하였다. 2022년 11월 21일에는 '비핵 평화 번영의 한반도'라는 제목으로 윤석열 정부의 통일·대북정책 설명 자료를 배포하였고, '담대한 구상'의 구체적인 정책 비전을 제시하였다. 담대한 구상은 구사은 북한이 진정을 갖고 비핵화 협상에 복귀한다면, 북한의 민생 개선과 남북 간 신뢰 조성을 위한 초기 조치를 과감하게 추진함으로써 남북 협상 동력을 마련한다는 것이다.

물론 북한의 비핵화에 복귀한다는 전제조건이 있으나 과감한 대북 경제 지원과 협력을 통한 북한 관여정책을 제시했다는 데 의의가 있을 것이다. 하지만 김정은 위원장은 2023년 7월 북한 전승절 기념 연설에서 윤석열 정부를 비난했으며, 김여정 부부장은 8월 19일 담화를 통해 남한 정부의 대북정책을 '어리석음의 극치'라고 폄하하고 사실상 대남 단절을 발표했다. 또한, 9월 8일 북한의 핵무기 보유와 사용에 대한 법제화 추진은 북한 비핵화 협상이 사실상 큰 진전을 보기 힘든 상황으로 전개되고 있다는 점은 우리 정부의 '담대한 구상'의 대북정책 추진에 대한 북한의 반응은 매우 실망스럽다.

북한의 대남 대화 단절과 북핵의 대남 사용 가능성 및 전략무기 발전은 남한이 북핵 안보위기의 당사자로서의 북한 비핵화 협상을 주도하고 대응할 필요성이 제기된다. 결국, 지속 가능한 대북정책 로드맵을 작성하기 위해서는 향후 남북관계 쟁점 사항으로 핵무력을 강화하는 북한과 어떻게 남북관계를 개선할 것인가를 고민해야 하고, 북한 비핵화 과정과 핵폐기를 유도할 수 있는 구체적 전략을 마련해야 할 것이다. 남북관계가 경색된 상황이지만 대북 인도적 지원과 경협, 북한인권문제 등 남북관계에서 풀어나가야 할 쟁점 사항들을 꼼꼼하게 점검해야 할 시점이다. 즉, 우리 정부의 지속 가능한 대북정책과 한반도 통일준비 방안을 마련하기 위해서는 국내적 진영 논리를 벗어나 탈이념적, 실리적 정책이 고려되어야 할 것이다.

(2) 북한의 통일정책

북한의 통일방안은 민족의 자주권 확립을 주장하면서 한반도 전역의 공산주의 혁명과 건설을 완수하는 데 있다. 북한은 1960년 8.15 광복 15주년 경축대회에 처음으로 남북한의 제도의 유지 속에 과도적인 '남북연방제' 통일방안을 제기했고, 1973년 '고려연방제'를 주장하였으며 1980년 '고려민주연방공화국 창립방안'을 제시하였는데 과도기적 연방제가 아닌 완성된 통일국가의 연방제를 주장하였다.[8]

90년대에는 북한이 사회주의권 붕괴와 경제난 등으로 인해 남북공존에 보다 치중하는 모습을 보였는데, 1991년 1민족 1국가 2제도 2정부의 느슨한 연방제를 주장하였다. 2000년대 들어와서도 '낮은 단계의 연방제'를 제시하면서 남북한 정부가 현재의 기능과 권한을 유지하는 것을 근간으로 한반도 제도 통일을 제시하고 있다.

1) 남조선혁명론과 민주기지론

'남조선혁명론'과 '민주기지론'은 북한이 1960년대 들어와 제시한 이중전

8__통일부 통일교육원, 『2017 북한문제 이해』(서울: 통일교육원, 2017), p. 146.

략이다. 북한의 연방제안은 1960년 8월 14일 '8.15 광복 15주년 기념연설'에서 처음으로 제언되었는데, 김일성은 "어떠한 외국의 간섭도 없이 민주주의적 기초 위에서 자유로운 남북총선거를 실시하는 것이 평화적 조국통일의 가장 합리적이고 현실적인 방편"이라고 하면서 "남한 당국이 받아들일 수 없다면 과도적인 대책으로서 남북 조선의 련방제를 제의한다."고 표명하였다. 이는 남북 정부의 대표로 구성되는 최고민족위원회를 조직해 남북의 경제·문화발전을 통일적으로 조절하는 방법으로 실시하자는 것이었다. 북한의 제의는 연방제 틀이었으나 실제적으로는 국가연합에 가까운 것이었다.

'남북연방제'에 이어 북한은 '조국통일 5대 강령'을 주장하였는데, 요지는 ① 남북 간의 군사적 대치상태의 해소와 긴장상태의 완화, ② 남북 간의 다방면적인 합작과 교류의 실현, ③ 남북의 각계각층 인민들과 각 정당 사회단체 대표들로 구성되는 대민족회의 소집, ④ 고려연방공화국을 국호로 하는 남북연방제고려연방제의 실시, ⑤ 고려연방공화국이라는 단일국호에 의한 유엔 가입 등이었다.

2) '고려민주연방공화국' 창립 방안과 '1민족 1국가 2제도 2정부' 연방제

북한은 1980년 10월 10일 노동당 제6차 대회에서 김일성의 사업 총화보고를 통해 기존의 통일방안과 제안들을 재정리한 '고려민주연방공화국 창립방안'고려민주연방제을 제시했다. 고려민주연방제 통일방안의 특징은 첫째, '과도적 대책' 또는 '당분간'이라는 용어를 쓰지 않음으로써 외형상 완성된 형태의 연방국가를 표방한다는 점이다. 둘째, 한국에 대해 무장해제에 가까운 선결조건을 제시하고 있는 점이다. 그러나 북한의 자주적 평화통일의 선결조건은 민주화 실현이라는 명분으로 반공법, 국가보안법 등 폐지, 모든 정당사회단체들의 합법화 및 모든 정당 사회단체 개별인사들의 자유로운 정치활동 보장 등이었다. 또한 정전협정을 평화협정으로 전환하기 위해 주한 미군의 철수 및 미국의 한반도 불간섭, '두 개의 조선' 조작책동의 중지 등을 제시하고 있다. 결국 북한의 자주적 평화통일을 위한 선결조건은 '남조선혁명론'에 기초하고 있고 남북한의 이데올로기와 제도를 유지한 상태에서 연방제 제안은 현실적 한계를 가지는 것이었다.

1980년대 후반부터 북한체제의 위기가 도래하면서 '남조선해방'보다는 북한체제 존속의 생존전략이 중요시되면서 통일전략도 변화하게 된다. 즉, 북한의 교조, 혁명, 계급주의적 통일정책은 1990년대 들어오면서 연방제 대신 남북공존을 모색하였다. 북한은 1991년 신년사를 통해 '1민족 1국가 2제도 2정부'에 기초한 연방제를 주장하게 된다. 그러나 통일과정과 관련해 북한은 연방제 실현의 선결조건을 계속 주장하고 있다. 북한은 '고려민주연방공화국 창립방안'을 표명하면서 "자주적 평화통일을 이룩하기 위해 전 민족이 대단결하여 자주적이고 평화적이며 중립적인 통일국가를 창립해야 한다."라는 '전민족대단결 10대 강령'을 채택하였다. 그런 가운데서도 우리 측에 대해 외세의존 정책 포기, 미군 철수 의지 표명, 외국 군대와의 합동군사연습 영구 중지, 미국의 핵우산 탈피 등 4가지 사항을 요구조건으로 제시했다.

3) '낮은 단계의 연방제'와 '조국통일 3대 헌장'

2000년 6월 15일 '6.15 남북공동선언'에서 제2항은 "남과 북은 나라의 통일을 위한 남측의 연합제 안과 북측의 낮은 단계의 연방제 안이 서로 공통점이 있다고 인정하고 앞으로 이 방향에서 통일을 지향시켜 나가기로 하였다"는 내용을 담고 있다. 북한이 말하는 '낮은 단계의 연방제'는 '1민족 1국가 2제도 2정부'의 원칙에 기초하되 남북의 현 정부가 정치, 군사, 외교권을 비롯한 현재의 기능과 권한을 그대로 보유한 채, 민족통일기구를 구성하는 것을 말한다.

북한 김정은 정권 집권 이후에는 통일방안에 대한 구체적, 새로운 정책 방안을 제시하지 않고 있으며 선대의 유훈 관철과 남북한과의 대결 해소를 추구한다는 원칙적이고 추상적인 통일 논의를 내놓고 있다. 2016년 7차 당대회에서도 북한 김정은 위원장은 김일성, 김정일 선대의 통일 전략을 이어 받아 통일문제를 '자주, 평화, 민족대단결의 조국통일 3대 원칙'과 '고려민주연방공화국 창립방안', '전민족대단결 10대 강령' 등 조국통일 3대 헌장을 기준으로 풀어가야 한다고 주장하고 있다.

역대 남북한 통일방안 비교

구분	남한			북한
1948년~1960년	제1공화국 (이승만 정부)	유엔 감시하 남북한 자유총선거에 의한 통일론		민주기지론(민족해방론)에 의한 무력적화통일론
1960년대	제2공화국 (장면 정부)	남북자유총선거론 (유엔 감시하)	김일성 정권	남북연방제(1960)
1960년대	제3공화국 (박정희 정부)	선 건설 후 통일론(1966)	김일성 정권	남북연방제(1960)
1970년대	제4공화국 (박정희 정부)	평화통일외교정책선언 (1973.6.23.) 선 평화 후 통일론(1974)	김일성 정권	고려연방제(1973) 조국통일 5대 강령
1980년대	제5공화국 (전두환 정부)	민족화합 민주통일 방안 (1982)	김일성 정권	고려민주연방공화국 창립방안(1980) (고려민주연방제 통일방안)
1990년대	제6공화국 (노태우 정부)	한민족공동체 통일방안 (1989)	김일성 정권	'1민족 1국가 2제도 2정부'에 기초한 연방제(1991)
2000년대	김영삼 정부	민족공동체 통일방안 (1민족 1국가 1체제 1정부) (1994)	김정일 정권	낮은 단계의 연방제(2000)
2000년대	김대중 정부	민족공동체 통일방안 (1민족 1국가 1체제 1정부) (1994)	김정일 정권	낮은 단계의 연방제(2000)
2000년대	노무현 정부	민족공동체 통일방안 (1민족 1국가 1체제 1정부) (1994)	김정일 정권	낮은 단계의 연방제(2000)
2010년대	이명박 정부	민족공동체 통일방안 (1민족 1국가 1체제 1정부) (1994)	김정은 정권	조국통일 3대 헌장 (조국통일 3대 원칙, 고려민주연방공화국창립방안 전민족 대단결 10대 강령)
2010년대	박근혜 정부	민족공동체 통일방안 (1민족 1국가 1체제 1정부) (1994)	김정은 정권	조국통일 3대 헌장 (조국통일 3대 원칙, 고려민주연방공화국창립방안 전민족 대단결 10대 강령)

출처: 통일교육원, 『2017 북한문제 이해』(2017), p. 154.

남북한 통일방안 비교

구분	민족공동체 통일방안	고려민주연방공화국 창립방안
통일철학	자유민주주의	주체사상
통일원칙	자주, 평화, 민주	자주, 평화, 민족대단결 (남조선혁명, 연공합작, 통일 후 교류협력)
통일주체	민족 구성원 모두	프롤레타리아 계급
전제조건	-	국가보안법 폐지, 공산주의 활동 합법화, 주한미군 철수
통일과정	화해·협력→남북연합→통일국가 완성 (3단계) ※ 민족사회 건설 우선 (민족통일→국가통일)	연방국가의 점차적 완성 (제도통일은 후대에) ※ 국가 체제 존립 우선 (국가통일→민족통일)
과도통일 체제	남북연합 – 정상회담에서 「남북연합헌장」을 채택, 남북연합 기구 구성·운영 ※남북합의로 통일헌법초안 →국민투표로 확정	-
통일국가 실현절차	통일헌법에 의한 민주적 남북한 총선거	연석회의 방식에 의한 정치협상
통일국가의 형태	1민족 1국가 1체제 1정부의 통일국가	1민족 1국가 2제도 2정부의 연방국가
통일국가의 기구	통일정부, 통일국회(양원제)	최고민족연방회의, 연방상설위원회
통일국가의 미래상	자유·복지·인간존엄성이 보장되는 선진 민주국가	

출처: 통일교육원, 『2017 북한문제 이해』(2017), p. 156.

결과적으로 남북한의 통일전략은 제도적 통합에 치중하여 논의되어 왔다. 역대 우리정부는 나름대로 통일을 위하여 70여 년 동안 당시 상황에 따라 전략적으로 노력하여 왔지만, 통일로 가까이 갈 수 있는 괄목할 만한 성과를 거두었다고 볼 수 없다. 역대 정부는 남북관계 진전과 통일을 위해 다양한 접근 방법을 구사하였지만, 궁극적으로는 통일로 가기 위한 전략적 과제인 북핵문제 해결을 통한 한반도 평화정착, 남북교류협력을 통한 민족화해와 동질성 증대, 올바른 방향으로의 북한의 변화 유도를 추구하였으나 현실적으로 남북통합의 획기적인 성과를 거두지는 못했다는 평가다.

우리정부 역시 통일전략 체제통합에 치중해 왔으며, 통일의 당위성을 전제로 통일담론을 형성하였기에 그 실질적인 효과와 대중적 설득력을 담보하지 못했다는 현실적 비판을 받고 있다. 즉, 냉전 종식 이후로 이념적 대립의 약화와 자본주의 확산으로 인한 글로벌 경제시대의 도래로 사회적 통합의 중요성이 부각되고 있는데, 기존의 통일논의는 남북통합을 하나의 완결된 결과로 바라보고 있어 사회, 문화적 통합의 필요성과 21세기 다양성을 수용하지 못하고 있다는 지적도 나온다. 여기에 북한 핵개발을 통한 한반도의 안보적 위기감 고조와 한반도를 둘러싼 주변국들의 경쟁적 구도는 남북통합을 어렵게 하고 평화공존마저도 힘든 상황이 전개되고 있다.

02
통일환경의 변화와
새로운 **통일전략** 모색

(1) 한반도 통일환경의 변화

최근 한반도를 둘러싼 통일환경이 새로운 변화를 겪고 있다. 첫째, 국제적

으로는 미·중 전략경쟁으로 대표되는 동아시아 국제질서의 복잡성과 불확실성
이 증대되고 있다. 미·중 전략경쟁의 심화는 한반도가 속한 동아시아에 새로운
지정학적 위기를 초래함으로써 한국의 전략적 선택을 제한해 왔고, 북한으로
하여금 핵·미사일 도발 지속이라는 전략적 오판의 가능성을 조성하고 있다. 이
밖에 중국의 '핵심이익coreinterests' 강조를 통한 공세적인assertive 대외정책과 한반
도에 대한 영향력 확대 시도, 일본의 보통국가화 노력 및 이를 위한 미일동맹
의 강화 추세 등도 한반도의 통일환경에 영향을 미치고 있다.

둘째, 북한의 핵무기와 장거리미사일 고도화에 있다. 북한이 핵을 포기하
지 않을 경우 한반도의 군사적 긴장감은 고조될 것이며, 이로 인한 남북한 및
한반도 주변국들과의 안보적 역학관계 속에서 한반도 평화 정착은 매우 힘들어
진다. 특히 국제사회의 대북제재 강화로 인해 경제난과 대외적 고립은 더욱 심
화되는 추세에 있으며, 남북관계 진전도 한계에 부딪히게 된다.

셋째, 국내적으로도 과거에 비해 통일의 필요성에 대한 공감대가 확산되
었음에도 불구하고 세대 간의 통일에 대한 인식 차이는 갈수록 증대되고 있다.
또한 대북·통일정책의 목표와 수단 등을 둘러싼 남남갈등은 해소되지 않고 있
고, 북한이 핵·미사일 도발을 지속함에 따라 한국 내에서 북한에 대한 부정적
인식이 증가하고 있다. 이처럼 동북아에서 미중 전략경쟁이 본격화되고, 남북,
북미 간 신뢰구축도 여전히 부족한 상황이다.

하지만 한반도에 나타난 위기국면을 극복하고 평화적 통일을 달성하기 위
해서는 기존의 통일전략의 장점은 계승하되 새로운 통일환경 변화에 대응할 수
있는 새롭고 창의적인 통일전략을 모색해야 한다. 지금은 우리민족의 숙원인
평화통일을 위해 통일 새로운 패러다임을 진지하게 모색해야 할 때다. 분단시
대 남북한을 지배하고 있었던 통일문제에 관한 이론적이고 실천적이며 구체적
인 일체의 통일방안을 통일 패러다임에 포함할 수 있다. 남북한에 의해 제시되
어 왔던 통일정책을 비롯하여 한반도 통일을 위하여 경주해 왔던 총체적인 통
일노력도 통일 패러다임에 포함할 수 있다. 또한 통일은 미래지향적 작업이기
때문에 통일 패러다임에는 통일국가에 관한 미래상도 담겨 있어야 한다. 통일
국가의 이념이나 형태, 제도와 문화를 비롯하여 심지어 대외관계까지도 포괄하
는 국가공동체 전반의 형식과 내용에 관한 구상과 전망도 담겨져 있어야 한다.

또한 한반도 분단의 장기화는 남북한이 통일을 위해 개발한 통일패러다임의 비현실성에서 비롯된다고도 할 수 있다. 현재 통일 패러다임 연구는 전반적으로 남북한 모두 냉전 이후 1990년도 전후로 형성된 2000년대 이전 통일방안 연구에 머물러 있다. 한국은 1987년 6월 항쟁 이후 국내 민주화 운동으로 시작한 '1987년 체제'를 중심으로 제시한 '민족공동체 통일방안'을 핵심 기조로 통일 패러다임을 현재까지 지속시키고 있다. 북한 역시 김일성이 사망하기 전 1991년에 발표한 '고려민주연방공화국' 논의를 중심으로 하는 남북한 통일방안에서 머물러 있다. 남북한은 1980년대 말부터 진행된 동구권의 몰락과 글로벌 시대라는 전환기적인 세계사적 흐름을 배경으로 제시된 한반도 통일방안을 현재까지 진행시켜 오면서 한반도 통일방안에 대한 갈등을 장기적으로 반복하고 있다. 남한은 '민족공동체 통일방안'을 중심으로, 북한은 '고려민주연방공화국 통일방안'을 고수하면서 남북한 간의 갈등은 지속되고 있다.

(2) 새로운 통일전략 모색

북한 김정은 정권은 '북한식 유일체제'와 '폐쇄적 북한식 사회주의' 그리고 핵개발을 포기하지 않고 있으며 남한뿐만 아니라 주변국과도 도발과 대화의 양면전술로 줄다리 외교를 지속하고 있다. 한국은 2000년 남북정상회담을 계기로 남북교류와 협력의 대북관여정책Sunshine Policy을 전개시켰으나 북한의 변화는 우리의 기대치를 만족시키지는 못했다. 북한은 2000년대 이후 연평도 해전, 천안함 폭침, 연평도 포격, 2015년 8월 목함지뢰 도발 등 끊임없는 도발과 책임성 없는 합의와 파기를 반복하며 북한의 신뢰성을 잃게 했다.

2008년부터 이명박 정부는 상호주의를 통한 남북관계 재정립과 한미동맹 관계 강화를 기반으로 보다 강경적 대북정책을 전개시켰다. 2013년 박근혜 정부가 출범하면서 통일대박Bonanza과 통일준비를 화두로 내세워 통일 과제가 우리 시대의 소명의식으로 자리 잡게 되었다는 것은 그 의미가 크다. 그러나 북한 핵·장거리 미사일의 지속적 개발과 도발, 그리고 남남갈등 등으로 대북·통일정책을 효과적으로 반영하기에는 장벽이 더욱 높아졌다. 지난 한국의 통일·

대북정책은 '유화·강경정책'의 이분법을 만들어 놓았고, 이는 한국사회 내부의 진보·보수의 남남갈등을 야기했다고 볼 수 있다. 우리정부의 다양한 대북정책 추진 속에서 유화와 강경 대북, 진보와 보수진영으로 우리사회 내부의 분열을 경험해 왔다. 즉, 남북통일의 문제는 한국사회 내부와 한반도 평화 그리고 동아시아의 평화체제 구축이라는 톱니바퀴를 만들어 놓았다.

또한, 지난 북한의 핵실험 감행에 박근혜 정부는 개성공단 폐쇄를 결정하고 전면적 대북 경제봉쇄 및 강경정책으로 대처해 왔다. 향후 북핵문제가 평화적으로 해결되지 않는다면 국제적 수준의 대북제재는 지속될 가능성이 크다. 하지만 한반도와 동북아 평화 정착을 위해서 남북관계 개선은 중요한 단초이다. 무엇보다 우리정부는 북한의 비핵화를 필두로 한반도 비핵화 실현과 함께, 남북관계 개선을 주도적으로 추진해야 한다. 남북관계 개선과 북한의 대외정책 변화를 통해서 평화적 남북한 통일과 평화적 동북아 정세 구축을 동시에 추구해 나가야 할 시점임이 분명하다.

또한 기존 통일전략 연구는 체제 중심적 관점에서 논의되어 왔다. 물론 한반도 통일에 있어 보편타당한 인간존엄을 중심으로 장기적 통일전략을 수립해야 함은 반론의 여지가 없을 것이다. 그러나 변화하는 국제환경과 한반도 평화를 위한 사회적 통합을 고려할 때, 체제 중심적 통일론을 뛰어넘어 새로운 통일전략을 부과시켜야 할 시점이라고 말할 수 있을 것이다.

남북통합의 관점에서 제도적 통합은 장기적 차원으로 접근해야 하며, 사회·문화적 교류, 협력의 비제도적 접근법은 단기적 차원에서 추진해야만 그 실현가능성이 크다. 그러므로 남북 간 당국회담과 민간교류가 병행되어야 하며, 정치적 요인들이 민간교류 확대를 방해해서는 안 될 것이다. 이는 진화하는 통일론이며 대북정책에 능동적으로 상황을 이끌어 내야 한다. 민간차원의 교류협력과 환경, 문화적 접근법을 보다 가시적으로 추진해야 할 시기라 생각된다. 민간차원의 인도적 지원과 정부의 적극적 관여정책도 필요하다.

이러한 관점에서 우리사회 역시 북한정권과 주민들에 대한 보다 폭넓은 이해가 필요하다. 북한 주민들에 대한 인식도 다문화 수용의 보편적 기준과 보편 타당한 인류 존엄성 가치에 중심을 두고 그 폭을 확장시켜 나가야 한다. 평화통일정책 추진은 남북 간 평화적 합의에 의해 이루어져야 한다는 의미이므로 건전한 통일교육을 통해 우리사회의 통일필요성 공감대와 통합의 의미를 확대시켜 나갈 필요가 있다.

국제차원에서는 기존의 미국, 일본, 중국, 러시아 등 한반도 주변 4국 대상의 통일외교를 견지, 강화하는 동시에 통일외교에 대한 공감대를 국제적으로 확대시켜야 한다. 2차 세계대전 이후 한반도를 둘러싼 동아시아는 이념적·정치적 실험실이었으며 치열한 경쟁구도가 형성되어 왔던 역사적 경험을 감안한다면 한반도의 평화적 통일은 세계평화에 가장 큰 축이며 업적이라는 인식을 확산시켜 나가야 한다. 또한 우리의 통일정책 추진은 국제사회의 협력과 이해가 없다면 많은 한계가 발생할 것이다. 다시 말해 한반도의 평화통일을 위해서는 국제사회의 협력이 필요하며, 이를 위해서는 해외 네트워크 구축과 외교적 노력이 요구된다.

결국, 한반도 주변국의 대외 통일공감대 확산을 위해서는 한반도 통일이 동북아 평화와 안보에 순기능 역할을 담당하며 나아가 통일한국이 글로벌 번영에 이익이 됨을 강조해야 한다. 국내외적으로 한반도 통일에 부정적 환경이 부각되고 있지만 남북한의 통일은 동아시아의 평화와 번영의 필수적 요소임이 강조되고 있는 시점이기도 하다.

통일은 북한의 사회 내부의 변화도 중요하지만 우리사회 내부의 변화도 동시에 필요하다. 우리사회에서 분단의 역사적 트라우마를 극복하여 남북통합의 기반을 조성하여 통일을 앞당겨야 한다. 한반도 통일은 동아시아, 그리고 전 세계의 평화와 번영에 단초가 됨을 다시 한 번 상기해야 할 것이다. 이를 위하여 우리정부는 일관되고 지속적인 통일전략이 추진될 수 있도록 의견을 수렴하고 통일의 청사진을 전문가 및 사회단체들과 함께 만들어야 할 것이다. 장기적 차원의 지속 가능한 통일정책 추진을 위해서는 '통일거버넌스'구축을 제언해 본다. 중앙정부, 지방정부 및 민간사회단체 등이 통일담론 재정립의 주체가 되어야 한다.[9] 민주주의, 인권 등 인류보편적 아젠다의 원칙을 만들고 지속적인

9__ 2021년 3월 『남북교류협력에 관한 법률』을 개정하여 지자체를 법률상 남북교류협력의 주체로 명시하고 '지자체 남북교류협력 정책협의회'를 법정 기구로 격상시켰다. 이러한 교류협력 법제 정비를 통해 지자체는 지역별 특성을

통일정책 추진을 위해 거버넌스 중심의 민간주도 방식도 고민해 볼 필요가 있다. 결국, 지속가능한 통일정책이 추진되기 위해서는 우리 사회내, 남남갈등 해소를 위한 사회통합정책도 동시에 추진되어야 한다.

- ## 토의 주제

    1. 남북한 통일정책 특징을 비교해서 토론해 보자.

    2. 미래의 통일한국의 미래상을 논의해 보자.

    3. 북한 핵·미사일 고도화가 한반도 정세에 미치는 영향을 토론해 보자.

    4. 북핵 문제 해결과 우리정부의 대북·통일 정책과의 상관관계에 대해 논의해 보자.

반영한 다방면의 사업 의제를 발굴하여 북측과의 상호 보완적인 개발협력이 가능하게 되었다. 아울러 그 후속조치로, 「인도적 대북지원 사업 및 협력사업 처리에 관한 규정」을 개정함으로써 2021년 9월 14일부터 전국 243개 지방자치단체(광역 17개, 기초 226개)가 대북지원 사업자로 일괄 지정되었으며 필요한 경우 남북협력기금을 지원할 수 있도록 하였다.

1992년 2월 19일 발효

남과 북은 분단된 조국의 평화적 통일을 염원하는 온 겨레의 뜻에 따라, 7·4남북공동성명에서 천명된 조국통일 3대원칙을 재확인하고, 정치 군사적 대결상태를 해소하여 민족적 화해를 이룩하고, 무력에 의한 침략과 충돌을 막고 긴장 완화와 평화를 보장하며, 다각적인 교류·협력을 실현하여 민족공동의 이익과 번영을 도모하며, 쌍방 사이의 관계가 나라와 나라 사이의 관계가 아닌 통일을 지향하는 과정에서 잠정적으로 형성되는 특수관계라는 것을 인정하고, 평화 통일을 성취하기 위한 공동의 노력을 경주할 것을 다짐하면서, 다음과 같이 합의하였다.

제1장 남북화해

제1조 남과 북은 서로 상대방의 체제를 인정하고 존중한다.

제2조 남과 북은 상대방의 내부문제에 간섭하지 아니한다.

제3조 남과 북은 상대방에 대한 비방·중상을 하지 아니한다.

제4조 남과 북은 상대방을 파괴·전복하려는 일체 행위를 하지 아니한다.

제5조 남과 북은 현정전상태를 남북 사이의 공고한 평화상태로 전환시키기 위하여 공동으로 노력하며 이러한 평화상태가 이룩될 때까지 현 군사정전협정을 준수한다.

제6조 남과 북은 국제무대에서 대결과 경쟁을 중지하고 서로 협력하며 민족의 존엄과 이익을 위하여 공동으로 노력한다.

제7조 남과 북은 서로의 긴밀한 연락과 협의를 위하여 이 합의서 발효 후 3개월 안에 판문점에 남북연락사무소를 설치·운영한다.

제8조 남과 북은 이 합의서 발효 후 1개월 안에 본회담 테두리 안에서 남북정치분과위원를 구성하여 남북화해에 관한 합의의 이행과 준수를 위한 구체적 대책을 협의한다.

제2장 남북불가침

제9조 남과 북은 상대방에 대하여 무력을 사용하지 않으며 상대방을 무력
　　　으로 침략하지 아니한다.

제10조 남과 북은 의견대립과 분쟁문제들을 대화와 협상을 통하여 평화적
　　　으로 해결한다.

제11조 남과 북의 불가침 경계선과 구역은 1953년 7월 27일자 군사정전
　　　에 관한 협정에 규정된 군사분계선과 지금까지 쌍방이 관할하여
　　　온 구역으로 한다.

제12조 남과 북은 불가침의 이행과 보장을 위하여 이 합의서 발효 후 3
　　　개 월 안에 남북군사 공동위원회를 구성·운영한다. 남북군사공동
　　　위 원회에서는 대규모 부대이동과 군사연습의 통보 및 통제문제,
　　　비 무장지대의 평화적 이용문제, 군인사교류 및 정보교환 문제, 대
　　　량살상무기와 공격능력의 제거를 비롯한 단계적 군축 실현문제,
　　　검증문제 등 군사적 신뢰조성과 군축을 실현하기 위한 문제를 협
　　　의·추진한다.

제13조 남과 북은 우발적인 무력충돌과 그 확대를 방지하기 위하여 쌍방
　　　군사당국자 사이에 직통 전화를 설치·운영한다.

제14조 남과 북은 이 합의서 발효 후 1개월 안에 본회담 테두리 안에서
　　　남북군사분과위원회를 구성하여 불가침에 관한 합의의 이행과 준
　　　수 및 군사적 대결상태를 해소하기 위한 구체적 대책을 협의한다.

제3장 남북교류·협력

제15조 남과 북은 민족경제의 통일적이며 균형적인 발전과 민족전체의 복
　　　리향상을 도모하기 위하여 자원의 공동개발, 민족 내부 교류로서
　　　의 물자교류, 합작투자 등 경제교류와 협력을 실시한다.

제16조 남과 북은 과학·기술, 교육, 문화·예술, 보건, 체육, 환경과 신문,
　　　라디오, 텔레비전 및 출판물을 비롯한 출판·보도 등 여러분야에서
　　　교류와 협력을 실시한다.

제17조 남과 북은 민족구성원들의 자유로운 왕래와 접촉을 실현한다.

제18조 남과 북은 흩어진 가족·친척들의 자유로운 서신거래와 왕래와 상봉 및 방문을 실시하고 자유의사에 의한 재결합을 실현하며, 기타 인도적으로 해결할 문제에 대한 대책을 강구한다.

제19조 남과 북은 끊어진 철도와 도로를 연결하고 해로, 항로를 개설한다.

제20조 남과 북은 우편과 전기통신교류에 필요한 시설을 설치·연결하며, 우편·전기통신 교류의 비밀을 보장한다.

제21조 남과 북은 국제무대에서 경제와 문화 등 여러 분야에서 서로 협력하며 대외에 공동으로 진출한다.

제22조 남과 북은 경제와 문화 등 각 분야의 교류와 협력을 실현하기 위한 합의의 이행을 위하여 이 합의서 발효 후 3개월 안에 남북경제교류·협력공동위원회를 비롯한 부문별 공동위원회들을 구성·운영한다.

제23조 남과 북은 이 합의서 발효 후 1개월 안에 본회담 테두리 안에서 남북교류·협력분과 위원회를 구성하여 남북교류·협력에 관한 합의의 이행과 준수를 위한 구체적 대책을 협의한다.

제4장 수정 및 발효

제24조 이 합의서는 쌍방의 합의에 의하여 수정·보충할 수 있다.

제25조 이 합의서는 남과 북이 각기 발효에 필요한 절차를 거쳐 그 문본을 서로 교환한 날부터 효력을 발생한다.

1991년 12월 13일

남 북 고 위 급 회 담	북 남 고 위 급 회 담
남측 대표단 수석 대표	북 측 대 표 단 단 장
대 한 민 국	조선민주주의 인민공화국
국 무 총 리 정원식	정 무 원 총 리 연형묵

부록2. 한반도의 비핵화에 관한 공동선언

1992년 2월 19일 발효

남과 북은 한반도를 비핵화함으로써 핵전쟁 위험을 제거하고 우리나라의 평화와 평화통일에 유리한 조건과 환경을 조성하며 아시아와 세계의 평화와 안전에 이바지하기 위하여 다음과 같이 선언한다.

1. 남과 북은 핵무기의 시험, 제조, 생산, 접수, 보유, 저장, 배비, 사용을 하지 아니한다.
2. 남과 북은 핵에너지를 오직 평화적 목적에만 이용한다.
3. 남과 북은 핵재처리시설과 우라늄농축시설을 보유하지 아니한다.
4. 남과 북은 한반도의 비핵화를 검증하기 위하여 상대측이 선정하고 쌍방이 합의하는 대상들에 대하여 남북핵통제공동위원회가 규정하는 절차와 방법으로 사찰을 실시한다.
5. 남과 북은 이 공동선언의 이행을 위하여 공동선언이 발효된 후 1개월 안에 남북핵통제공동위원회를 구성·운영한다.
6. 이 공동선언은 남과 북이 각기 발효에 필요한 절차를 거쳐 그 문본을 교환한 날부터 효력을 발생한다.

1992년 1월 20일

남 북 고 위 급 회 담 　　　북 남 고 위 급 회 담
남측 대표단 수석 대표 　　　북 측 대 표 단 단 장
대　한　민　국 　　　조선민주주의 인민공화국
국 무 총 리 정원식 　　　정 무 원 총 리 연형묵

부록3. 6.15 남북공동선언

조국의 평화적 통일을 염원하는 온 겨레의 숭고한 뜻에 따라 대한민국 김대중 대통령과 조선민주주의인민공화국 김정일 국방위원장은 2000년 6월 13일부터 6월 15일까지 평양에서 역사적인 상봉을 하였으며 정상회담을 가졌다.

남북정상들은 분단 역사상 처음으로 열린 이번 상봉과 회담이 서로 이해를 증진시키고 남북관계를 발전시키며 평화통일을 실현하는 데 중대한 의의를 가진다고 평가하고 다음과 같이 선언한다.

1. 남과 북은 나라의 통일문제를 그 주인인 우리 민족끼리 서로 힘을 합쳐 자주적으로 해결해 나가기로 하였다.
2. 남과 북은 나라의 통일을 위한 남측의 연합제 안과 북측의 낮은 단계의 연방제 안이 서로 공통성이 있다고 인정하고 앞으로 이 방향에서 통일을 지향시켜 나가기로 하였다.
3. 남과 북은 올해 8·15에 즈음하여 흩어진 가족, 친척 방문단을 교환하며, 비전향장기수 문제를 해결하는 등 인도적 문제를 조속히 풀어 나가기로 하였다.
4. 남과 북은 경제협력을 통하여 민족경제를 균형적으로 발전시키고, 사회, 문화, 체육, 보건, 환경 등 제반분야의 협력과 교류를 활성화하여 서로의 신뢰를 다져 나가기로 하였다.
5. 남과 북은 이상과 같은 합의사항을 조속히 실천에 옮기기 위하여 빠른 시일 안에 당국 사이의 대화를 개최하기로 하였다.

김대중 대통령은 김정일 국방위원장이 서울을 방문하도록 정중히 초청하였으며, 김정일 국방위원장은 앞으로 적절한 시기에 서울을 방문하기로 하였다.

2000년 6월 15일

대 한 민 국	조선민주주의인민공화국
대 통 령	국 방 위 원 장
김 대 중	김 정 일

대한민국 노무현 대통령과 조선민주주의인민공화국 김정일 국방위원장 사이의 합의에 따라 노무현 대통령이 2007년 10월 2일부터 4일까지 평양을 방문하였다.

방문기간 중 역사적인 상봉과 회담들이 있었다.

상봉과 회담에서는 6.15 공동선언의 정신을 재확인하고 남북관계발전과 한반도 평화, 민족공동의 번영과 통일을 실현하는 데 따른 제반 문제들을 허심탄회하게 협의하였다.

쌍방은 우리민족끼리 뜻과 힘을 합치면 민족번영의 시대, 자주통일의 새 시대를 열어 나갈수 있다는 확신을 표명하면서 6.15 공동선언에 기초하여 남북관계를 확대·발전시켜 나가기 위하여 다음과 같이 선언한다.

1. 남과 북은 6.15 공동선언을 고수하고 적극 구현해 나간다.

남과 북은 우리민족끼리 정신에 따라 통일문제를 자주적으로 해결해 나가며 민족의 존엄과 이익을 중시하고 모든 것을 이에 지향시켜 나가기로 하였다.

남과 북은 6.15 공동선언을 변함없이 이행해 나가려는 의지를 반영하여 6월 15일을 기념하는 방안을 강구하기로 하였다.

2. 남과 북은 사상과 제도의 차이를 초월하여 남북관계를 상호존중과 신뢰 관계로 확고히 전환시켜 나가기로 하였다.

남과 북은 내부문제에 간섭하지 않으며 남북관계 문제들을 화해와 협력, 통일에 부합되게 해결해 나가기로 하였다.

남과 북은 남북관계를 통일 지향적으로 발전시켜 나가기 위하여 각기 법률적·제도적 장치들을 정비해 나가기로 하였다.

남과 북은 남북관계 확대와 발전을 위한 문제들을 민족의 염원에 맞게 해결하기 위해 양측 의회 등 각 분야의 대화와 접촉을 적극 추진해 나가기로 하였다.

3. 남과 북은 군사적 적대관계를 종식시키고 한반도에서 긴장완화와 평화를 보장하기 위해 긴밀히 협력하기로 하였다.

남과 북은 서로 적대시하지 않고 군사적 긴장을 완화하며 분쟁문제들을 대화와 협상을 통하여 해결하기로 하였다.

남과 북은 한반도에서 어떤 전쟁도 반대하며 불가침의무를 확고히 준수하기로 하였다.

남과 북은 서해에서의 우발적 충돌방지를 위해 공동어로수역을 지정하고 이 수역을 평화수역으로 만들기 위한 방안과 각종 협력사업에 대한 군사적 보장조치 문제 등 군사적 신뢰구축조치를 협의하기 위하여 남측 국방부 장관과 북측 인민무력부 부장간 회담을 금년 11월 중에 평양에서 개최하기로 하였다.

4. 남과 북은 현 정전체제를 종식시키고 항구적인 평화체제를 구축해 나가야 한다는데 인식을 같이하고 직접 관련된 3자 또는 4자 정상들이 한반도지역에서 만나 종전을 선언하는 문제를 추진하기 위해 협력해 나가기로 하였다.

남과 북은 한반도 핵문제 해결을 위해 6자회담 「9.19 공동성명」과 「2.13 합의」가 순조롭게 이행되도록 공동으로 노력하기로 하였다.

5. 남과 북은 민족경제의 균형적 발전과 공동의 번영을 위해 경제협력사업을 공리공영과 유무상통의 원칙에서 적극 활성화하고 지속적으로 확대 발전시켜 나가기로 하였다.

남과 북은 경제협력을 위한 투자를 장려하고 기반시설 확충과 자원개발을 적극 추진하며 민족내부협력사업의 특수성에 맞게 각종 우대조건과 특혜를 우선적으로 부여하기로 하였다.

남과 북은 해주지역과 주변해역을 포괄하는 「서해평화협력특별지대」를 설치하고 공동어로구역과 평화수역 설정, 경제특구건설과 해주항 활용, 민간선박의 해주직항로 통과, 한강하구 공동이용 등을 적극 추진해 나가기로 하였다.

남과 북은 개성공업지구 1단계 건설을 빠른 시일 안에 완공하고 2단계 개발에 착수하며 문산-봉동 간 철도화물수송을 시작하고, 통행·통신·통관 문제를 비롯한 제반 제도적 보장조치들을 조속히 완비해 나가기로 하였다.

남과 북은 개성-신의주 철도와 개성-평양 고속도로를 공동으로 이용하기 위해 개보수 문제를 협의·추진해 가기로 하였다.

남과 북은 안변과 남포에 조선협력단지를 건설하며 농업, 보건의료, 환경보호 등 여러 분야에서의 협력사업을 진행해 나가기로 하였다.

남과 북은 남북 경제협력사업의 원활한 추진을 위해 현재의 「남북경제협력추진위원회」를 부총리급 「남북경제협력공동위원회」로 격상하기로 하였다.

6. 남과 북은 민족의 유구한 역사와 우수한 문화를 빛내기 위해 역사, 언어, 교육, 과학기술, 문화예술, 체육 등 사회문화 분야의 교류와 협력을 발전시켜 나가기로 하였다.

남과 북은 백두산관광을 실시하며 이를 위해 백두산—서울 직항로를 개설하기로 하였다.

남과 북은 2008년 북경 올림픽경기대회에 남북응원단이 경의선 열차를 처음으로 이용하여 참가하기로 하였다.

7. 남과 북은 인도주의 협력사업을 적극 추진해 나가기로 하였다.

남과 북은 흩어진 가족과 친척들의 상봉을 확대하며 영상 편지 교환사업을 추진하기로 하였다.

이를 위해 금강산면회소가 완공되는 데 따라 쌍방 대표를 상주시키고 흩어진 가족과 친척의 상봉을 상시적으로 진행하기로 하였다.

남과 북은 자연재해를 비롯하여 재난이 발생하는 경우 동포애와 인도주의, 상부상조의 원칙에 따라 적극 협력해 나가기로 하였다.

8. 남과 북은 국제무대에서 민족의 이익과 해외 동포들의 권리와 이익을 위한 협력을 강화해 나가기로 하였다

남과 북은 이 선언의 이행을 위하여 남북총리회담을 개최하기로 하고, 제1차회의를 금년 11월 중 서울에서 갖기로 하였다.

남과 북은 남북관계 발전을 위해 정상들이 수시로 만나 현안 문제들을 협의하기로 하였다.

2007년 10월 4일

평 양

대 한 민 국   조선민주주의인민공화국
대   통   령   국 방 위 원 장
노   무   현   김   정   일

대한민국 문재인 대통령과 조선민주주의인민공화국 김정은 국무위원장은 평화와 번영, 통일을 염원하는 온 겨레의 한결같은 지향을 담아 한반도에서 역사적인 전환이 일어나고 있는 뜻깊은 시기에 2018년 4월 27일 판문점 평화의 집에서 남북정상회담을 진행하였다.

양 정상은 한반도에 더 이상 전쟁은 없을 것이며 새로운 평화의 시대가 열리었음을 8천만 우리 겨레와 전 세계에 엄숙히 천명하였다.

양 정상은 냉전의 산물인 오랜 분단과 대결을 하루 빨리 종식시키고 민족적 화해와 평화번영의 새로운 시대를 과감하게 열어나가며 남북관계를 보다 적극적으로 개선하고 발전시켜 나가야 한다는 확고한 의지를 담아 역사의 땅 판문점에서 다음과 같이 선언하였다.

1. 남과 북은 남북 관계의 전면적이며 획기적인 개선과 발전을 이룩함으로써 끊어진 민족의 혈맥을 잇고 공동번영과 자주통일의 미래를 앞당겨 나갈 것이다.

남북관계를 개선하고 발전시키는 것은 온 겨레의 한결같은 소망이며 더 이상 미룰 수 없는 시대의 절박한 요구이다.

① 남과 북은 우리 민족의 운명은 우리 스스로 결정한다는 민족 자주의 원칙을 확인하였으며 이미 채택된 남북 선언들과 모든 합의들을 철저히 이행함으로 써 관계 개선과 발전의 전환적 국면을 열어나가기로 하였다.

② 남과 북은 고위급 회담을 비롯한 각 분야의 대화와 협상을 빠른 시일 안에 개최하여 정상회담에서 합의된 문제들을 실천하기 위한 적극적인 대책을 세워나가기로 하였다.

③ 남과 북은 당국 간 협의를 긴밀히 하고 민간교류와 협력을 원만히 보장하기 위하여 쌍방 당국자가 상주하는 남북공동연락사무소를 개성지역에 설치하기로 하였다.

④ 남과 북은 민족적 화해와 단합의 분위기를 고조시켜 나가기 위하여 각계각층의 다방면적인 협력과 교류 왕래와 접촉을 활성화하기로 하였다.

안으로는 6.15를 비롯하여 남과 북에 다같이 의의가 있는 날들을 계기로 당국과 국회, 정당, 지방자치단체, 민간단체 등 각계각층이 참가하는 민족공동 행사를 적극 추진하여 화해와 협력의 분위기를 고조시키며, 밖으로는 2018년 아시아경기대회를 비롯한 국제경기들에 공동으로 진출하여 민족의 슬기와 재능, 단합된 모습을 전 세계에 과시하기로 하였다.

⑤ 남과 북은 민족 분단으로 발생된 인도적 문제를 시급히 해결하기 위하여 노력하며, 남북 적십자회담을 개최하여 이산가족·친척상봉을 비롯한 제반 문제들을 협의 해결해 나가기로 하였다.

당면하여 오는 8.15를 계기로 이산가족·친척 상봉을 진행하기로 하였다.

⑥ 남과 북은 민족경제의 균형적 발전과 공동번영을 이룩하기 위하여 10.4선언에서 합의된 사업들을 적극 추진해 나가며 1차적으로 동해선 및 경의선 철도와 도로들을 연결하고 현대화하여 활용하기 위한 실천적 대책들을 취해 나가기로 하였다.

2. 남과 북은 한반도에서 첨예한 군사적 긴장상태를 완화하고 전쟁 위험을 실질적으로 해소하기 위하여 공동으로 노력해 나갈 것이다.

① 남과 북은 지상과 해상, 공중을 비롯한 모든 공간에서 군사적 긴장과 충돌의 근원으로 되는 상대방에 대한 일체의 적대행위를 전면 중지하기로 하였다.

당면하여 5월 1일부터 군사분계선 일대에서 확성기 방송과 전단 살포를 비롯한 모든 적대 행위들을 중지하고 그 수단을 철폐하며 앞으로 비무장지대를 실질적인 평화지대로 만들어 나가기로 하였다.

② 남과 북은 서해 북방한계선 일대를 평화수역으로 만들어 우발적인 군사적 충돌을 방지하고 안전한 어로 활동을 보장하기 위한 실제적인 대책을 세워나가기로 하였다.

③ 남과 북은 상호협력과 교류, 왕래와 접촉이 활성화 되는 데 따른 여러 가지 군사적 보장대책을 취하기로 하였다.

남과 북은 쌍방 사이에 제기되는 군사적 문제를 지체 없이 협의 해결하기 위하여 국방부장관회담을 비롯한 군사당국자회담을 자주개최하며 5월 중에 먼저 장성급 군사회담을 열기로 하였다.

3. 남과 북은 한반도의 항구적이며 공고한 평화체제 구축을 위하여 적극 협력해 나갈 것이다.

한반도에서 비정상적인 현재의 정전상태를 종식시키고 확고한 평화체제를 수립하는 것은 더 이상 미룰 수 없는 역사적 과제이다.

① 남과 북은 그 어떤 형태의 무력도 서로 사용하지 않을 때 대한 불가침 합의를 재확인하고 엄격히 준수해 나가기로 하였다.

② 남과 북은 군사적 긴장이 해소되고 서로의 군사적 신뢰가 실질적으로 구축되는 데 따라 단계적으로 군축을 실현해 나가기로 하였다.

③ 남과 북은 정전협정 체결 65년이 되는 올해에 종전을 선언하고 정전협정을 평화협정으로 전환하며 항구적이고 공고한 평화체제 구축을 위한 남·북·미 3자 또는 남·북·미·중 4자회담 개최를 적극 추진해 나가기로 하였다.

④ 남과 북은 완전한 비핵화를 통해 핵 없는 한반도를 실현한다는 공동의 목표를 확인하였다.

남과 북은 북측이 취하고 있는 주동적인 조치들이 한반도 비핵화를 위해 대단히 의의 있고 중대한 조치라는 데 인식을 같이 하고 앞으로 각기 자기의 책임과 역할을 다하기로 하였다.

남과 북은 한반도 비핵화를 위한 국제사회의 지지와 협력을 위해 적극 노력하기로 하였다.

양 정상은 정기적인 회담과 직통전화를 통하여 민족의 중대사를 수시로 진지하게 논의하고 신뢰를 굳건히 하며, 남북관계의 지속적인 발전과 한반도의 평화와 번영, 통일을 향한 좋은 흐름을 더욱 확대해 나가기 위하여 함께 노력하기로 하였다.

당면하여 문재인 대통령은 올해 가을 평양을 방문하기로 하였다.

2018년 4월 27일
판 문 점

대 한 민 국	조선민주주의인민공화국
대 통 령	국 무 위 원 회 위원장
문 재 인	김 정 은

출처: [네이버 지식백과] 4·27 판문점 선언 (시사상식사전, 박문각)

'9월 평양공동선언' 전문

대한민국 문재인 대통령과 조선민주주의인민공화국 김정은 국무위원장은 2018년 9월 18일부터 20일까지 평양에서 남북정상회담을 진행하였다.

양 정상은 역사적인 판문점선언 이후 남북 당국 간 긴밀한 대화와 소통, 다방면적 민간교류와 협력이 진행되고, 군사적 긴장완화를 위한 획기적인 조치들이 취해지는 등 훌륭한 성과들이 있었다고 평가하였다.

양 정상은 민족자주와 민족자결의 원칙을 재확인하고, 남북관계를 민족적 화해와 협력, 확고한 평화와공동번영을 위해 일관되고 지속적으로 발전시켜 나가기로 하였으며, 현재의 남북관계 발전을 통일로 이어갈 것을 바라는 온 겨레의 지향과 여망을 정책적으로 실현하기 위하여 노력해 나가기로 하였다.

양 정상은 판문점선언을 철저히 이행하여 남북관계를 새로운 높은 단계로 진전시켜 나가기 위한 제반문제들과 실천적 대책들을 허심탄회하고 심도있게 논의하였으며, 이번 평양정상회담이 중요한 역사적 전기가 될 것이라는 데 인식을 같이 하고 다음과 같이 선언하였다.

1. 남과 북은 비무장지대를 비롯한 대치지역에서의 군사적 적대관계 종식을 한반도 전 지역에서의 실질적인 전쟁위험 제거와 근본적인 적대관계 해소로 이어나가기로 하였다.

① 남과 북은 이번 평양정상회담을 계기로 체결한 <판문점선언 군사분야 이행합의서>를 평양공동선언의 부속합의서로 채택하고 이를 철저히 준수하고 성실히 이행하며, 한반도를 항구적인 평화지대로 만들기 위한 실천적 조치들을 적극 취해나가기로 하였다.

② 남과 북은 남북군사공동위원회를 조속히 가동하여 군사분야 합의서의 이행실태를 점검하고 우발적 무력충돌 방지를 위한 상시적 소통과 긴밀한 협의를 진행하기로 하였다.

2. 남과 북은 상호호혜와 공리공영의 바탕 위에서 교류와 협력을 더욱 증대시키고, 민족경제를 균형적으로 발전시키기 위한 실질적인 대책들을 강구해

나가기로 하였다.

① 남과 북은 금년 내 동·서해선 철도 및 도로 연결을 위한 착공식을 갖기로 하였다.

② 남과 북은 조건이 마련되는 데 따라 개성공단과 금강산관광 사업을 우선 정상화하고, 서해경제공동특구 및 동해관광공동특구를 조성하는 문제를 협의해 나가기로 하였다.

③ 남과 북은 자연생태계의 보호 및 복원을 위한 남북 환경협력을 적극 추진하기로 하였으며, 우선적으로 현재 진행 중인 산림분야 협력의 실천적 성과를 위해 노력하기로 하였다.

④ 남과 북은 전염성 질병의 유입 및 확산 방지를 위한 긴급조치를 비롯한 방역 및 보건·의료 분야의 협력을 강화하기로 하였다.

3. 남과 북은 이산가족 문제를 근본적으로 해결하기 위한 인도적 협력을 더욱 강화해 나가기로 하였다.

① 남과 북은 금강산 지역의 이산가족 상설면회소를 빠른 시일 내 개소하기로 하였으며, 이를 위해 면회소 시설을 조속히 복구하기로 하였다.

② 남과 북은 적십자 회담을 통해 이산가족의 화상상봉과 영상편지 교환 문제를 우선적으로 해결해 나가기로 하였다.

4. 남과 북은 화해와 단합의 분위기를 고조시키고 우리 민족의 기개를 내외에 과시하기 위해 다양한 분야의 협력과 교류를 적극 추진하기로 하였다.

① 남과 북은 문화 및 예술분야의 교류를 더욱 증진시켜 나가기로 하였으며, 우선적으로 10월 중에 평양예술단의 서울 공연을 진행하기로 하였다.

② 남과 북은 2020년 하계올림픽경기대회를 비롯한 국제경기들에 공동으로 적극 진출하며, 2032년 하계올림픽의 남북공동 개최를 유치하는 데 협력하기로 하였다.

③ 남과 북은 10·4선언 11주년을 뜻깊게 기념하기 위한 행사들을 의의 있게 개최하며, 3·1운동 100주년을 남북이 공동으로 기념하기로 하고, 그를 위한 실무적인 방안을 협의해 나가기로 하였다.

5. 남과 북은 한반도를 핵무기와 핵위협이 없는 평화의 터전으로 만들어 나가야 하며 이를 위해 필요한 실질적인 진전을 조속히 이루어 나가야 한다는 데 인식을 같이 하였다.

① 북측은 동창리 엔진시험장과 미사일 발사대를 유관국 전문가들의 참관 하에 우선 영구적으로 폐기하기로 하였다.

② 북측은 미국이 6·12 북미공동성명의 정신에 따라 상응조치를 취하면 영변 핵시설의 영구적 폐기와 같은 추가적인 조치를 계속 취해나갈 용의가 있음을 표명하였다.

③ 남과 북은 한반도의 완전한 비핵화를 추진해 나가는 과정에서 함께 긴밀히 협력해 나가기로 하였다.

6. 김정은 국무위원장은 문재인 대통령의 초청에 따라 가까운 시일 내로 서울을 방문하기로 하였다.

2018년 9월 19일

대　한　민　국　　　　조선민주주의인민공화국
대　통　령　　　　　　국　무　위　원　장
문　재　인　　　　　　김　정　은

출처: [네이버 지식백과] 9월 평양공동선언(2018) (시사상식사전, 박문각)

Joint Statement of President Donald J. Trump of the United States of America and Chairman Kim Jon Un of the State Affairs Commission of the Democratic People's Republic of Korea at the Singapore Summit President Donald J. Trump of the United States of America and Chairman Kim Jong Un of the State Affairs Commission of the Democratic People's Republic of Korea(DPRK) held a first, historic summit in Singapore on June 12, 2018.

President Trump and Chairman Kim Jong Un conducted a comprehensive, in−depth and sincere exchange of opinions on the issues related to the establishment of a new US−DPRK relations and the building of a lasting and robust peace regime on the Korean Peninsula. President Trump committed to provide security guarantees to the DPRK, and Chairman Kim Jong Un reaffirmed his firm and unwavering commitment to complete denuclarization of the Korean peninsula.

Convinced that the establishment of new US−DPRK relations will contribute to the peace and prosperity of the Korean Peninsula and of the world, and recognizing that mutual confidence building can promote the denuclarization of the Korean Peninsula, President Trump and Chairman Kim Jong Un state the following:

1. The United States and the DPRK commit to establish new US− DPRK relations in accordance with the desire of peoples of the two countries for peace and prosperity.

2. The Unite States and the DPRK will join the efforts to build a lasting and stable peace regime on the Korean Peninsula.

3. Reaffirming the April 27, 2018 Panumunjom Declaration, the DPRK commits to work toward complete denuclerarization of the Korean Peninsula.

4. The United States and the DPRK commit to recovering POW/MIA remains, including the immediate repatriation of those already identified.

Having acknowledged that the US−DRPK summit−the first in history−was a epochal event of great significance in overcoming decades of tensions and hostilities between the two countries and for the opening up of a new future, President Trump and Chairman Kim Jong Un commit to implement the stipulations in this joint agreement fully and expeditiously. The United States and the DPRK commit to hold follow−on negotiations, led by the US Secretary of State, Mike Pompeo, and a relevant high−level DPRK official, at the earliest possible date, to implement the outcomes of the US−DPRK summit.

President Donald J. Trump of the United States of America and Chairman Kim Jong Un of the State Affairs Commission of the Democratic People's Republic of Korea have committed to cooperate for the development of new US−DPRK relations and for the promotion of peace, prosperity, and the security of the Korean Peninsula and of the world.

출처: 6·12 북미 정상회담 공동선언 영문본 작성자 EYE CATCHER 아이캐처

도
입

이 주제와 관련 동영상
– 〈베를린 장벽이 무너지는 순간, 그때 그 상황〉 (출처: 채널A)

교
육
목
표

· 제2차 세계대전이 독일의 분단과정과 어떤 연관성이 있는지를 이해한다.
· 서독의 빌리 브란트와 헬무트 콜 수상이 어떤 역할을 했는지를 탐구한다.
· 2차례의 인도차이나 전쟁과 베트남의 분단, 통일이 어떻게 관련되어 있는지를
  고찰한다.
· 예멘 통일과정에서 나타난 사회통합의 중요성을 이해하고 사회통합을 위해 노
  력할 의지를 가진다.
· 독일, 베트남, 예멘의 분단과 통일과정에 강대국들이 어떤 영향을 미쳤는지 파
  악하고, 통일외교의 중요성을 인식한다.

한반도 미래 탐구(2)　　임상순

독일, 예멘,
베트남의
통일사례

내
용
요
약

1945년 5월 7일 독일은 제2차 세계대전에서 패전했다. 독일은 미국, 영국, 프랑스, 소련에 의해 4분되었다가 1949년 독일연방공화국(서독)과 독일민주공화국(동독)으로 분단되었다. 서독 빌리 브란트 수상의 신동방정책으로 동서독 간의 대화와 협력이 시작되었고, 이 정책을 계승한 헬무트 콜 수상 때 동서독이 통일되었다. 무엇보다도 서독주민과 함께 살고자 한 동독주민들의 열정이 동서독의 통일을 앞당겼다.

예멘은 전략적 요충지인 홍해의 입구에 위치하고 있어서 오래전부터 강대국들의 영향력하에 놓여 있었다. 인도양진출을 위한 거점이 필요했던 영국이 남예멘을 식민지로 삼음으로써 남북예멘의 분단이 시작되었다. 남북예멘 국경지대에 대량의 석유가 발견되면서 남북예멘 주민들 사이에 통일에 대한 기대가 상승하였고, 이러한 기대 속에 남북예멘은 1990년 5월 22일 대화와 협상으로 통일하였다. 하지만, 남예멘과 북예멘의 정치적, 사회적 통합이 실패함으로써 4년 만인 1994년 4월 27일 내전이 발생하였고, 결국 북예멘의 승리로 재통일이 이루어졌다.

베트남은 프랑스의 식민지배에서 벗어나기 위한 전쟁에서 승리했다. 하지만, 강대국들이 주도한 '제네바 회의'에서 남북으로 분단되었다. 북베트남은 전체 베트남의 공산화를 위해 베트남 전쟁을 일으켰고, 1973년 10월 '파리평화협정'을 통해 미군과 미국의 동맹군들을 철수시켰다. 2년 후인 1975년 3월 북베트남은 협정을 깨고 남베트남을 공격하여 50일 만인 1975년 4월 30일 남베트남을 점령했다.

01
독일의
통일사례

● **(1) 독일의 분단과정**

1939년 9월 1일 히틀러의 나치 독일군이 선전포고도 없이 폴란드 서쪽 국경을 침공함으로써 제2차 세계대전이 시작되었다. 전쟁이 시작된 지 6년 후인 1945년 4월 30일 세계대전을 일으킨 히틀러가 베를린 지하 벙커에서 자살하였고, 1945년 5월 7일 독일 국방군 최고사령관 알프레트 요들 장군이 연합군에 무조건 항복함으로써 독일은 패전국이 되었다.

독일패전 3개월 전인 1945년 2월 4일부터 2월 11일까지 크림 반도의 얄타에서 개최된 회담에서 미국의 루즈벨트 대통령, 영국의 처칠 수상, 소련의 스탈린은 패전 후 나치 독일을 미국, 영국, 프랑스, 소련 4개국이 분할 점령한다는 원칙을 세웠으며, 연합국은 독일인에 대하여 최저 생계를 마련해 주는 것이외에는 일체의 의무를 지지 않는다는 것에 대하여 합의하였다.

얄타회담 합의는 독일 패전 이후인 1945년 7월 17일부터 8월 2일까지 개최된 포츠담 회담에서 재확인되었다. 이 회담에 참석한 미국의 트루먼 대통령, 영국의 처칠 수상, 소련의 스탈린은 전후 독일 처리문제와 관련하여 4D원칙 즉, 탈나치화Denazification, 무장해제Demilitarization, 카르텔 해체Decartelization, 민주화

Democratization에 합의했다. 그리고 연합국의 통치권을 단일화된 행정기구를 통해 행사하며, 전체 독일을 하나의 경제단위로 취급하고, 전후 배상과 독일의 전쟁 잠재력 제거를 위해 4대국이 공동정책을 수립해 나가기로 했다. 하지만, 이후 독일의 재무장을 우려한 소련과 프랑스가 독일을 하나의 정치, 경제적 단위로 인정하기를 거부함에 따라 독일 전 지역을 포괄하는 하나의 통일된 중앙행정기관이 수립되지 못하였다. 4개국이 공동으로 점령하고 있던 베를린을 제외한 다른 독일 영토는 4개국에 의해 4분되었으며, 각 지역은 사실상의 행정구역이 되어 점령군 사령관에 의해 각각 상이한 정책이 시행되었다.

1947년 3월 12일 미국 트루먼 대통령은 소련의 공산주의 팽창을 저지하기 위하여 '터키와 그리스에 대한 군사원조'를 중심으로 한 '트루먼 독트린'을 발표했다. 그리고 미 국무장관 마셜은 '트루먼 독트린'을 뒷받침하기 위해서 1947년 6월 5일 하버드대 졸업식 연설을 통해 '마셜플랜유럽부흥계획'을 발표했다. 즉, 유럽 국가들이 재건을 위해 구체적인 계획을 마련해 오면 미국이 전적으로 이를 지원할 용의가 있음을 밝힌 것이다. 1947년 6월 27일부터 7월 2일까지 프랑스 파리에서 개최된 외상회의에서 영국의 베빈Ernest Bevin과 프랑스 외무장관 비도 Georges Bidault는 '마셜플랜'에 전면적으로 찬성한 반면, 소련의 모로토프Wjatscheslaw M. Molotov는 '마셜플랜'이 유럽에 대한 내정간섭이라는 이유로 거부하였다. 이로 인해 미국, 영국, 프랑스가 점령하고 있던 서독지역만 '마셜플랜유럽부흥계획'에 참여하게 되었다.

미국, 영국, 프랑스, 벨기에, 네덜란드, 룩셈부르크 6개국은 1948년 3월 6일 '런던회의'를 개최하여 독일정책에 관한 '런던 커뮤니케'를 발표했다. 6개국은 이 '커뮤니케'를 통해 서부 독일지역에 민주적 연방정부를 창설하고, 서방 점령지역을 마셜플랜 지역에 포함시키며, 화폐개혁을 단행하기로 합의하였다. 소련은 이 '런던 커뮤니케'에 반발하여 독일 전체 사항을 관장하는 '독일관리이사회'에서 탈퇴하였으며, 그 결과 독일에 대한 4대 연합국의 공동관리체제가 완전히 붕괴되었다.

'런던 커뮤니케'에 따라 미국, 영국, 프랑스는 1948년 6월 20일 마셜플랜의 효과적인 운영을 위해 서독지역과 서베를린에 한하여 화폐개혁을 단행했다. 이에 대한 대응으로 소련 또한 1948년 6월 24일 베를린 지역을 포함한 동독지역을 대상으로 화폐개혁을 실행했다. 서방 연합국들이 소련의 화폐개혁이 서베를린 지역에 효과를 미치지 못한다고 선언하자, 소련은 10개월간 '서베를린 지역을 봉쇄'했다. 서독지역에서 서베를린으로 이어지는 수로와 육로가 막힘에 따라 서방측은 항공기로 서베를린 지역에 생필품을 공수했다.

소련의 베를린 봉쇄로 인해 미국, 영국, 프랑스와 소련 사이에 첨예한 대립이 발생한 가운데, 서방 3개국은 자신들의 점령지역에 국가를 창설하는 작업을 서둘렀다. 미국, 영국, 프랑스는 이미 1948년 4월 8일, '점령지구통합협정'에 조인한 상태였다. 1948년 7월 1일, 서방 3개국 점령 장관들은 서독 11개 주정부 대표들에게 독일 헌법을 제정하기 위한 '프랑크푸르트 문서'를 전달했다. 이 문서는 3가지 문서로 구성되어 있었는데, 첫 번째 문서는 헌법제정회의 소집문서이고, 두 번째 문서는 서독 영토 내 주州 간의 경계선 문서이며, 세 번째 문서는 점령조항의 근본원칙이 담긴 문서였다.

11개 주 대표들은 연합국들이 '프랑크푸르트 문서'에서 제시한 '헌법 제정'을 '기본법 제정'으로 변경하기로 결정했다. 이것은 동서독의 영구분단을 막기 위한 조처였다. 즉, 동서독이 통일이 되면 그때 전 민족의 자유의사를 반영하여 헌법을 제정하겠다는 의지의 표현이었다. 이 결정에 따라 '기본법'을 제정할 65명의 '의회 평의회' 위원이 각 정당세력의 비율에 따라, 주 의회에서 선출되었다. 1949년 4월 22일 '의회 평의회'가 제정한 '기본법'이 점령군사령관들의 승인을 받았고, 1949년 5월 8일 이 '기본법'이 '의회 평의회'에서 가결되었으며, 이후 모든 주 의회의 비준을 얻어 1949년 5월 23일 효력을 발휘하게 되었다. 이 '기본법'에 따라 8월 14일 연방의회 선거가 실시되었고, 9월 7일 연방의회가 소집되어 대통령을 선출했다. 9월 16일에는 점령국가들이 설치한 '경제평의회'가 해산되었고, 9월 17일에 '독일연방공화국서독' 정부가 출범하였다.

소련은 동독지역에 직접 개입하는 전략을 선택했다. 소련 점령군은 1946년 4월 동독지역 내에서 경쟁하던 공산당과 사회 민주당을 '사회주의 통일당'으로 강제 통합하여 소련 공산당을 모델로 한 '공산 정당'을 만들었다. 1946년 10월 20일에 소련 점령 지역에서 주 선거가 실시되어 사회주의 통일당47.5%이 제1당이 되었고, 기독교 민주 연합24.6%과 자유 민주당4.5%이 제2당과 제3당이 되었다.

전 독일 지역을 자신의 영향권하에 두는 것이 어렵다고 판단한 소련은 '사회주의 통일당'을 중심으로 한 하나의 독일 국가를 수립해 나갔다. 1947년 말에 서방 측 점령 지역의 공산당 대표들도 참석한 가운데 '인민회의'가 구성되었고, 1948년 초에 열린 2차 '인민회의'에서 '상설 독일 인민위원회'가 구성되었다. 인민위원회가 준비한 헌법이 1949년 3월 19일에 인민회의를 통과하였고, 인민회의는 1949년 10월 7일 헌법을 선포하였다. 이렇게 동독지역에 '독일민주공화국^{동독}'이 성립함으로써, 제2차 세계대전에서 패전한 독일은 두 개의 국가로 분단되었다.

(2) 서독의 신동방정책과 정상회담

1949년 9월 서독의 초대 수상으로 선출된 콘라트 아데나워^{Konrad Adenauer}는 국가안보를 전적으로 미국 중심의 나토에 의존하여 해결하는 친서방정책을 추진하였다. 아데나워의 친서방정책의 결과로 1954년 10월 '파리협정'이 체결되었다. 파리협정에 따라 서방 3개국 즉, 미국, 영국, 프랑스는 점령국에서 주둔국으로 지위가 변경되었고, 서독이 유일한 합법정부로 인정을 받았으며, 서독이 서베를린을 포함한 서독 지역의 안보를 책임지게 되었다. 이 '파리협정'을 통해, 서독의 주권이 완전히 회복된 것이다.

아데나워 정부는 사회적 시장경제체제를 구축하고, 서독의 경제를 서구 중심의 경제체제에 편입시킴으로써 1950년대에 연 10% 이상의 고도성장을 하면서 '라인강의 기적'을 이루어 냈다. 대동독정책과 관련해서는 '힘의 우위정책'에 입각하여, '할슈타인 독트린'을 채택했다. '할슈타인 독트린'은 동독과 수교하거나 동독을 주권국가로 인정하는 제3의 국가와는 서독이 외교적 관계를 단절하겠다는 외교정책이었다. 이 정책에 따라 서독은 동독과 외교관계를 맺은 유고슬라비아^{1957년}, 쿠바^{1963년}와 국교를 단절했다.

동독은 소련의 점령통치하에서 중앙통제 계획경제체제를 받아들였고, 모든 생산수단을 국유화했다. 그리고 소련은 전쟁배상금 명목으로 핵심산업의 기술과 설비를 통째로 소련으로 이전시켰다. 이러한 과정을 거치면서 동독경제는 점차 쇠퇴하기 시작했다. 동서독 간의 경제 격차가 확대되면서, 동독 주민들 특히, 젊은 전문인력들이 서독으로 대량 탈출하는 사태가 발생했다. 이러한 사태를 막기 위해, 1961년 8월 13일 동독 최고지도자 발터 울브리히트의 지시로 동서 베를린을 분리하는 철조망이 쳐지기 시작했고, 8월 17일부터는 장벽이 건설되었다. 일부 서베를린 학생들이 장벽을 폭파하려고 시도했지만, 서베를린 시정부는 미국, 영국, 프랑스의 명령에 따라 장벽을 보호했다.

베를린 장벽이 건설되던 1961년 8월 13일 당시 서베를린 시장이 바로 사회민주당사민당 총리후보이기도 했던 '빌리 브란트Willy Brandt'였다. 동독을 대화상대로 인정했던 빌리 브란트는 1963년 동독과의 협상을 통해 '베를린 통행증 협정'을 성사시켰다. 이 협정에 따라 1963년 12월 25일부터 1964년 새해까지 2주일간 서베를린 사람들이 동베를린을 방문했다.

1969년 9월 28일 연방의회 선거 결과 사민당과 자유민주당자민당 연립정부가 출범했다. 사민당의 빌리 브란트가 수상이 되었고, 자민당의 발터 셸Walter Scheel이 외무장관에 임명되었다. 브란트는 10월 28일 첫 시정연설에서, "동독을 또 하나의 국가로 인정하고, 대등한 자격으로 협상하겠다"고 선언했다. 브란트 정부는 할슈타인 원칙을 폐기하였고, 동독을 비롯한 소련, 동유럽 국가들과의 관계 개선을 목표로 한 '신동방정책'을 추진했다.

브란트의 시정연설 2달 뒤인 1969년 12월 17일, 동독의 울브리히트 서기장이 동서독 정상회담을 제안했다. 이후 5차례에 걸쳐 정상회담이 진행되었다. 1차 회담은 1970년 3월 19일 동독지역의 에어후르트에서 브란트 수상과 슈토프 동독총리 사이에 이루어졌다. 구체적인 합의는 없었지만 첫 회담으로서의 의미가 있었다. 2차 회담은 1970년 5월 21일 서독지역의 카셀에서 이루어졌다. 이 회담에서 브란트 수상은 기본조약 20개 항목을 제시했다. 이후 동서독 간의 협상이 진행되었고, 1972년 12월 21일 '동서독 기본조약'이 체결되었다. 이 기본조약은 조약 본문과 10개의 부속 문서로 구성되어 있다. 이 조약의 주요내용은 첫째, 동서독은 상호 국경을 존중하며, 둘째, 동서독 어느 한 국가도 국제적으로 상대방을 대표할 수 없으며, 셋째 동서독은 상호 내외 문제에 있어서 자주성과 독립성을 존중하며, 넷째, 상호 상주대표부를 설치한다는 것이다. 이 기본조약은 서독 연방하원에서 268대 217로 의결되었다. 기본조약 체결 후인 1973년 9월 18일 동서독이 유엔에 동시 가입하였고, 1974년 5월 2일 상대방의 수도에 상주대표부를 설치했다.

3차 정상회담은 1981년 12월 11일부터 3일간 동독지역의 베어벨린에서 슈미트 서독 수상과 호네커 서기장이 참석한 가운데 개최되었다. 이 정상회담과 함께 진행된 동서독 실무회담에서 청소년, 체육, 학술, 문화 및 언론 교류, 연안 수역 보호, 기자 취재 활동 편의 제공, 여행조건 완화 등 구체적인 사항이 합의되었다. 4차 정상회담은 1987년 9월 7일부터 5일간 서독 수도 본에서 이루어졌다. 독일 분단 이후 처음으로 동독의 최고지도자가 서독의 수도를 방문한 것으로 동서독뿐만 아니라 동서진영 관계에 중요한 의미가 있었다. 이 회담에서, 사민당 브란트의 동방정책을 계승한 기독교민주당(기민당)의 헬무트 콜 서독 수상과 호네커 서기장은 유럽에서의 평화공존과 동서독 관계 증진, 군축 등의 일반원칙에 합의하였고, 과학 및 기술 협력, 환경보호 및 방사능 오염방지에 관한 조약을 체결하였다.

(3) 베를린 장벽의 붕괴와 독일의 통일과정

1989년 6월 27일 서유럽 국가인 오스트리아와 동유럽 국가인 헝가리 외무장관이 양국 국경도시인 쇼프론에서 만나 양국 국경 철조망을 함께 절단했다. 오스트리아와 헝가리의 국경이 완전히 개방되는 순간이었다. 헝가리 정부는 1989년 9월 11일 동독 주민들에게 이 국경 통과를 허용했다. 동독체제에 불만을 품고 있던 많은 동독인들이 이 국경선을 넘어 서독으로 탈출하기 시작했다. 1989년 9월부터 국외여행 자유화 등 개혁을 요구하는 동독 주민들의 시위가 본격화되었고, 1989년 10월 7일 동독정권 수립 40주년 기념일에는 시위가 동독 전 지역으로 확산되었다. 결국 호네커 서기장이 10월 18일 퇴진했지만 동독 주민들의 탈출과 시위는 계속되었다. 1989년 11월 4일에는 100만 명의 동베를린 주민들이 모여 대규모 시위를 벌였다.

1989년 11월 9일 동독 공산당 중앙위원회 공보비서 샤보브스키는 TV로 방송되는 외신기자회견을 통해, '여행조건을 제시하지 않아도 개인들의 해외여행신청이 가능'하도록 '개인여행 및 출국에 관한 새로운 법률'이 가결되었으며,

이 법률이 '즉시, 지체 없이' 시행된다고 발표했다. 사실 이 발표는 샤보브스키의 실수였다. 당시 동독 지도부는 여행규제를 완화하려고 했을 뿐이며 새 여행법은 베를린 장벽의 개방을 고려하지 않고 있었다.

이 방송을 시청한 동베를린 주민들이 서베를린으로 가는 검문소로 몰려들었고 11월 9일 오후 11시 30분에 검문소가 개방되었다. 이날 수천 명의 동독 주민들이 서베를린으로 넘어갔고, 베를린 장벽 위로 올라가는 사람들도 있었다. 이렇게 베를린 장벽이 무너지기 시작했다.

1989년 11월 21일 콜 수상과 서독 지도부는 단계적 통일계획을 마련했다. 첫 번째 단계는 동서독 조약공동체를 형성하여 긴급한 현안문제를 해결해 나가고, 두 번째 단계는 가능한 조속한 시일 내에 동독에서 자유총선거를 실시하고, 마지막 세 번째 단계는 동독의 민주합법정부와 '국가연합적 구조'를 형성하는 것이었다. 콜 수상은 이러한 통일계획을 구체화한 '10단계 통일방안'을 11월 28일 연방의회에서 제시했다.

1989년 12월 19일 서독의 콜 수상과 동독의 신임 한스 모드로우 수상이 드레스덴에서 정상회담을 가졌다. 이 회담에서 두 정상은 콜 수상이 제안한 데로 1990년 4월까지 동서독이 조약공동체를 형성하기로 합의하였고, 이를 위해 두 정부 간에 여러 분야에 걸친 협상을 즉시 진행하기로 하였다. 그리고 두 정상은 1990년 1월 1일부터 서독 여행자에 대한 최소의무 환전 및 비자의무를 폐지하고, 동서독 화폐 간 공식교환율을 3동독 마르크 대 1서독 마르크로 하기로 합의하였다.

1990년 3월 18일 동독지역에서 최초로 자유총선거가 실시되었다. 이 선거에 모두 24개의 정당과 사회단체들이 참여했는데 동독 기민당이 소속된 '독일동맹'이 48%의 득표로 승리했다. 동독 기민당은 서독 기본법 23조, '기본법은 우선적으로 서독 지역 내에서 유효하고 독일의 다른 지역에 대해서는 독일연방에 편입한 이후에 그 효력을 발생한다'는 조항에 따른 통일을 공약으로 제시했다. 서독 기본법 146조, '기본법은 독일민족이 자유로운 결정에 의해 새로운 헌법이 발표됨과 동시에 그 효력을 상실한다'는 조항에 따른 통일을 주장한 동독 사민당은 21.9% 득표에 그쳤다. 자유총선거 결과로 구성된 동독 인민의회에서 데메지에르 총리는 '기본법 23조'에 의한 통일을 가능한 한 빨리 실현시키는 것이 신정부의 주요 정책이라고 밝혔다.

동독 지역 총선거 전인 1990년 3월 6일에 서독 정부는 기본법 23조에 의해 통일하기로 결정했다. 동서독 정부가 같은 통일방안에 찬성함으로써 동서독의 통일협상은 급속히 진행되었다. 1990년 7월 6일 시작된 동서독 정부 간의 통일협상은 8월 31일 동서독 대표가 '독일 통일 완수에 관한 독일 연방공화국과 독일 민주공화국간의 조약(일명 통일조약)'에 서명함으로써 마무리되었다.

'통일조약'은 전문과 9장 45개조 등으로 구성되어 있으며, 조약 제1조에서는 동독지역의 5개 주가 기본법 제23조에 따라 1990년 10월 3일 자로 독일 연방공화국의 주가 된다고 규정하고 있다. 통일 독일정부는 여기에 기초하여 10월 3일을 '독일 통일의 날'로 정했다. 동서독 의회는 이 '통일조약'을 재적의원 2/3이상의 찬성으로 각각 비준했다. 이렇게 동서독은 통일을 완수했다.

02
예멘의
통일사례

• (1) 예멘의 분단과 남북예멘의 체제 형성과정

고대 예멘은 아라비아 펠릭스Arabia Felix 즉, '행운의 아라비아'로 불렸다. 이는 육지와 홍해를 잇는 가장 중요한 무역로에 위치하여 막대한 부를 쌓을 수 있었기 때문이다. 하지만, 이러한 전략적 위치 때문에 예멘은 오랫동안 강대국들의 영향력하에 놓여 있었다. 16세기 초부터 오토만 터키제국의 지배를 받았으며, 1839년 영국이 인도양 진출을 위한 거점으로 남예멘 지역 항구 도시 아덴을 점령하면서 남북 예멘의 분단이 시작되었다. 영국은 남예멘 지역을 무력으로 점령한 후 128년 동안이나 식민지로 관리했다.

1) 북예멘의 체제 형성과정

1918년 터키가 제1차 세계대전 패배로 북예멘 지역에서 철수하자 자이디 부족의 최고지도자인 이맘 야히야가 북예멘 지역에 사나Sanaa를 수도로 하는 예멘 회교군주국을 수립하였다. 하지만, 1962년 9월 26일 이집트에서 교육을 받은 소장파 장교로 구성된 '자유장교단'이 군사쿠데타를 일으켜 이맘 모하메드 알-바드르를 최고지도자 자리에서 내쫓고, 군주제를 붕괴시킨 후 '예멘아랍공화국'을 선포하였다. 공화국 선포 직후, 군사쿠데타를 주도한 '사랄' 대령이 대통령으로 추대되었다. 군사쿠데타로 밀려난 이맘 알-바드로는 뿔뿔이 흩어진 부족 민병들을 규합하여 북부 고원지대에 거점을 형성하였다. 그리고 사우디아라비아 등 아랍 보수국가들의 지지를 받아 정권을 재탈환하기 위한 군사행동을 시작하면서 내전이 발생했다. 이 내전은 1970년 5월 북예멘과 사우디아라비아 간에 '평화협정'이 체결되면서 완전히 종식되었다. '평화협정'을 통해 왕당파 세력이 북예멘의 공화정부에 참여하게 되었고, 이후 사우디아라비아는 북예멘 정부에 대한 재정지원과 보수적인 부족세력에 대한 자금 지원을 통해 북예멘의 내정에 지속적으로 간섭하였다.

1970년 5월 내전 종식 이후, 이리야니 대통령이 이끄는 북예멘 정부는 헌법제정을 통해 북예멘을 '이슬람공화국'으로 선포했다. 이슬람율법이 모든 법의 근원이 되었고, 법관은 종교학자로 구성되었다. 국가의 실질적 통치권은 집단지도체제 성격을 지닌 '공화국 평의회'가 행사했는데, 이 공화국 평의회는 부족장들이 주도하는 자문회의의 자문을 받도록 되어 있었다. 1974년 6월 13일 남북통일에 의욕적이었던 이리야니 대통령 정부는 '이브라힘 함디' 대령이 주도한 군사쿠데타에 의해 전복되었다. 정권을 획득한 함디는 강력한 중앙집권제의 근대국가를 수립하기 위해 정치개혁을 단행했다. 먼저 '공화국 평의회'와 '부족 자문회의'를 폐지하고, 군사평의회를 설치하여 국정운영의 최고기관으로서 행정 및 입법 기관 역할을 하도록 하였다. 하지만 함디는 남북예멘의 외교

공조와 중앙정부의 통제강화에 불만을 품은 보수파와 부족세력에 의해 1977년 10월 12일 밤에 암살되고 말았다. 함디의 권력을 계승한 '가쉬미'도 다음 해인 1978년 6월 남예멘 대통령 특사와 면담하던 중 특사의 가방에 든 폭탄이 폭발하면서 사망하였다.

가쉬미가 암살된 후 당시 부참모장이던 '살레Ali Abdullah Saleh' 중령이 군의 지지를 받아 1978년 7월 대통령으로 선출되었다. 살레 대통령은 자기 부족 출신을 군과 정보기관의 요직에 배치하고 각 부족들에게 각료직을 안배하여 사회세력의 균형을 유지했다. 그리고, 살레 정부는 서방원조와 투자를 유치하면서도 소련과의 관계를 개선해 나갔다. 국정운영에 자신감을 갖게 된 살레는 이슬람 보수세력과 좌파 민주세력들의 정치활동을 허용하는 정치개혁을 단행하였으며, 국민 참정권 확대정책을 추진하였고 1988년 7월에는 역사상 처음으로 국회 총선거를 실시하였다. 여기에서 선출된 국회의원들로 국회가 구성되었고, 살레는 이 국회에서 임기 5년의 대통령으로 선출되었다.

2) 남예멘의 체제 형성과정

1962년 9월 북예멘 지역에서 군사혁명을 통해 '예멘아랍공화국'이 선포된 것을 계기로, 남예멘 좌파계열 지식인들과 민족주의자들이 '민족해방전선'을 결성하여 영국과 게릴라 무장투쟁을 전개했다. 이들의 투쟁 목표는 사회주의 혁명을 통해 영국으로부터 독립한 후 북예멘과 통일하는 것이었다. 마침내 1967년 11월 '민족해방전선'은 영국과 제네바에서 '독립협정'을 체결하였고, 영국군은 철수하였다.

1967년 11월 30일 남예멘에 '남예멘인민공화국'이 수립되었고, 민족해방전선 서기장 '알샤비Qahtan al-Sha'abi'가 초대 대통령으로 선출되었다. 민족해방전선은 명칭을 민족전선으로 변경하고 게릴라 조직을 당의 형태로 개편하였다. 민족전선은 국가기구를 창설하고 전국을 6개 행정구역으로 구분하여 각 행정단위마다 인민위원회를 설치하였다.

이후 사회주의 국가 건설 정책 노선을 둘러싼 갈등이 고조되었고 1969년 6월 강경파의 쿠데타가 발생하여 '루바이 알리' 정권이 탄생하였다. 새로 권력을 장악한 루바이 알리 정권은 1970년 11월 헌법을 제정하여 국명을 '예멘민주주의인민공화국'으로 변경하고 급진적인 사회주의 일당체제를 확립하였다. 아덴 지역의 정유시설 등 대규모 산업시설을 국유화하였고, 전통적 지배계층의 경제적 기반을 붕괴시키기 위해 토지개혁을 단행하여 대농장을 소작인들에게 무상으로 분배하였다.

헌법규정에 따라, 친중국 성향을 보이며 대중노선을 선호하던 '루바이 알리' 대통령과 친소적 외교노선을 선호하며 교조주의적 경향을 보이는 '이스마일' 민족전선 서기장 그리고, 실용주의 노선을 선호하는 '무함마드' 총리가 '대통령 평의회'를 구성하였다. 이 3명 사이의 권력 암투가 진행되는 가운데 1978년 6월 26일 이스마일을 중심으로 한 친소파가 유혈 쿠데타를 일으켜 루바이 알리 대통령을 체포 처형하였다. 이스마일은 1978년 10월 민족전선을 해체하고 마르크스 – 레닌주의 전위당인 '예멘 사회당'을 설립하였다.

이후 이스마엘은 무함마드 총리와의 당내 권력투쟁에서 패배하여 1980년 4월 21일 소련으로 망명하였다. 당 총서기와 대통령 및 총리직을 겸직하게 된 무함마드는 북예멘과의 관계를 개선하고, 아랍국가와 동유럽 사회주의 국가에 대해 등거리 외교를 추구하여 소련에 대한 의존도를 줄이려고 노력하였다. 하지만, 남예멘 경제 침체 심화로 당내 권력투쟁이 심해지면서 친소 강경파들이 정부 요직을 차지하게 되었다. 이러한 상황에서 1986년 1월 13일 전대 미문의 대참사가 남예멘에서 발생했다. 무함마드 대통령이 예멘 사회당 정치국원들을 초청해 놓고 기관총으로 반대파 정치국원들을 사살한 것이다. 이를 계기로 정치 파벌 사이에 내전이 발생하여 11일간 약 1만여 명의 사회당 당원, 군인, 방위병들이 사망했다. 이 내전이 마무리된 후 예멘 사회당은 1986년 10월 전당대회를 개최하여 신임 서기장으로 알 바이드를 선출했다. 알 바이드는 개혁정책을 추진했고 그 덕분에 국가적 혼란이 수습될 수 있었다.

1980년대 후반기에 소련 고르바초프의 개혁 개방조치의 효과가 남예멘에 영향을 미치기 시작했다. 1989년 초 고르바초프는 남예멘에 대해 개혁개방을 권유하는 한편 군사, 경제 원조를 감축한다고 통보하였다. 당시까지 남예멘을 지탱해 온 소련의 정치, 경제적 지원이 감소하는 상황에서 남예멘 지도부는 일련의 개혁조치를 단행하지 않을 수 없었다. 1989년 7월 정부와 집권당의 관계를 다당제의 정치체제에 적합하도록 재조정했으며, 경제부문에 있어서 기업 활동의 자유를 보장하고, 외국인 투자를 적극 유치하는 방향으로 법률을 개정하였다. 또한 언론법과 교육법을 개정하여 종교잡지 발간을 허용하고, 학교에서 이슬람교를 가르칠 수 있도록 하였다.

(2) 예멘의 합의 통일과정

남북 예멘의 통일협상이 합의점을 찾게 된 중요한 요인 중 하나가 석유발굴로 인한 남북 예멘주민들의 심리적 변화였다. 남북예멘은 1984년부터 석유를 발굴하기 시작하였는데, 석유매장량이 북예멘 지역에 10억 배럴, 남예멘 지역에 35억 배럴, 남북예멘 국경지대에 50억 배럴이 있는 것으로 추정되었다. 이러한 사회적 분위기 속에서, 1988년 북예멘의 살레 대통령과 남예멘의 예멘 사회당 사무총장 바이드Bidh 간에 두 차례의 정상회담이 개최되어 남북예멘의 통합이 본격적으로 다루어지기 시작했다. 특히, 사나에서 개최된 두 번째 정상회담에서 양국 정상은 국경지대를 비무장지대로 만들고 석유를 공동개발하기로 합의하였다. 그리고, 2개월 이내에 양측의 주민들이 신분증만 제시하면 자유로이 통행할 수 있는 공동지역을 설치하기로 했다. 이 합의에 근거해서 1988년 6월 1일 양측 내무장관이 서명한 '국경통행 합의문'이 발효되어 수만 명의 인적교류가 진행되었다.

남예멘의 개혁 개방으로 통일 분위기가 성숙되자 북예멘 살레 대통령이 1989년 11월 29일~30일 1박 2일의 일정으로 대규모 공식 사절단을 이끌고 남예멘 아덴을 방문하여 정상회담을 개최하였다. 이 정상회담에서 양 정상은 북예멘의 외무장관과 남예멘의 예멘 사회당 부서기장이 작성한 '통일헌법안'과 통일원칙에 합의하였다.

다음 해인 1990년 1월과 3월 두 차례에 걸쳐 남북 예멘 공동각료위원회가 개최되었다. 양측은 통일정부 조직 및 각 부처 통합방안에 대해 협상하였다. 협상은 잘 마무리되었고, 남북 예멘 지도층은 4월 19일~22일 사나에서 회동하여 예멘 공화국 선포 및 과도기 조직에 관한 합의서에 서명하였다. 이 합의서에서 남북 예멘은 1990년 5월 26일자로 '예멘 공화국'이라는 하나의 국제적 주체로 완전히 합병통일을 이루며, 통일선포 후 30개월 간의 과도기를 거쳐 총선거를 실시하여 단일국가를 수립하기로 하였다.

남북 예멘의 일부 정치 집단이 통일에 반대하는 움직임을 보이자 남북 예멘 지도층은 원래 예정일보다 빠른 1990년 5월 22일 아덴에서 통일을 선포하였다. 예멘의 정치통합 방식은 남북 예멘 정부가 50대 50으로 권력을 분배하는 대등통합방식이었다. 국가 최고 통치기관인 대통령 평의회는 북예멘 출신 3명과 남예멘 출신 2명으로 구성되었다. 대통령은 북예멘 대통령이었던 살레가 맡고, 수상은 남예멘의 대통령이었던 아타스가, 부통령은 남예멘의 예멘 사회당 서기장이었던 알비드가 맡았다.

내각은 총리 1명, 부총리 4명, 장관 34명으로 구성되었는데, 남예멘 최고 인민회의 간부회의 의장 알 아타스가 총리에 임명되었고, 남북예멘 출신 각각 2명이 부총리를 맡았다. 장관직도 남부와 북부가 공평하게 나누었다. 남예멘 출신이 국방부, 석유 광물부, 무역부 장관 등 15자리를 차지했고, 북예멘 출신은 재무부, 내무부, 외교부 장관 등 19자리를 가져갔다. 남북예멘의 군부 통합은 통일정부의 국방부 장차관, 국장급 간부, 참모본부 간부에 한정되었다. 살레 대통령이 통합군 사령관을 겸직하였고, 국방장관은 남예멘 국방장관이, 참모장은 북예멘의 참모장이 각각 맡았다. 그리고, 통합군 사령부의 주요 직책은 남북 예멘 출신들이 절반씩 차지하였다.

(3) 예멘의 무력 통일과정

1990년 8월 2일 이라크 군대가 쿠웨이트를 침공하여 걸프전이 발생하자, 예멘은 친이라크 입장에 서서, 쿠웨이트를 침공한 이라크를 응징하는 유엔 결의안에 기권하였다. 북예멘이 남예멘의 사회주의 세력과 통일한 것에 대해 못마땅하게 생각하고 있던 사우디아라비아와 쿠웨이트는 예멘 통일정부가 연합군 편을 들지 않았다는 이유로 자국에서 근무하는 예멘 근로자 100만여 명을 강제 귀환시키고, 경제적 제재를 가하는 한편 민주화를 방해하기 위해 보수적 부족세력과 이슬람 원리주의자들에게 재정적인 지원을 하였다. 미국도 예멘에 파견했던 기술원조단을 철수시키고, 경제원조를 대폭 삭감했다.

사우디아라비아와 쿠웨이트에서 근무하던 해외 근로자들이 귀환함에 따라 통일 예멘은 약 4억 달러에 달하는 외화 획득원을 상실하였고 급증하는 실업자 문제에 시달리게 되었다. 예상치 못한 국제정치의 소용돌이에 휘말려 경제상황이 급속히 악화되면서, 통일예멘이 안고 있던 남북 예멘 사이의 정치, 사회적 갈등이 점차 표출되기 시작하였다.

통일정부는 30개월의 과도기간이 종료되는 1992년 11월 22일 이전에 선거를 치르고 신정부를 출범시키겠다고 약속했다. 그러나 총선은 정치적 불안정으로 연기되어 1993년 4월 27일에야 실시되었다. 선거 결과 북예멘에 기반을 둔 국민회의가 123석, 남예멘에 기반을 둔 예멘 사회당이 56석, 남예멘 사회주의 정권과의 통합에 반대했던 이슬람 개혁당이 62석을 차지하였다. 이슬람 정당이 제2당이 되리라고는 아무도 예상치 못했다.

선거 이후 신정부 구성을 둘러싼 국민회의, 예멘 사회당, 이슬람 개혁당 간의 협상이 지연되어 6월 중순에서야 신정부가 출범할 수 있었다. 신정부의 각료 배분은 국민회의 11석, 예멘 사회당 9석, 이슬람 개혁당 6석으로 합의되었다. 국민회의는 대통령평의회를 폐지하고 대통령 중심제로 헌법을 개정할 것을 주장하였다. 이에 대해 예멘 사회당은 개헌보다는 지도층 내부 개혁을 우선적으로 실시하자고 맞섰다. 남예멘 측의 알비드 부통령은 대통령 직접선거, 군과 경찰 재편성, 지방자치제 확립, 경제개혁, 부패방지 등의 요구사항을 제시하였다. 이 요구가 관철되지 않자 알비드 부통령은 1993년 7월 아덴으로 돌아가 공무를 거부하였다.

남북예멘 지도층은 1994년 2월 20일 요르단 국왕의 중재로 요르단 수도 암만에서 회동하였다. 이 회담에서 양측은 안보와 재정분야에서 살레 대통령의 권한을 축소하고, 남예멘 유전지대에 대한 알비드 부통령의 통제권을 축소하는 내용이 담긴 화해협정에 서명하였다. 그러나 화해협정이 서명된 직후인 1994년 4월 27일, 남북 예멘군 사이에 쌓였던 불만이 터지면서 남부 군대 야영지에서 남북 예멘군 사이에 무력충돌이 발생했고, 이 무장충돌은 결국 내전으로 확대되었다. 5월 5일 살레 대통령은 30일간의 비상사태를 선포하고 아덴에 있는 알비드 부통령을 파면했다. 그리고 북예멘 군대에 아덴 진격을 명령하였다. 내전이 격화되던 5월 21일 알비드 부통령은 그의 고향 하드라마우트에서 '예멘민주공화국' 수립을 단독 결정하고 이 사실을 전격 발표했다.

유엔 안전보장이사회는 6월 1일 즉각적인 휴전과 유엔조사단의 현지파견을 권고하는 결의안 924호를 채택했다. 하지만 서방국가들은 휴전을 위한 실질적인 조치를 취하지 않았으며, 남북 예멘 간의 타협을 중재하던 사우디아라비아도 전세가 북예멘에 유리하게 기울자 개입을 자제하게 되었다. 북예멘군은 1994년 6월 16일 남예멘의 핵심지역인 아덴을 겨냥해서 포격을 개시했고, 1994년 7월 7일 아덴을 함락했다. 이로써 내전이 북예멘의 승리로 마무리되었다.

1994년 9월 28일 의회는 헌법 개정안을 통과시켰다. 개정된 헌법은 이슬람 율법이 모든 법률의 근원이 된다고 규정했다. 5인으로 구성되었던 대통령 평의회가 해체되었고, 대통령의 권한이 더욱 강화되었다. 개정된 헌법에 따라 대통령 선거가 실시되었고, 살레 대통령은 의회에서 압도적인 지지로 재선되었다.

03
베트남의
통일사례

● (1) 제1차 인도차이나 전쟁과 베트남의 분단 과정

1883년 8월 25일 프랑스의 무력에 굴복한 베트남은 프랑스와 아르망조약을 체결했다. 이 조약을 통해 베트남은, '프랑스의 보호를 받으며 청나라를 포함한 외국과 교섭을 할 때 프랑스의 허락'을 받게 되었다. 조약 체결 직후 베트남

정부는 군대를 해산시켰다. 이를 통해 베트남은 프랑스의 완전한 식민지가 되었다. 프랑스는 베트남 민족의 단결을 차단하고 지배의 효율성을 높이기 위해서 베트남을 통킹박끼, 안남쭝끼, 코친차이나남끼 등의 3개 지역으로 나누었다.

1939년 9월 1일 독일이 폴란드를 침공함으로써 제2차 세계대전이 발발했다. 1940년 5월 독일은 프랑스를 공격하기 시작하였고, 1940년 6월 22일 프랑스 수도 파리가 독일군에 함락되면서 프랑스는 독일에 항복했다. 친독일 정권인 프랑스의 비시Vichy 정부는 1940년 8월 29일 독일의 동맹국인 일본과 협약을 맺고, 인도차이나의 보전과 프랑스의 주권이 존중되는 조건으로 베트남 지역에서 일본에 특수한 편의를 제공하기로 했다. 베트남은 이 시기를 '일본-프랑스 공동지배기'라고 규정한다. 하지만, 사실상으로는 군사력이 훨씬 강력한 일본이 베트남 지역에서 프랑스를 충실한 하수인으로 활용한 시기라고 할 수 있다.

1945년 7월 포츠담 회담에서 미국, 영국, 중국, 소련 지도자는 베트남에 주둔한 일본군의 무장해제를 위해 16도선을 경계로 북에는 중국의 국민당 군대가, 남에는 영국군이 진주하기로 합의했다. 이 결정에 따라 일본 패망 후인 1945년 9월 9일 중국 군대가 베트남 북부에 진출하였고, 9월 12일 영국 군대가 베트남 남부 지역에 파견되었다. 하지만 당시 베트남에서는 1945년 8월 혁명에 성공한 호치민과 베트남 독립동맹Việt Minh, 월맹이 1945년 9월 2일 '베트남 민주공화국' 수립을 선포하고 베트남의 모든 행정조직을 장악하고 있었다.

1945년 8월 제2차 세계대전 종식 이후 프랑스는 인도차이나 복귀를 지속적으로 주장하였고, 연합군은 이 요구를 받아들였다. 프랑스군은 영국군의 적극적인 지원 아래 1945년 10월 25일 미토지역을 시작으로 베트남 남부와 캄보디아를 점령해 나갔다. 1946년 1월 28일 이후에는 베트남과 인도차이나 반도에서 연합군의 임무가 프랑스군으로 이관되었고, 1946년 2월 중국과 프랑스 사이에 협정이 체결되어 중국군이 베트남 지역에서 철수하였다. 1946년 12월 12일, 베트남 전 지역을 다시 식민지로 삼으려는 프랑스와 이를 저지하려는 '베트남 민주공화국' 사이에 전면적이 시작되었다.

화력이 우세한 프랑스는 이 전쟁이 비교적 짧은 기간 안에 해결될 것이라고 판단했다. 하지만 이러한 프랑스의 예측과는 달리 베트남 국민들의 저항은 강력했고, 1949년 10월 1일 베트남의 동맹국인 중화인민공화국이 수립되면서 전쟁은 장기화되었다. 베트남 공산당과 월맹은 인구의 다수를 차지하는 농민들을 효과적으로 동원하였고, 중국이라는 동맹국을 얻게 되면서 베트남의 군사력은 급속히 강화되었다.

전쟁이 장기화되면서 프랑스의 군비지출이 엄청나게 증액되었고, 프랑스 내부에서 반전여론이 높아졌다. 이러한 부정적인 국면을 타개하기 위해 프랑스군은 1953년 말 베트남 북서쪽에 있는 디엔 비엔 푸Dien Bien Phu 지역에 진지를 구축하고, 이곳에 베트남 주력부대를 유인하여 큰 타격을 가하고자 했다. 하지만, 디엔 비엔 푸에서 프랑스군은 4개 보병 사단과 1개 기갑사단으로 이루어진 5만 명의 베트남군에게 패하였고 1954년 5월 7일 항복했다. 이 전투에서 프랑스군은 1,600명이 전사하고 4,800명이 부상당했으며 1,600명이 실종되었다. 8천명의 프랑스군이 즉시 포로수용소로 보내졌지만, 나중에 귀환한 숫자는 그 절반에도 미치지 못했다. 빈약한 장비를 가지고 인해전술에 의존했던 베트남군도 많은 희생을 치렀는데, 7,000명이 전사하고, 1만 5천 명이 부상당했다.

디엔 비엔 푸에서 베트남이 승리한 다음 날인 1954년 5월 8일 제네바회의에서 인도차이나 문제가 논의되기 시작했다. 제네바회의는 1954년 1월 베를린에서 열린 미국, 영국, 프랑스, 소련 4대국 외상회의에서 개최가 결정된 회의로, 중국, 베트남 민주공화국을 포함한 인도차이나 현지 대표가 참석했다. 오랜 협상 끝에 1954년 7월 20일 제네바협정이 체결되었다. 호치민의 베트남 민주공화국은 북위 17도선을 경계로 남북이 분단되는 것을 받아들였다. 그 이유는 이 협상이 깨지고 전쟁이 계속될 경우, 미국이 전쟁에 참전할 가능성이 높아져서 북베트남에게 불리할 수 있었기 때문이다.

제네바회의가 한창 진행되던 1954년 6월 16일 남베트남에서는 베트남국 주석이었던 바오 다이가 반공주의자이자 민족주의자인 응오 딘 지엠Ngo Dinh Diem을 수상에 임명하여 내각을 구성하도록 했다. 지엠은 1954년 7월 7일 내각 구성을 완료했으며, 미국의 전폭적인 지지하에서 남베트남을 강력한 반공기지로 만들어 나갔다. 지엠 내각이 남베트남을 통제하는 가운데 1955년 10월 23일 국민투표를 거쳐 '베트남 공화국'이 수립되었고, 바오 다이는 퇴출되었으며, 응오 딘 지엠이 초대 대통령에 취임했다.

(2) 제2차 인도차이나 전쟁과 통일 과정

남베트남의 지엠 대통령은 북베트남의 남북 총선거 제안을 거절한 채 1956년 3월 4일 남베트남에서만 선거를 실시하여 123명의 국회의원이 선출되도록 하였고, 이 국회의원들이 10월 26일 '베트남 공화국 헌법'을 제정 공포하였다. 이 헌법이 삼권분립 체제를 갖추고는 있었지만 임기 5년의 대통령이 막강한 권한을 행사할 수 있었다.

이 헌법에 기반하여 지엠 대통령은 독재정치를 펼쳐 나갔다. 자신에게 반대하는 정당을 일체 불법화시켜 국회를 완전히 무력하게 만들었고, 정권을 비판하는 사람들을 임의로 체포하여 강제수용소로 보냈다. 체포된 사람들은 주로 프랑스와의 전쟁에 참전했던 전사들과 공산당원들로서, 이들은 제네바협정에 근거하여 통일선거 실시를 요구했다. 이러한 과정을 거쳐 1955년에서 1958년 사이에 남부 공산당원의 90%가 제거되었다.

지엠 정권의 독재와 가톨릭 우대에 대하여 남베트남의 공산주의자들과 불교도들이 적극 반발하고 나섰다. 1960년 12월 20일 남베트남 공산당은 각 계급, 종교, 민족들로 구성된 '남베트남 민족해방전선'을 조직했다. 이 민족해방전선의 목표는 지엠의 독재정권을 타도하여 독립, 민주, 중립의 남베트남을 만들어 통일된 조국을 세우는 것이었다.

지엠 정권의 독재정치와 토지개혁의 실패를 거치면서 민족해방전선과 그 전위 부대인 베트콩의 세력이 확대되어, 1963년 봄에는 남베트남의 44개 성 중에서 42개 성의 상당수 촌락에서 베트콩이 공공연히 세금을 징수할 정도가 되었다. 불교도들의 불만도 고조되어 1963년 5월 8일 부처님 오신 날 불교도 경축 시가행진이 반정부 시위로 변했고, 6월 11일에는 틱 꽝 득Thich Quang Duc 스님이 지엠 정권의 불교 탄압에 항의하여 분신자살하는 모습이 생생하게 전 세계에 보도되면서 국제여론은 지엠 정권의 야만성을 규탄하기 시작했다.

남베트남에서 공산세력이 확대되어 가고, 지엠 정권이 불신을 당하는 상황에서 미국은 통킹만 사건을 일으켰다. 1964년 8월 2일 통킹만에서 순찰 중이던 미국 구축함 매독스Maddox호가 북베트남의 어뢰정으로부터 공격을 받은 것으로 미국이 조작한 사건으로서, 존슨 대통령은 이 사건을 기회로 즉각 북베트남 해군기지에 대한 보복공습을 명령했으며, 8월 7일에는 의회에 군사행동에 관한 위임을 요청했고 의회는 이를 만장일치로 통과시켰다. 이 '통킹만 결의안' 은 존슨에게 북베트남에 대한 폭격과 남베트남에 미 지상군을 투입할 수 있는 길을 열어주었다.

1965년 3월 미 지상군이 다낭에 상륙함으로써 제2차 인도차이나 전쟁이 본격화되었다. 미군뿐만 아니라 미국의 우방이었던 한국, 태국, 필리핀, 호주 등이 참전하면서 이 전쟁이 국제전으로 확대되었다. 1966년과 1967년 미군의 북베트남 폭격과 지상군의 증강으로 전쟁은 확대되었지만, 전선은 교착상태에 빠졌다. 그러던 중 1968년 1월 31일 베트콩과 북베트남 정규군 약 8만 명이 '뗏 공세구정공세'를 가했다. 이들은 남베트남의 거의 모든 도시를 공격대상으로 삼았다. 사이공에서는 미국대사관 구내까지 침투하여 건물을 점거하려다 미군의 반격을 받고 24시간 뒤에 물러났다. '뗏 공세'로 미국 정부는 정치적으로 큰 타격을 입었다. 전쟁에서 곧 이길 것이라는 이야기를 들어온 미국 국민들은 존슨 행정부를 불신하게 되었고, 베트남 정책에 대한 비난여론이 강해졌다. 이러한 상황에서 존슨 대통령은 베트남 정책을 재검토하고 전쟁을 축소하는 방향으로 정책을 전환했다.

1968년 5월 파리에서 북베트남과 미국 사이에 예비접촉을 가졌으나 현격한 입장차이로 별다른 성과를 얻지 못했다. 1968년 11월 대통령에 당선된 닉슨 대통령은 베트남에서 미군이 명예롭게 철수할 수 있는 방안을 찾기 시작했고, 1969년부터 미국의 키신저는 북베트남의 정치국위원인 레득토Le Duc Tho와 비밀접촉을 계속 유지했다. 레득토는 남베트남에서 모든 외국군이 철수할 것과 민족해방전선을 포함한 남베트남 임시혁명정부의 수립을 요구했다. 반면에 키신저는 남베트남 문제에 대한 북베트남 정부의 직간접적인 개입중단 그리고, 독립된 국가로서 남베트남에서의 총선거를 주장했다. 양측의 견해가 좁혀지지 않던 1972년 3월 북베트남은 소련제 탱크와 대포의 지원을 받는 12만 명의 정부군으로 하여금 휴전선을 넘어 진격하도록 했다. 미군은 공습으로 북베트남 정부군의 전진을 저지했다.

이 전투를 통해 남베트남 지도부는 미군철수가 불가피하다는 것을 깨닫게 되었고, 1972년 7월 북베트남과 미국 사이에 파리평화회담이 재개되어 10월

21일 협상초안이 완성되었다. 결국, 1973년 1월 23일 키신저와 레득토는 파리 평화협정에 합의하였고, 1973년 1월 27일 미국, 북베트남, 남베트남, 남베트남 임시혁명정부1969년 이후 민족해방전선의 명칭 대표가 공식적으로 파리 평화조약에 각각 서명했다.

'미군이 남베트남에서 완전히 철수한다'는 파리 평화조약에 따라, 1973년 3월 29일 미군을 비롯한 참전국가 군인 대부분이 베트남에서 철수를 완료했다.

북베트남은 1974년 9월 30일과 12월 18일 두 차례 정치국 상임위원회를 개최하여 '1975년에 적절한 시기가 온다면 남베트남을 해방시킬 수 있도록 만반의 준비태세'를 갖출 것을 강조했다. 워터게이트 사건으로 1974년 8월 닉슨대통령이 대통령직에서 사임하는 등 미국의 베트남전 재개입이 불가능하다고 판단한 북베트남은 1975년 1월 남베트남에 대한 전면전에 돌입했다. 1975년 4월 28일까지 북베트남군은 남베트남군 방어진지 외곽에 포진해 있던 병력 대부분을 섬멸하고 남부 중심도시 사이공 주변에 대한 포위를 강화했다. 패망의 위기에 직면한 남베트남에서 미국은, 1975년 4월 28일 사이공으로 미국인의 비상 소개를 지시했고, 4월 30일 미국대사가 헬리콥터를 이용하여 사이공을 탈출했다.

1975년 4월 30일 북베트남군은 남베트남 주민들의 봉기에 맞추어 남베트남군의 방어선을 뚫고 사이공으로 진격하여 대통령궁을 비롯한 남베트남 정부의 중요기관을 장악했다. 이로써 북베트남에 의한 남북통일이 이루어졌다.

• 토의주제

1. 독일, 베트남, 예멘의 통일과정에서 중심적인 역할을 한 인물들이 누구인지 선택하고 그 인물들의 구체적인 역할을 설명해 보자.

2. 독일, 베트남, 예멘의 분단과정에 강대국들이 어떻게 영향을 미쳤는지 이야기해 보자.

3. 서독이 동독에 경제적 지원을 지속적으로 해 준 것처럼, 남한도 정치, 군사적 상황과 무관하게 북한에 경제적 지원과 인도적 지원을 해 주어야 하는가?

4. 북베트남은 '파리평화조약'을 무시하고 남베트남을 침공하여 무력으로 통일을 달성했다. 주권국가 간에 맺은 조약을 일방적으로 파기하는 행위는 정당한 것인가?

5. 예멘이 통일이후 정치, 군사, 사회 통합에 실패함으로써 내전이 시작되었다. 남북한의 통일과정에서 남북 주민들의 통합을 위해 우리가 할 수 있는 것은 무엇인가?

이 주제와 관련한 동영상 자료
– 〈북한과 동독 이탈주민의 사회통합〉 (출처: 통일부 Uni)

· 사회통합에 대해 설명할 수 있다.
· 북한이탈주민 발생과 현재를 설명할 수 있다.
· 함께 어울려 사는 사회를 만들기 위해 통합의 필요성을 설명할 수 있다.

사회통합 문제: 북한이탈주민

내용요약

통일은 체계의 통합만으로는 '외적 통일'에 그친다. 이는 독일 통일 후 겪고 있는 사회적 갈등과 문제들을 접하면서 절감하는 부분이기도 하다. 남북한 통일은 그러한 전철을 밟지 않아야 한다. 정치적, 경제적 과정뿐만이 아닌 북한을 이해하고 수용하려는 자세로부터 출발한 '내적 통일'에 주목해야 한다.

통일문제가 '체계통합'과 '사회통합'의 두 가지 시각에서 이해될 수 있음을 처음으로 지적한 사람은 토마스 불만(Thomas Bulmahn, 1977, 40-41)이다. 그는 독일 통일을 중간 결산하는 글에서 양자를 구별하고 전자를 '외적통일', 후자를 '내적 통일'이라고 불렀다.

01
사회통합의
이해

남북한은 다른 정치적·경제적 질서하에서 대립적인 체제의 발전과 더불어 분리의 길을 걸어왔다. 이에 헌법적·국가적 통일을 달성한다고 해도 이는 국가의 통합은 이루었으되 사회통합을 의미하는 것은 아니다.

한국에서 통일을 사회통합의 관점에서 논의하기 시작한 것은 1999년이다. 한국사회학회가 최초로 독일의 프리드리히 에버트 재단과 KBS와 공동으로 주최한 한-독 특별 심포지엄 "민족통일과 사회통합: 독일의 경험과 한국의 미래"에서 처음 통일문제를 사회통합과 결합했다. 2006년까지도 정작 사회통합의 핵심개념은 정의되지 못했다. 통일부 통일교육원[2004, 155]이 "주민들 사이의 빈부격차 해소나 마음과 마음의 통합"으로 이해한 것이 전부였다. 전태국[2013, 110]에 의하면, 사회통합이라는 말은 정치, 경제, 군사 분야를 제외한 잔여범주로서의 사회문화 분야의 통합을 말하는 것이 아니다. 사회통합은 격차 해소를 필요조건으로 하지만 그것만으로는 충분하지 않으며, 단순한 심리적 문제만도 아니라는 데 있다. 통일은 현존하는 남북한 주민의 거리감과 이질감을 극복하는 사회통합에 의해야만 달성할 수 있다.

- 한 사회의 구성부분들이 하나의 포괄적인 전체로 결합하는 과정을 가리키는 '통합'을 일찍이 록우드(Lockwood, 1964, 128)는 '사회통합'과 '체계통합'의 두 가지로 구별했다. 그에 의하면 전자는 사회화로부터 그리고 사회의 중심적 가치와 규범에 대한 일치로부터 발생하는 통합을 가리키며, 후자는 경제관계 혹은 권력구조의 작동의 결과로서 발생하는 통합을 가리킨다.
- 하버마스(Habermas, 1981, 274)는 '체계통합'을 "화폐와 같은 탈언어화된 매개"를 통한 통합으로 정의하고, '사회통합'을 "의사소통적 성취된 합의"를 통한 통합으로 정의했다.
- '체계통합'과 유사한 용어로서 '체제통합'이 있다. '체제통합'이란 일정기간 서로 다른 국가로 존재하다가 정치적으로 통일되어 하나의 국가 및 체제로 통합되는 것을 의미한다. 실제로도 독일, 베트남, 예멘과 같이 분단되었던 국가의 통일을 의미하는 것으로 해석되고 있다.

　　남북한 통일은 사회통합의 전망에서 비대칭적 결과를 극복하고 서로를 인정하는 관계를 형성하는 것이 주요 과제로 제기된다. 사회통합은 우선 남북한 주민들이 공통의 가치와 규범을 의사소통적 합의에 기초하여 내면화하는 것에 기초한다. 북한 주민들이 시장경제와 민주주의 가치에 동의하고 이를 내면화하는 것을 말한다. 사회통합과 관련하여 가장 많이 인용되는 학자인 젠센Jenson 1998, 15-17은 사회통합을 "한 개인이 공동체에 대한 소속감을 키우고, 공동체 구성원임을 인식하도록 하는 일련의 사회적 과정"으로 정의한 바 있다. 젠센은 사회통합을 이해하는 차원을 5가지로 구분하여 제시하였다.

　　사회통합 차원의 5가지의 내용을 살펴보면, ① 가치 공유 및 같은 공동체에 속해 있다는 정체성의 유무, ② 경제부문, 즉 시장에서의 동등한 기회의 유무, ③ 중앙정부 및 지방정부에서 정치참여의 가능성 여부, ④ 차이에 대한 존중이나 다양성에 대한 관용의 정도, ⑤ 서로 다른 이해관계에 있는 개인들 사이의 중재자의 역할을 하는 공공기관 및 민간기관들에 대한 정당성의 여부로 나눈다.

Dimensions of Social Cohesion(사회통합 차원)

belonging(소속감)	isolation(고립)
inclusion(포용)	exclusion(배제)
participation(참여)	non-involvement(비참여)
recognition(인정)	rejection(부정)
legitimacy(정당성)	illegitimacy(비정당성)

다음으로, 사회통합은 상대방에 대한 이해도를 높이는 것에서 시작해야 한다. 남한 주민의 북한이탈주민에 대한 편견과 차별을 해소해야 하며, 북한이탈주민의 남한사회의 성공적인 정착이 우선되어야 한다. 강조할 점은 남북한 사람을 공통의 규범과 가치관을 매개로 합쳐 간다고 해서, 남북한의 개별 사람이 지니고 있는 다양성과 차이의 소멸을 지향하지는 않는다는 점이다. 사람의 다양성과 차이는 '문화culture'로 통칭되는 '사고방식'과 '행위양식'에서 대부분 드러난다. 만약 사회통합을 추구해가면서 새로운 사회 속에서 살아가는 사람들의 공통 규범과 가치관을 찾아내고 만들어 가는데 몰입하느라 개별 사람이 지니고 있는 다양성과 차이를 존중하지 않는다면, 이로 인해 사회구성원 간 갈등이 필연적으로 발생한다. 나아가 이러한 '문화갈등'은 사회통합의 매개체인 공통 규범과 가치관을 찾아내고 만들어내는데 장애가 되기 때문이다.

02
우리사회의
북한이탈주민

북한이탈주민에 대한 조명은 사회통합의 또 다른 주체로서 대한민국 사회를 살아가는 구성원에 대한 이해이다. 북한이탈주민에 대한 법률상의 정의는 '북한에 주소, 직계가족, 배우자, 직장 등을 두고 있는 사람으로서 북한을 벗어난 후 외국 국적을 취득하지 아니한 사람_{정착지원법 제2조}'이다.

· 북한이탈주민을 부르는 대표적인 용어는 '북한이탈주민', '탈북민', '탈북자', '새터민', '귀순자', '귀순용사' 그리고 '북향민' 등이 있다. '탈북자'가 북한을 적극적으로 '탈출'한 행위에 초점을 맞춘 용어라면 '북향민'은 북쪽에 고향을 둔 사람이라는 의미이다. '새터민'은 2005년부터 정부에서 용어순화 차원에서 권장해 온 호칭이나, 당사자들의 입장 등을 감안하여 2008년 국정감사 이후 공식적으로 사용하지는 않고 있다. 정부는 1997년 북한이탈주민의 보호 및 정착지원에 관한 법률 제정 이후 '북한이탈주민'이라는 용어를 공식적으로 표기·사용하고 있다. 또한 정부에서는 '북한이탈주민'을 줄여 '탈북민'이라는 용어를 사용하고 있다.

북한이탈주민은 1948년 최초 귀순을 시작으로 2007년 2월 1만 명, 2010년 11월 2만 명, 2016년 11월 3만 명을 초과하였다. 2023년 9월 기준 북한이탈주민 누적 입국 인원은 총 34,021명이다. 북한의 식량난으로 1990년대 중반부터 탈북민이 점차 증가하기 시작하여 2003~2011년 연간 2,000~3,000명 수준에 이르렀다가 2020년부터 감소하기 시작하였다.

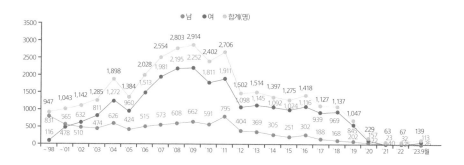

북한이탈주민 지원 정책의 궁극적 목표는 '사회통합'이다. 남한의 총인구가 5천만 명을 넘는다는 점에서 3만 명의 숫자는 그다지 큰 숫자가 아니다. 하지만, 여전히 미흡함이 존재한다.

'귀순', '망명', '생존', '생계', '이주' 등으로 이어지는 탈북 유형의 변화는 한국사회 북한이탈주민 정착의 다변화된 지형을 의미한다. 탈북의 주요 동기는 '북한 체제의 감시·통제가 싫어서22.6%', '식량이 부족해서21.4%', '가족자녀 등에게 더

나은 생활환경을 주려고12.9%', '먼저 탈북한 가족을 찾거나 함께 살기 위해서 9.6%' 순이다.[1]

주관부처 변천	관점	대상
국방부 · 보훈처 (1962~1993)	월남 귀순용사	군사분계선 현역군인 체제우위 선전 활용 국가 유공자 수준의 대우
보건사회부 (1993~1996)	북한 동포	냉전 붕괴 이후 선전가치 저하 유학생 및 파견 노동자 사회복지 대상(취약계층)
통일부 (1997~현재)	북한이탈주민	'고난의 행군'으로 인한 탈북 증가 남북 통합 대비 차원 접근

정부의 북한이탈주민 정책은 변화를 거듭하고 있다. 현행법상 북한이탈주민은 엄연한 대한민국 국민으로 난민의 지위를 갖지 않는다. 하지만 북한이탈주민은 정부의 적극적인 정책지원을 받는 대표적인 집단이다. 정부는 북한이탈주민이 이웃이 되는 따뜻한 사회 구현을 비전으로 북한이탈주민이 우리사회 구성원으로 안착할 수 있도록 지원해 왔다. 통일부는, 2005년부터 북한이탈주민 지원체계를 '보호'에서 '자립·자활' 중심으로 전환하였다. 이후 북한이탈주민 3만 명 시대를 맞아 2016년부터 '사회통합형 정책'으로 전환하여 2023년까지 '사회적 통합지향형 정착지원 정책'을 추진하였다.

2024년 연초부터 북한이 두 국가론을 제기하면서 한반도 군사적 위협을 고조시키는 가운데 정부는 '탈북민 가족 공동체'중심으로 정책의 지향점을 전환하였다. 그 이유는 첫째, 이러한 때일수록 북한이탈주민들의 성공적 정착을 지원하며 북한 주민에게 자유와 번영으로 가는 희망의 메시지를 전달하기 위해서이다. 둘째, 이를 계기로 북한이탈주민들이 지역주민과 소통하며 지역 커뮤니티에 성공적으로 안착하고 우리사회 발전과 사회통합에 기여할 수 있도록 하기 위해서이다.[2]

1__남북하나재단, 2022 북한이탈주민 실태조사(서울: 남북하나재단, 2022).
2__통일부 보도자료. 2024. 2. 2. "정부, '가족'중심으로 탈북민 정책 전환".

북한이탈주민 정착지원 과정

보호 요청 및 국내이송	• 보호요청시 외교부, 관계부처에 상황보고 및 전파 • 해외공관 또는 주재국 임시보호 시설 수용 • 신원확인 후 주재국 입국교섭 및 국내입국 지원

국내입국

조사 및 임시 보호 조치	• 입국 후 국정원이 보호결정 여부를 위한 조사 및 긴급한 치료 등 임시보호 조치 실시 • 조사종료 후 사회적응교육시설인 하나원으로 이송
보호결정	• 「북한이탈주민 보호 및 정착지원협의회」 심의를 거쳐 보호여부 및 보호결정 (세대단위 결정)
하나원 정착준비	• 사회적응교육(12주, 400시간) – 심리안정, 우리사회 이해 증진, 진로지도 상담, 기초직업훈련 • 초기정착지원: 가족관계 창설, 주거알선, 정착금·장려금 지원 등

거주지 전입

거주지 보호 (5년)	• 사회적 안전망 편입(생계·의료급여 지급) • 취업지원: 고용지원금, 무료 직업훈련, 자격인정 등 • 교육지원: 특례 편입학 및 등록금 지원 • 보호담당관: 거주지·취업·신변보호 담당관 제도 운영
민간참여	• 북한이탈주민지원 재단을 통한 종합서비스 제공 • 지역적응센터(전국 25곳) 지정·운영 • 정착도우미 제도: 민간자원봉사자 연계 • 북한이탈주민 전문상담사 86명(정원기준) – 종합상담 및 애로사항 해결 등 찾아가는 상담서비스 제공

출처: 통일부, 「2023 통일백서」(서울: 통일부, 2023), p. 120.

북한이탈주민은 지방자치단체, 북한이탈주민지원재단, 지역적응센터하나센터, 민간자원봉사자인 정착 도우미, 3종 보호 담당관지방자치단체의 거주지보호 담당관, 경찰서의 신변 보호 담당관, 고용센터의 취업 보호 담당관, 민간 복지·종교·봉사 시설과 단체 등으로부터 다양한 지원을 받고 있다. 한편, 2001년 서울특별시 노원구 지역협의회가 최초로 구성된 이후, 2020년 기준 전국 119개 각급 지방자치단체에 '북한이탈주민지원 지역협의회'가 구성되어 있다.

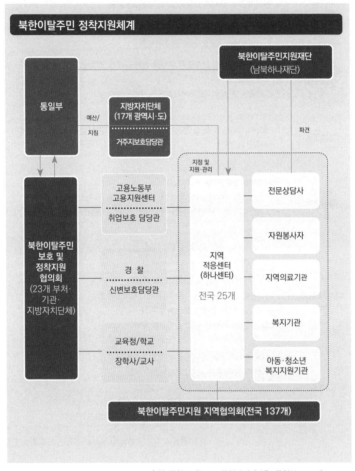

출처: 통일부, 『2023 통일백서』(서울: 통일부, 2023), p. 139.

(1) 익숙함으로부터의 탈출

정치·경제제도는 사람의 행위와 생각을 규정짓는다. 남북한 주민은 매우 이질적인 사회체제 아래에서 70여 년간 떨어져 살아왔다. 따라서 북한이탈주민은 서로 다른 가치관, 도덕관, 생활관, 문화관 등을 지니고 있다. 현재 남한에 입국한 북한이탈주민은 국민이 보편적으로 가지고 있는 문화 자본과 학력 자본, 사회 자본이 없거나 미비하다. 여기에 정착을 지탱하게 되는 사회적 구조에 과거 북한에서의 절대빈곤과 경제적 타격, 차별적인 출신 성분과 그에 따른 개인발전 기회의 제한, 불안감과 불만감 등에 노출되어 있던 일명 '취약계층'의 사회적 자산과 네트워크는 절대적으로 빈약한 것이 현실이다.

북한은 사회주의 체제이다. 북한의 체제, 주민의 삶을 규정하는 결정적인 요소가 되는 것은 사회주의이다. 반면에 남한 사회의 삶과 구조를 결정하는 것은 자본주의이다. 이로써 두 체제의 차이는 두 체제의 삶을 살아가는 사람들을 동문서답하게 만든다. 서로가 살아가는 세상은 구체적인 현실임에도 체제의 차이는 서로에 대한 왜곡된 시선을 갖게 한다. 북한이탈주민 3만 명 시대, 숫자로 그 특징을 확인할 수 있다.

2023년 9월 말 기준

분류	현황
여성	72%
20~40대	74.8%
노동자 · 부양가족	84.3%
함경남 · 북도 출신	67.1%
고등학교 이하	79.2%
서울 · 수도권 거주	65.1%

북한에서의 삶은 세뇌에 의한 사유가 정지된 삶을 살았거나 '근대의 미달'과 같이 학문적인 용어로 표현되기도 한다. 우선, 북한에서의 학교는 주민들에게 특정한 가치를 주입하고 부과하는 과정을 통해 정통적인 문화를 따르도록 하는 특별한 성향을 형성시켰다. 유치원 시기부터 제멋대로 굴고 마음껏 움직

이고 싶은 충동은 통제되었다. 감정적 움직임은 잘못된 방향으로 유도되었다. 겉으로 보기에는 예절 바르고 규율과 질서가 있는 것으로 나타나지만 화를 참지 못하고 신경질적이며 분노를 표출하는, "언제든 한번 걸리기만 하면 가만두지 않겠다."는 표현으로 각오를 다지는 등의 다소 과격한 모습들이 그것이다.

또한, 북한에서의 삶은 내·외적 결핍상태를 동반하였다. 북한에서 일반 대중은 직업의 '배치'나 할당된 일의 몫을 성실히 맡아 수행하면 되는, 특별한 기술이 요구되지 않은 '노동자' 또는 불평등에 기반, 선택된 전문교육을 받은 '전문직'이 대부분이다. 그에 반해 북한의 핵심권력자들은 현실 위에서 '지나치게 군림'하고 있었고 일반 대중은 현실 속에 매몰되어 있다. 그들에게는 자기의 과제를 갖지 못한 채 따르기만 하면 되는 과제, 밑에 있는 존재, 지배당하는 존재로서의 과제를 주었다. "지배당하고, 조직적으로 행해지는 이데올로기적, 또는 여타의 선전 때문에 조종된다는 것이야말로 아마 현대인의 가장 큰 비극"이라고 강조한 파울로 프레이리의 주장은 1960년대 브라질 사회뿐만이 아니라 21세기를 살아가는 북한의 현실을 꼬집는 용어이기도 하다.

(2) 낯선 그리고 단절의 공간

과거 북한에서 힘든 일도 마다하지 않았던 북한이탈주민은 이미 자신을 완전히 소모한 채 또는 관계의 파괴 및 가족의 해체 등의 대가로 남한에서의 새로운 삶을 얻었다. 탈북으로 인한 사회적 자산과 사회적 관계의 상실에 따른 어려움은 정착하는 것에 있어 어쩌면 자연스러운 것이다. 하지만 여기에 '근대화의 정도가 다른 문화에 대한 경험'은 그러잖아도 어려운 정착에 커다란 스트레스를 안겨준다. 더욱이 특이하고 경이롭던 것이 갑자기 일상이 되었을 때 혼란은 더욱 가중된다. 풍요로운 한국사회, 서방의 과도한 자극, 산더미 같이 쌓인 질 좋은 상품들, 이해하기 어려운 남한 주민의 사고방식과 행동 양식, 사회의 제반 풍경, 다양한 제안과 제공 등을 통해 새로운 가능성에 대한 무한함이 있다는 점은 분명히 인식하지만 반대로 과도한 심리적 요구도 함께 받고 있다. 거기에 더해 시간이 갈수록 국민의 공감과 지지를 얻었던 '먼저 온 통일'이라는 국가적 담론은 점점 빛이 바래고 있다. 경제적으로 어려움을 호소하는 북한이탈주민의 목소리에 "복지에 기대어 취업을 꺼리는 등"의 왜곡된 보상심리를 지적하는 목소리도 높아가고 있는 것이 현실이다. 이러한 견해는 동반자적 결합 및 성장을 방해한다. 분명한 점은 남한에서 살아가는 북한이탈주민에 대한 포용 수준이 낮으면 관련 부작용을 감소시키기 위한 정책 비용의 증가는 불가피하다. 정책 비용이 증가할수록 북한이탈주민에게 부여하는 '특별한 혜택'에 대한 국민의 태도는 더 냉담해질 것이다. 북한이탈주민을 수용하기는 하지만 그다지 친근감을 느끼지 못하는 현상은 해가 갈수록 증가하는 추세이다.

한국사회에서 3만여 북한이탈주민은 '소수자'이자 '타자'이다. 이들은 때로는 여전히 남한과 적대관계에 있는 북한의 '대표자' 또는 '피해자'이다. 이들 '소수자'의 이질적인 문화는 교정되어야만 하는 부정적인 것으로 인식된다. 반세기 가까이 교육을 통해 받은 부정적 이미지는 분단정치의 또 다른 이면이다. 남한에서 북한이탈주민은 정서적으로는 같지만 타 문화적 삶을 살아가고 있다. 하지만 더 큰 문제는 스트레스가 일방통행이 아니라는 데 있다. 서로가 서로로 인하여 스트레스를 받고 있다. 김석향2012, 269에 의하면 "문제는 북한이탈주민을 대상으로 교육·상담·진로지도 활동을 하는 전문가 집단도 이런 어려움의 원인을 분석하고 해결책을 모색하는 방법에 익숙지 않은 것이 오늘의 현실"이라는 점이다. 그만큼 사회통합은 시급성과 중요성을 지니는 사안이다.

03
남한주민과
북한이탈주민의 **통합**

· 동서독 통합 사례

전태국, "사회통합을 지향한 한국통일의 개념전략,"『한국사회학』, 제41집 6호(2006).

독일통일은 이른바 '흡수통일'의 방식으로 이루어져, 서독의 교육, 의료, 사법, 행정 등 제도의
모든 차원이 동독에 이식되었다. 이러한 제도이식은 통일 후 1년도 채 되지 않는 짧은 기간에
성공적으로 달성되었다. 또 경제적으로도 통일된 지 10년 만에 동독주민의 소득수준이 서독주
민의 그것의 80%에 도달함으로써, 독일통일은 역사상 유례를 찾기 어려운 성공을 거두었다.
그렇지만 이러한 성공은 외적 제도적 차원에만 그치고, 내적으로는 동-서독인 간에 장벽이 더
욱 높게 세워지고 있다고 말하고 있다. 무엇보다도 '무능한 동쪽사람'(Ossis)과 '오만한 서쪽사
람'(Wwssis)이라는 상호 비방의 말에서 표현되듯이 통일 직후 나타난 동독인과 서독인 간의 거
리감과 불화는 시간이 지나도 여전히 사그라지지 않고 있다.

북한이탈주민의 성공적인 정착은 통일시대 남북주민의 원활한 통합을 위
한 실질적 준비이자 통일대비 남북주민 통합의 문제로 가시화되고 있다. 북한
이탈주민의 정착을 위한 법적, 제도적 기반과 지원제도가 갖추어져 있음에도
불구하고, 북한이탈주민들이 실제 생활에서 체감하는 경제적 수준이나 삶의 만
족 수준은 그다지 높지 않은 것으로 나타났다. 남북하나재단이 2023년 발간한
『북한이탈주민 정착실태조사』에 따르면 북한이탈주민이 남한 생활에 불만족하
는 이유는 첫째, 가족과 떨어져 살아야 해서, 둘째, 경쟁이 너무 치열해서, 셋
째, 남한 사회의 차별/편견 때문인 것으로 나타났다남북하나재단, 2023, 33. 이는 단
순히 제도적 장치나 사회적 기회의 제공, 경제적 생활 수준의 향상만으로 북한

이탈주민이 한국사회에 잘 정착했다고 정의할 수 없다는 것을 보여준다.

서로 다른 체제의 근대 국가 형성과정에서 남과 북의 주민들은 서로 다른 문화적 습성을 지닌 주체로 형성되었다. 북한이탈주민은 남한 사회에 적응하는 과정에서 북한 주민도 남한 주민도 아닌 주변인으로서 많은 어려움을 겪고 있는 것으로 나타났다^{이우영, 2016, 6}. 이는 일상에서 이웃으로 살아갈 때 종종 구별과 차별, 갈등의 근거가 된다. 서로 다른 억양의 말, 화장법과 옷차림 등은 남북한 출신 주민들이 서로를 알아차리고 구분 짓는 주요한 표식이다. 남한 주민들은 한국사회의 문법에 맞지 않는 행동을 하는 북한 출신 주민들로 인해 당혹스러워 한다^{이수정, 2016, 24}.

기본적으로 남북 사회통합을 위해서는 다수자인 남한 주민의 적극적 노력이 더 필요하지만, 이러한 남한 주민의 노력만으로 사회통합이 이루어지는 것은 결코 아니다. 남북 사회통합을 위해서는 통일의 상대방인 북한 주민 모두의 노력이 필요하다. 이에 북한 주민보다 먼저 남한 주민과 만남과 소통을 이어가고 있는 북한이탈주민이 남북 사회통합을 위해 선도적으로 노력하면 할수록 향후 통일 과정에서 남한 주민과 북한 주민의 통합 역시 원활하게 이루어질 수 있다. 이를 위해 다음의 세 가지 노력이 필요해 보인다.

첫째, 남북 사회통합을 위해서는 먼저 남북한 문화의 차이점과 공통점이 무엇인지를 확인하는 작업이 이루어져야 한다. 북한이탈주민이 현재 남한 주민과 겪고 있는 문화갈등은 남북한 문화의 차이점과 공통점이 무엇인지를 확인시켜주는 소중한 경험이다. 따라서 북한이탈주민은 남한 주민과 접촉하면서 남북한 문화의 차이점을 감추고, 공통점만 드러내려 하거나, 반대로 차이점만 부각하고, 공통점은 찾아보지 않으려는 태도를 모두 주의하면서 남한 주민과의 문화적 소통을 적극적으로 할 필요가 있다. 둘째, 북한이탈주민은 남북한 문화의 차이점과 공통점 중에서도 특히 차이점을 남한 사람들이 제대로 이해할 수 있도록, '왜' 북한 사람들이 그렇게 생각하고 행동하는지를, 북한 사람들이 살아온 역사, 정치, 경제, 지리 등 다층적인 맥락 속에서 설명해 주어야 한다. 북한 사람들이 경험했던 정치제도, 경제적 상황, 북한 지역의 지리적 특성 등을 이해해 가다 보면, 남한 사람들은 북한이탈주민뿐 아니라 앞으로 통일 과정에서 만나게 될 북한 주민도 좀 더 잘 이해할 수 있게 될 것이다. 셋째, 문화갈등을 먼저 경험한 북한이탈주민이 통일 과정에서 갈등의 유형과 그 극복을 위한 방법에 대해 나중에 경험하게 될 북한 주민에게 전달해야 할 것이다. 다시 말해, 북한이탈주민은 남한 사회의 동질화 욕구에 어떻게 부딪히고 어떻게 극복해왔는지를 향후 통일 과정에서 북한 주민에게 전달함으로써 남북 사회통합에 기여할 수 있을 것이다.

북한이탈주민은 남한 주민과 문화갈등을 겪고 있는 당사자이자 향후 남북 사회통합 과정에서 발생할 수밖에 없는 문화갈등의 '중재자'이다. 이에 북한이탈주민이 한국사회에 적응하기 위해서 하나원과 지역 하나센터의 교육만으로는 역부족이다. 교육으로는 북한이탈주민들이 탈북과 입국 이후 생활에서 남한 사람들과의 만남으로부터 시작되는 갈등과 상처를 치유하기 힘들다. 이는 결코 정부가 단독으로 해결할 수 있는 문제가 아니다. 남북한 사회통합을 위해서는 한국사회의 인식 변화가 동반되어야 하는 이유이다.

토의 주제

1. 체계통합과 사회통합의 차이를 설명해 보자.

2. 북한이탈주민의 발생에 대해 설명해 보자.

3. 북한이탈주민에는 어떤 유형이 있는지 설명해 보자.

이 주제와 관련 동영상
– 〈북한의 새학기 개교식〉 (출처: 연합뉴스)   〈북한의 새로워진 교육과정〉 (출처: 연합뉴스)

· 남북한 교육을 제도적 차원에서 설명할 수 있다.

· 남북한 교육을 비교할 수 있다.

· 통일교육의 필요성을 설명할 수 있다.

한반도 미래 탐구(4)   엄현숙

남북한
교육 비교와
통일교육 방향

내용요약

남북한의 교육은 '지덕체'를 갖춘 전인적 인간 형성을 지향한다. 여기에 기초적인 생활규범, 도덕적인 품성을 학교 교육의 목표로서 중시한다. 그러나, 북한에서의 전인교육은 궁극적으로 북한 어린이들을 그들의 체제에 맞는 인간으로 키워내는 데 목적이 있다. 이로써 정치 사상교육이 일반교육보다 중시된다. 반면에 남한은 민주주의 · 다원주의 사회에 잘 어울려 살 수 있는 인간이 되도록 교육하는 것이기 때문에 북한의 교육과는 방향성에서 차이가 있다. 차이의 다름을 인정하고 바람직한 북한 · 통일 문제의 접근을 가능케 하는 통일교육의 방향은 무엇인가를 생각해 보아야 한다. 서로 다른 체제하에서 살다가 온 사람들이 만나 한 사회를 구성해 나가기 위해서는 무엇을 필요로 하며 조화로운 삶을 이루기 위해서는 어떻게 하여야 하는가에 초점을 맞춰야 한다.

01
남북한
교육 비교

● **(1) 교육이념과 목표**

　　남한의 교육이념은 우리의 건국이념이자 1945년 미군정하에서 조직된 조선교육심의회에서 제안하여 교육법에 명기된 홍익인간을 근간으로 한다. 교육기본법 제2조는 우리 교육을 "홍익인간의 이념 아래 모든 국민의 인격을 도야하고, 자주적 생활능력과 민주시민으로서 필요한 자질을 갖추게 하여 아름다운 삶을 영위하게 하고, 민주국가의 발전과 인류공영의 이상을 실현하는 데 이바지하게 함을 목적으로 하고 있다." 우리나라의 국가 교육과정은 그동안 사회 변화와 시대적 요구를 반영하여 지속적으로 개정되고 발전해왔다. 2022년 12월 고시된 '2022 개정 교육과정'이 추구하는 인간상은 우리 교육이 지향해온 홍익인간의 이념을 바탕으로, '자기주도적인 사람', '창의적인 사람', '교양 있는 사람', '더불어 사는 사람'이며 핵심역량은 모두 6가지로 '자기관리 역량', '지식정보처리 역량', '창의적 사고 역량', '심미적 감성 역량', '협동적 소통 역량', '공동체 역량'이다.

　　북한은 1948년 9월 9일 '조선민주주의인민공화국'이 만들어진 이래 마르크스·레닌주의를 그들의 공식적 이데올로기로 채택하여 왔다. 마르크스·레닌주의는 변증법적 유물론에 기초하면서 부르죠아지에 대한 프롤레타리아의 계급투쟁을 기본으로 하는 사상이다. 북한에서 마르크스·레닌주의는 공식적인 이데올로기로 적용되어 오다가 1970년 11월 노동당 5차대회에서 개정된 당규약 전문에 "조선로동당은 마르크스·레닌주의와 우리나라 현실에 마르크스·레닌주의를 창조적으로 적용한 김일성 동지의 위대한 주체사상을 자기 활동의 지도적 지침으로 삼는다."고 규정, 1980년 개정된 당 규약에서 "조선로동당은 오직 위대한 수령 김일성 동지의 주체사상과 혁명사상에 의해 지도된다."고 규정, 2016년, 2021년 개정된 당 규약에서 '김일성-김정일주의'를 지도사상으로 내세웠다. 이후 김일성-김정일주의는 교육뿐만 아니라 정치, 경제, 사회, 문화의 모든 분야에서 기본적인 이념으로 작용한다. 이에 교육의 목적은 "사람들을 자주성과 창조성을 가진 공산주의적 혁명인재로 키우는 것"으로 여기서 '공산주의적 혁명인재'는 궁극적으로 공산주의 이념을 가장 잘 실천할 수 있는 인간을 이상시한 것이며 전면적으로 발달된 새로운 유형의 인간을 의미한다. 이는 훗날 '주체형의 새 인간'으로 재정리된다. 즉 북한에서 교육은 사회주의 체제유지에 필요한 인재 양성에 목적을 두고 운영되어 왔다. 교육목표는 "건전한 사상의식과 깊은 과학기술지식, 튼튼한 체력을 지닌 인재를 키우는 것"[교육법]이며, "후대들을 사회와 인민을 위하여 투쟁하는 견결한 혁명가로, 지덕체를 갖춘 사회주의 건설의 역군"[사회주의 헌법]으로 키우는 데 있다.

(2) 교육제도

남한 학제는 초-중-고-대의 6-3-3-4로 되었다. 4년제 정규대학 졸업 후 2년 이상의 수업 연한이 있어야 하는 대학원이 있다. 정규학교가 우리나라의 기간 학제이며, 초·중등교육법 및 고등교육법 관련 조항의 학교는 기간 학제에 대한 방계 학제이다. 이는 기간 학제의 보완적 기능을 수행하거나 사회교육의 성격을 가지는 것으로, 산업대학, 방송·통신대학, 공민학교, 고등공민학교, 기술학교 및 각종학교가 포함된다. 초·중등교육법 제2조와 고등교육법 제2조에 규정되어 있는 학교 종류 가운데 유치원은 취학전교육을, 초등학교·중학교·고등학교·대학은 기간 학제 상의 학교, 산업대학은 산업인력을 양성함을 목적으로 하는 학교가 있다. 그 외 교육대학은 초등학교의 교원을 양성함을 목적으로 하는 학교, 전문대학은 전문직업인을 양성함을 목적으로 하는 학교, 방송·통신대학은 열린 학습사회를 구현함으로써 평생교육의 발전에 이바지함을 목적으로 하는 학교이다.

북한 학제는 유-초-중-고-대의 연한을 2-5-3-3-3~5제로 하고 있다. 현재 북한은 2014학년도 4월 1일부터 12년제 의무교육 강령이 집행되어 유치원 1년^{높은 반}을 포함하여 초·중등 교육 전체 12년을 무상의무교육으로 한다. 북한의 교육기관은 학교교육기관과 사회교육기관으로 나눈다. 학교교육기관에는 소학교, 초급중학교, 고급중학교, 전문대학, 대학과 박사원 같은 것이, 사회교육기관에는 학습당, 도서관, 학생 소년궁전과 회관, 소년단야영소, 체육관 같은 것이 속한다. 학교교육기관은 보통교육과 고등교육으로 나뉜다. 보통교육은 자연과 사회에 대한 가장 일반적이며 기초적인 지식을 주는 일반교육이며, 보통교육에는 학교전교육과 초등교육, 중등교육이 속한다. 보통교육기관은 학업 내용과 특성에 따라 다음과 같이 분류한다^{보통교육법 제19조}.

1. 1년제 학교전교육을 위한 유치원
2. 5년제 초등교육을 위한 소학교
3. 3년제 낮은 단계의 중등교육을 위한 초급중학교
4. 3년제 높은 단계의 중등교육을 위한 고급중학교
5. 장애자 교육을 위한 맹, 롱아학교
6. 특정한 대상의 교육을 위한 학원
7. 수재형의 학생들을 위한 제1중학교

고등교육은 대학교육으로 한다. 대학교육에는 본과교육, 박사원 교육, 과학연구원교육이 속하며, 학업을 전문으로 하는 대학^(종합대학, 부문별 대학, 직업기능대학 등)과 일하면서 배우는 대학^(공장대학, 농장대학, 어장대학, 사이버대학)으로 나눌 수 있다.

시기	의무교육의 내용
1956년	4년제 초등 의무교육
1958년	7년제 중등 의무교육(인민교육 4년+중학교 3년)
1967년	9년제 기술 의무교육(인민교육 4년+중학교 5년)
1972년	11년제 전반적 의무교육(유치원 1년+소학교 4년+중학교 6년)
2012년	12년제 전반적 의무교육(유치원 1년+소학교 5년+초급중학교 3년+고급중학교 3년)

출처: 통일부 국립통일교육원, 『2023 북한이해』(서울: 국립통일교육원, 2023), p. 321.

해방 후 북한은 1970년대까지 상당히 빠른 속도로 의무교육 기간을 확대하였다. 1977년에 발표되어 현재에 이르기까지 북한 교육의 기본 방향을 제시해 온 '사회주의 교육에 관한 테제'는 북한 교육의 목적을 사람들을 자주성과 창조성을 가진 공산주의적 혁명 인재로 키우는 것이라고 규정하고 "공산주의 위업에 이바지하여야 한다."며 교육의 사회적 기능을 강조하고 있다. 이러한 공교육의 기능은 비교적 최근에 이르기까지 잘 작동됐다. 그러나 1990년대 중반의 '고난의 행군' 시기에 북한의 공교육은 교육 시설 파괴 학교 운영에 필요한 예산의 부족, 교사들의 생활고로 인한 교육과정 운영 파행 등 총체적 위기를 맞게 되었고 교육의 효과성 또한 크게 저하되었다. 2000년대 이후 북한 당국은 공교육을 강화하는 정책을 통해 공교육 수준을 '고난의 행군' 이전 수준으로 회복시키고자 하였다. 그러나 추가적 예산 투입이 많지 않은 상황에서 공교육 인프라를 정비하고 하락한 교육의 질을 향상하는 것은 쉽지 않았다. 김정은의 집권 이후 북한은 2012년 9월 학제 개편을 비롯한 교육정책의 변화를 지속적으로 시도하고 있다.

· 1996년부터 9월 1일 새학년도 개교를 6개월 앞당겨 4월 1일에 개교
· 2002년부터 인민학교는 소학교, 고등중학교는 중학교로 개칭
· 2013년부터 6년제 중학교과정을 3년제 초급중학교와 3년제 고급중학교로 분리
· 2017년부터 소학교 5학년 새과정안 집행

북한은 기본 학제와 별도로 엘리트를 양성하는 영재학교, 외국어 학교 등 각종 특수학교를 설치하고 예·체능 분야의 특기자 교육과 혁명학원과 같은 출신 성분에 따른 특수 교육도 실시하고 있다.

연령 (만 나이)	학년 구분	교종 구분		교육 구분		
26	4	박사원(2-4년)		고등교육		
25	3					
24	2					
23	1					
22	6	대　　　　학				
21	5					
20	4		*			
19	3					
18	2					
17	1					
16	3	고급중학교		중등교육		보통교육 (12년제)
15	2					
14	1					
13	3	초급중학교				
12	2					
11	1					
10	5	소학교		초등교육		
9	4					
8	3					
7	2					
6	1					
5	높은반	유치원		취학전 교육		
4	낮은반					

출처: 통일부 국립통일교육원, 『2023 북한이해』(서울: 국립통일교육원, 2023), p. 322.

(3) 교육과정

남한의 교육과정은 광복 후 미 군정에 의해 조처된 교육에 대한 긴급조치 1945-1946에서 출발한다. 1차 교육과정의 교육 시기1954-1963는 최초의 우리 손으로 만들어진 체계적인 교육과정이다. 이때는 특히 반공교육, 도의 교육, 실업교육이 강조되었고, 특별활동 시간을 배정해 전인교육을 지향했다. 제2차 교육과정시기1963-1973는 생활 중심 교육과정 또는 경험 중심 교육과정으로 부르기도 한다. 이때는 자주성, 생산성, 유용성이 강조되었다. 제3차 교육과정1973-1981은 생활 중심 교육을 지양하고 학문 중심 교육과정을 지향하였으며 자아실현과 국가발전, 민주적 가치의 강조를 들 수 있다. 제4차 교육과정시기1981-1987는 종래의 교과 중심, 경험 중심, 학문 중심에서 벗어나 비교적 종합적인 성격을 지니면서, 민주주의의 토착화, 복지사회 건설, 정의사회 구현, 교육혁신과 문화 창달 등을 추구했다. 제5차 교육과정1987-1992은 기초교육을 강화하고, 정보화 사회에 대응하는 교육을 강화했으며, 교과교육 운영의 효율성 제고를 들 수 있다. 제6차 교육과정은 21세기를 주도할 건강하고 자주적이며, 창의적이고 도덕적인 한국인 육성을 추구하였다. 우리나라 역사상 처음으로 중앙집권형 교육과정을 지방분권형으로 전환하여 시도교육청과 학교의 자율재량 권한을 확대했다. 시대적 요청에 따른 최초 초등학교 영어과 교육과정을 제정하였다. 제7차 교육과정은 21세기의 정보화 세계화를 주도할 자율과 창의를 바탕으로 한 학생 중심교육으로 이루어졌다. 국민 공통기본교육과정을 편성하고 고등학교 2, 3학년에 선택중심 교육과정이 도입되었다. 2022년 말에 고시한 개정 교육과정은 대한민국의 11번째 교육과정이자 7차 교육과정 이래 4번째 수시 개정 교육과정이다. 2024년부터 2027년까지 단기적으로 적용되는 2022 개정 교육과정은 모두 6개의 핵심 역량을 반영하여 의사소통역량에서 협력적 소통역량으로의 개선에 집중한다.

북한의 교육과정은 교과와 비교과로 구분된다. 비교과는 과외활동의 이름으로 3개의 하위 영역이 있다. '과외학습', '과외체육'이 있으며, 소학교와 초급중학교에는 '소년단 생활', 고급중학교는 '청년동맹생활'이 있다. 북한 교육과정의 영역별 시간을 비교하면 다음의 표와 같다.

교과목	소학교		초급중학교		고급중학교	
교과 계		4,820		3,456		3.258
비교과	과외학습	900	과외학습	540	과외학습	465
	소년단생활	432	소년단생활	432	소년단생활	372
	과외체육	513	과외체육	306	과외체육	243
비교과 계		1,845		1,278		1,080
학년 평균		369		426		360

출처: 김진숙 외, "북한의 2013년 개정 교육과정 탐색," 『학습자중심교과교육연구』, 제16권 1호(2016), p. 356.

북한의 학교급별 교과 구성을 살펴보면 아래의 표와 같다.

구분		소학교	초급중학교	고급중학교
1	특수 교과	위대한 수령 김일성 대원수님 어린시절	위대한 수령 김일성 대원수님 혁명활동	위대한 수령 김일성 대원수님 혁명력사
2		위대한 령도자 김정일 대원수님 어린시절	위대한 령도자 김정일 대원수님 혁명활동	위대한 령도자 김정일 대원수님 혁명력사
3		항일의 녀성영웅 김정숙어머님 어린시절	항일의 녀성영웅 김정숙어머님 혁명활동	항일의 녀성영웅 김정숙어머님 혁명력사
4		경애하는 김정은원수님 어린시절	경애하는 김정은원수님 혁명활동	경애하는 김정은원수님 혁명활동
계		4	4	4
5	일반 교과	사회주의도덕	사회주의 도덕	사회주의도덕과 법
6		국어	국어	심리와 론리
7		영어	영어	국어문학
8		수학	조선력사	한문
9		자연	조선지리	영어
10		정보기술	수학	력사
11		체육	자연과학	지리
12		음악무용	정보기술	수학
13		도화공작	기초기술	물리
14			체육	화학
15			음악무용	생물
16			미술	체육
17				예술
18				정보기술
19				기초기술
20				공업기초
21				농업기초
22				군사활동초보
23				자동차(뜨락또르)
계		9	12	19

출처: 김진숙 외, 2016, p. 357.

북한의 개학은 4월 1일부터 다음 해 3월 31일까지로 주 6일제 수업을 한다. 연간 수업 주 수는 소학교, 초급중학교는 40주, 고급중학교는 37주에서 40주이다. 수업시간은 소학교 40분, 초급중학교, 고급중학교 45분, 대학은 90분을 기본으로 한다. 수업 시작은 아침 8시이며, 소학교는 하루에 네 과목, 초급·고급 중학교는 다섯·여섯 과목을 배운다. 쉬는 시간은 10분이며 3, 4교시 사이에 15분짜리 '업간체조대중률동체조, 건강태권도'를 한다. 점심시간은 보통 1시간에서 1시간 반이며 학교 급식이 아니므로 집에 가서 밥을 먹고 다시 학교에 와야 한다.

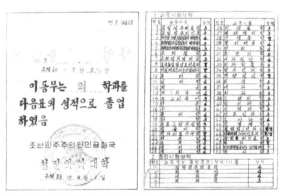

점심식사 후 방과 후 시간은 기본적으로 학교의 일정에 따른다.

북한에서 정치사상교육은 수령의 지배를 정당화시키고 수령의 호명에 물불을 가리지 않고 뛰어 들 수 있는 이른바 '혁명가'를 육성하는 것을 교육의 목표로 삼고 있다. 정치사상교육에서 기본은 학생들을 당과 수령에 대한 충실성으로 교양하는 것이다. "사상교양의 목적은 그것을 실천으로 이어지게 하자는 데 있다." 이로써 모든 교양 사업은 충실성을 키우는 데로 지향되고 거기에 철저히 복종된다. 이를 위해 갖가지 미사여구를 동원하고 신격화시켜 교육하고 있음은 이미 알려진 사실이다. 주된 목표는 지도자들의 무오류성, 북한 체제의 우월성, 절대적인 도덕의 우월성에 대해 믿음을 주입하는 데 있다.

다음의 예를 통해 살펴볼 수 있다. 북한 의과대학의 교육과정에서 정치사상 과목은 교과목 50개 중, 11개이며, 졸업시험 4과목 중 한 과목이 정치사상 과목이다. 아래의 사진은 청진의학대학 졸업증에 나와 있는 학업 성적표이다. 김정은 시대 북한의 대학은 과거 졸업과 동시에 자격을 부여하던 것에서 졸업 후 자격시험을 통해 자격취득하는 것으로 변경되었다.

출처: 이혜경, "북한의 '보건일군' 양성정책 연구: 체재수호 전위양성을 중심으로," 북한대학원대학교 박사학위논문(2103)

학업성적증명서에는 북한의 청진의학대학의 수강과목이 한눈에 나와 있다. 이 중 번호 1에서 11까지가 정치사상 과목이다. 모두 50개 과목 중 1/5의 양이며, 졸업시험 역시 4과목 중 1개 과목이 정치사상 과목임을 알 수 있다. 청진의학대학 교과목을 「북한 이공계 대학 2006년 교육과정안」과 2017년 김책공업종합대학 교육과정안과 비교하면 다음과 같다.

번호	1999년 청진의학대학 졸업증에 제시된 정치교육 교과	「북한 이공계 대학 2006년 교육과정안」에 제시된 정치교육 교과	김책공업대학 자원탐측공학부 2017년 정치교육 교과
1	김일성주의 로작	위대한 수령 김일성동지 혁명력사	위대한 수령 김일성동지 혁명력사
2	김일성주의 기본	위대한 령도자 김정일동지 혁명력사	위대한 령도자 김정일동지 혁명력사 김정일동지 로작
3	위대한 수령 김일성동지 혁명력사	항일의 녀성영웅 김정숙동지 혁명력사	항일의 녀성영웅 김정숙동지 혁명력사
4	위대한 령도자 김정일동지 혁명력사	김정일동지 로작	특강(김정은 관련 과목)
5	위대한 공산주의 혁명투사 김정숙동지 혁명력사	김일성주의 기본	김일성 김정일주의 기본
6	주체철학	주체철학	주체정치경제학
7	주체정치경제학	주체정치경제학	미일제국주의조선침략사
8	조국통일 및 남조선문제	미일제국주의 조선침략사	론리학
9	미일제국주의 조선침략사	법개론	심리학
10	론리학	론리학	
11	심리학	심리학	

청진의학대학이 그 당시 6년제이고, 졸업증 수여일이 주체88(1999년)임을 고려할 때, 6년 전인 1993년 교육과정안이라고 가정한다면, 2006년의 교육과정안과 몇 가지에서 차이가 나타난다. 첫째로 과목의 순번이다. 2006년에 들어 3인의 혁명사 과목이 맨 위로 올라갔다. 둘째로 김정숙을 호명하는 방식이다. 북한이 2003년부터 공산주의라는 용어를 쓰지 않으면서 앞의 존칭사가 바뀐 것으로 짐작할 수 있다. 셋째로 1993년의 조국 통일 및 남조선 문제 대신 그 자리에 법 개론이 자리하고 있다. 이유는 북한이 1990년대 위기를 회복하고 많은 변화와 굴곡을 보여주는 과정에 2000년 이후 채택된 '교육에서의 실리주의'를 내세우고 보다 현실적인 교육을 추구하는 과정에 나타난 변화로 보인다.

「북한 이공계 대학 2006년 교육과정안」에 나타난 총 시간 수를 보면, 정치사상 교과는 기본 880시간으로 전체의 24.6~26.3%의 비중을 차지하며, 컴퓨터 공학과나 정보처리학과 등 일부 전공학과에서는 500~530시간으로 14.8~16.7%의 비중으로 나타난다.

(4) 교육방법

남북한의 교수학습 방법을 비교하면, 남한은 학생 개인의 지적 능력과 개성에 기초하여 자발적인 참여와 능동적인 학습을 지향한 데 비해서, 북한은 정치 사상적으로 규정된 학습과제를 성취하기 위하여 주도면밀하게 계획된 학습방법을 하고 있다.

북한의 학교에서 적용되는 교육방법은 '사회주의 교육방법'이며 '깨우쳐주는 교수방법'은 북한의 대표적 교수방법이다. 넓은 의미의 '사회주의 교육방법'에는 깨우쳐주는 교수교양, 이론교육과 실천 교육, 교육과 생산 노동의 결합, 조직 생활, 사회정치 활동의 강화, 학교 교육과 사회교육의 결합, 학교 전 교육, 학교 교육, 성인 교육의 병진이 있다. 이 방법들은 1977년 '사회주의교육에 관한 테제'이하 '테제'에 명시되었다. 1960년대 중반 '깨우쳐주는 교수방법'이 등장한 이후 11년제 의무교육이 지속하는 기간 동안 북한의 교육은 교과서에 따른, 교수자 중심의 수업이 주를 이루었다. 12년제 의무교육을 선포한 지금 북한의 교육은 변화하고 있다. 이러한 변화는 교수방법에 어떤 방법으로든 영향을 미치고 있었다. 지난 시기는 지식 전달을 위한 교원의 설명과 이를 보충하는 직관물 제시 및 질문이 기본 교수방법이었다.

교수방법을 논함에서도 초점은 학생들을 성공적으로 가르칠 수 있는가에 맞추어져 있었다. 결과 교원의 화술적 기량과 기교에는 많은 비중은 두었으나 학습자에 대해 고려가 배제되었다. 북한에서 가르치고 배우는 과정교수·학습 과정은 "사전에 체계적으로 철저히 표준화李星鎬, 2006, 48"되어 전국의 모든 학교에서 교수의 통일성을 이루게 한다. '깨우쳐주는 교수방법'에 대한 북한의 정의는 '학생들 자신이 사물 현상의 본질을 쉽게 파악하고 깨닫도록 하는 교수방법'이다『조선대백과사전』, 2001-2005. '깨우쳐주는 교수방법'은 1960년대 중반 이후에 등장한 교수방법이다. 사전적 의미로 '깨우쳐주는 교수'란 대상자들이 깨달아 들도록 지식을 하나하나 일깨워주는 방법으로 하는 교수를 말한다. 북한의 『조영사전』은 '깨우쳐주는 교수방법'을 'the heuristic method of teaching『다국어대사전, 2005』'으로 표기하고 있다. 'heuristic'은 교육학 용어로 비구조화된 엉성한 사태나 환경에서 질서나 원리를 찾아내는 것, 학교 학습 사태에서 학생들에게 학습의 주된 역할을 하도록 이끄는 수업의 상황을 일컫는다『교육학 용어사전』, 1995. 하지만 '깨우쳐주는 교수방법'은 개념적 정의로는 '발견적 학습법'에 가까우나 실제로는 목표 우위이며 교원 중심의 교수방법이었다엄현숙, 2015, 1087. 북한의 경우 교원들은 교육강령을 준수해야 할 뿐 아니라 교수안에 대한 사전점검을 통하여 교육내용과 교수방법이 철저히 통제되고 있다. 이는 해방 후부터 지금까지 지속한 것으로 북한은 지식의 선택과 전달에 직접 개입하고 지식의 전달자인 교원을 조직적으로 관리해 왔다엄현숙, 2016, 3. 결과적으로 북한의 경우는 교수·학습 과정이 무엇을 가르쳤고 무엇을 배웠느냐에 더 초점을 맞추고 있었다. 하지만 교원 학생, 학생들 상호 간 협력 및 교제 활동이 늘어나면서 교수방법은 자연스럽게 학생의 시각을 강조하게 되었다.

02
통일교육의
방향 모색

분단이 70년 넘게 장기화되면서 통일교육은 여러 차례 그 명칭을 변경하였고 이에 많은 변화를 보여 왔다. 1999년 제정된 「통일교육 지원법」 제2조에서는 통일교육을 "자유민주주의에 대한 신념과 민족공동체 의식 및 건전한 안보관을 바탕으로 통일을 이룩하는 데 필요한 가치관과 태도를 기르도록 하기 위한 교육"으로 정의하고 있다. 이러한 목적으로 학교 통일교육은 「통일교육 지원법」이 제정된 이래 2017년까지 매년 발간된 『통일교육 지침서』에 따라 "통일시대를 대비하여 국민에게 올바른 통일의식을 심어주고, 통일문제를 객

관적으로 판단할 수 있는 능력을 갖추도록 하며, 실질적으로 통일을 준비할 수 있는 실천 의지와 역량을 갖추도록" 하는 데 주안점을 두어 왔다.

『통일교육 지침서』는 2018년 개정판부터 그 명칭을 '평화·통일교육: 방향과 관점'으로 바꾸어 발간하였고 매년 발간이 아닌 수정이 필요할 경우에 개편하는 것으로 제시되었다. 기존의 북한·통일 문제에 대한 지식과 정보 제공 위주였던 것에서 학교와 지역 사회를 비롯한 통일교육의 현장에서 어떤 시각에서, 어디에 중점을 두어야 하는지의 방향 및 관점을 제시하였다.

2023년 국립통일교육원은 통일교육 기본서를 개편하여 2023『통일교육 기본방향』을 발간하였다. 2023『통일교육 기본방향』은 통일교육의 목표와 중점 방향, 교육 방법 등 통일교육에 관한 기본사항을 담은 지침서이다. 2023 『통일교육 기본방향』은 헌법 4조가 천명한 '자유민주주의적 기본질서'와 '평화적 통일정책' 등 헌법적 원칙을 분명히 강조하고 통일 준비과정에서 미래지향적 관점을 확충하는 데 중점을 두었다.

분단이 장기화되면서, 남북한의 분단 현실이 앞으로도 지속될 것으로 받아들이고, 통일에 대한 당위성과 필요성을 받아들이지 않는 경향이 젊은 층을 중심으로 점차 높아지고 있다. 이는 다음의 여론 조사를 통해서도 확인할 수 있다.

우선, 2023년 민주평화통일자문회의의 '청소년 대상 통일여론조사'^{민주평화통일 자문회의}에서 통일 필요성에 대해 만 13세−18세에서 '필요' 응답이 53.8%로 '불필요' 응답 40.0%보다 높게 조사되었다. 하지만 이는 일반국민 19세 이상 성인^{필요 73.7%, 불필요 25%}에 비해서는 19.9%p 낮게 나타난 것이다. 또한 통일이 필요한 이유로는 '전쟁 위협의 해소'^{40.1%} 응답이 가장 높았으며, 그 다음으로 '경제 발전과 국제적 위상 강화'^{37.0%}, '한민족 정체성과 동질성 회복'^{13.3%}, '북한주민의 자유와 인권 실현'^{7.6%} 순으로 응답했다.

국립통일교육원의 「2022 학교통일교육 실태조사」 결과보고서에 따르면 통일의 필요성 인식은 '필요' 57.6%^{매우 필요하다 16.1% + 대체로 필요하다 41.5%}로 '불필요'^{31.7%} 보다 상대적으로 높게 나타났다. 통일이 필요한 이유로는 '남북 간 전쟁 위험을 없애기 위해'가 31.7%로 가장 높으며, '같은 민족이기 때문에' 16.2%, '우리나라가 보다 선진국이 될 수 있기 때문에' 15.3%, '이산가족의 아품을 해결해 주기 위해' 15.0%의 순으로 나타났다.

　　민주평화통일자문회의가 13세 이상, 중고등 학생을 대상으로 한 것이라면, 학교통일교육 실태조사는 초중고 학생을 대상으로 한다. 통일의 필요성 인식은 학교 급별로 일정한 특성을 보인다는 점에서 두 조사 간 필요, 불필요의 응답률 차이를 확인케 한다. 그것은 통일이 필요하다는 응답은 초등학교에서 가장 높은데 이는 학교 급이 높아질수록 하락 추세이다. 반면, 통일이 필요하지 않다는 응답은 학교 급이 높아질수록 증가 추세를 보이고 있다.

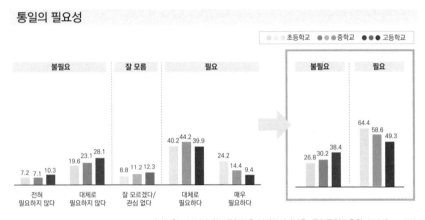

출처: 「2022년도 학교통일교육 실태조사」(서울: 국립통일교육원, 2022), p. 154.

　　다음으로, 국립통일교육원의 「2022 학교통일교육 실태조사」 결과보고서에 의하면, '교과서, 학교 수업'이 49.8%로 가장 높게 나타났으며, '온라인 방송유튜브, 웨이브 등'42.1%, '인터넷포털, 블로그 등'41.3% 등의 순으로 나타났다. 2021년 결과와 비교할 때 '온라인 방송유튜브, 웨이브 등'이 2021년 34.8%였던 것에 비해 7.3%p 상승한 것으로 나타났다.

통일, 북한 등과 관련된 정보를 얻는 경로

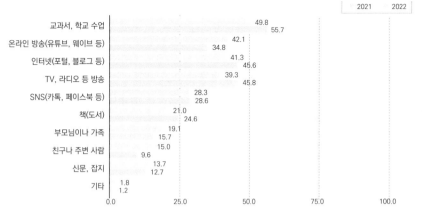

출처: 「2022년도 학교통일교육 실태조사」(서울: 국립통일교육원, 2022), p. 73.

또한, 학교교육을 통해 북한·통일 문제를 습득하는 비율이 낮아지고 온라인 매체를 통해 정보를 얻고 있는 것을 확인할 수 있다. '최근 3년간 학교에서 통일교육을 위해 사용된 교육방법은 무엇인지 해당하는 곳에 모두 표시해 주세요.'라는 문항에 동영상 시청이 강의 및 설명식 교육보다 앞서고 있는 것도 확인된다. 이는 다음의 그림을 통해서 확인할 수 있다.

통일교육을 위해 사용된 교육방법

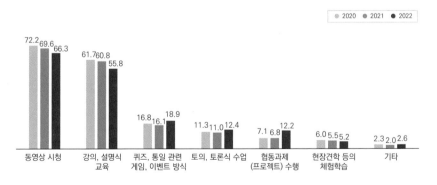

출처: 「2022년도 학교통일교육 실태조사」(서울: 국립통일교육원, 2022), p. 71.

이는 민주평화통일자문회의 '청소년 대상 통일여론조사'에서도 동일하게 나타난다. 청소년은 통일 북한 관련 정보를 주로 TV33.8%, 유튜브21.9% 등을 통해 접하는 것으로 나타났다.

우리는 현재 '초연결', '초지능', '초융합'으로 대표되는 인공지능AI, 사물인터넷(IoT), 로봇기술, 드론, 자율주행차, 가상현실VR로 대표되는 지식혁명 시대에 살고 있다. 디지털 네이티브 Z와 알파$^\alpha$세대의 통일교육에 대한 핵심적인 접근 방식이 필요한 이유이다. 학교 통일교육이 중요한 위치에 있음에도 교육의 수요에 현실이 따라가지 못하고 있다. 지식교육으로서의 통일교육은 주로 정보를 조사 및 탐구, 설명과 전달, 분배하는 데에 사용되었다. 하지만 온라인 매체를 통한 데이터 수집과 활동이 늘고 있는 현실은 학교 통일교육으로 하여금 그들이 자주 접하는 기술과 비주얼 앱, 비디오와 콘텐츠로 쉽게 다가와 새로운 방식으로 살아 움직이도록 만들어야 하는 과제에 직면해 있다.

사회의 최고 교육기관으로서 역할하는 대학 통일교육은 보다 중요한 위치에 놓여 있다. 초·중·고교 통일교육이 사실상 비전문가들이 담당한다면, 대학에서는 전문가가 각 분야의 전문적인 지식을 전달한다는 점을 주목해야 한다. 대학 통일교육이 어떻게 역할하는가에 따라 초·중·고교의 학교 통일교육에서 마무리될 수도, 심화하거나 연속될 수도 있다. 우선, 단지 북한이 어렵기 때문에, 탈북민의 성공적인 정착해야 하므로, 경제적 우위를 차지하는 남한이 도와주어야 한다는 개념이 아닌, 통일을 준비하는 과정에서 주체로서의 학생들의 역할이 무엇인가를 스스로 찾아가게 하는 것이 바람직하다. 통일비용과 편익, 통일의 당위성만으로는 현재를 살아가는 학생들에게 공감을 줄 수 없다. 미래를 설계하면서 현재의 관심에 북한이라는 주제를 얹어봄으로써 긍정적인 가치관을 더할 수 있는 것이 무엇인가를 찾아야 한다. 다음으로, 일회성, 단기성 교양강좌의 개설만으로는 학생들의 전반적인 통일의식 제고가 어렵다. 여기에 일부 내용의 중복으로 인한 학생들의 흥미와 관심 지속의 한계를 초래하거나 정치·외교 측면에 편중된 현상도 관측된다. 이로부터 일부 대학교들에서 교육의 영역을 통일, 평화, 문화, 예술 등으로 확장하고자 하는 노력을 하고 있다. 여러 교과가 동시에 운영되면서 다양한 시각에서 북한·통일 문제를 접할 수 있도록 강좌를 확장해야 할 것이다.

북한에 대한 관심과 이해 수준이 제각각인 학생들을 상대로 통일세대로서의 위상과 기능 회복은 중요한 관심사이다. 남북한 교육의 비교로 나타난 차이는 교육통합을 위해 좁혀 나가야 할 숙제이자 다름을 인정하는 과정이다. 이에 학교 통일교육과 대학 통일교육의 콘텐츠 확보와 내실 있는 교육과정의 진행이 중요하다.

토의 주제

1. 남한의 학교교육에 대하여 설명해 보자.
2. 북한의 학교교육에 대하여 설명해 보자.
3. 남북한 학교교육을 비교해 보자.
4. 초 · 중 · 고교 학생의 연령 심리적 특성에 따른 통일교육의 내용은 무엇인지 탐색해 보자.

참고문헌

국립통일교육원, 『2023 북한이해』.

_____, 『2022년 학교통일교육 실태조사』 결과보고서.

민주평화통일자문회의사무처 보도자료, 2023. 7. 25.

이 주제와 관련 동영상
– 〈청년층 분단 더 선호… 북에 피로감 느꼈나〉 (출처: YTN)

· 통일교육과 통일운동이 냉소와 공격의 대상이 되기까지 하는 최근, 그 주제가 되는 통일 및 평화의 필요성과 효용성을 개괄적이되 체계적으로 이해한다.

· 통일교육과 통일운동 자체에 대한 이견은 가능하지만 그것은 충분한 이해를 바탕으로 해야 옳으며, 선입견이나 진영정치적 의식에서 비롯된 비판, 공격은 바람직하지 못함을 그 가치 규범적 차원을 이해함으로써 인식한다.

· 오늘날의 문제점이 상당 부분 분단에서 비롯되며, 분단의 원만한 해소가 보다 이상적인 사회로 나아가는 돌파구일 수 있음을 이해한다.

· 참된 평화와 더 나은 사회를 위해 노력하는 일이 개인에게 유익할 수 있고, 건전한 자부심의 원천이 될 수 있음을 이해한다.

· 결국 참된 평화와 통일을 준비함은 더 나은 공동체를 이룩함으로써 개인의 행복과 삶의 의의를 극대화하는 과정이며, 그것은 오판과 좌절로 점철된 한국사의 일대 반전을 의미함을 이해한다.

함규진

우리에게 북한은,
통일은 무엇인가?
평화와 통일의 비전

내
용
요
약

통일의 당위성에 대해 흔히 논의되는 민족, 실리, 보편적 가치 등을 넘어 통일이
야말로 한편으로는 분단체제를 해소하고, 다른 한편으로는 한반도에 보다 이상
적인 국가를 건설할 기회이므로 개인과 공동체 모두 통일을 위해 노력할 필요가
있음을 이해한다. 이것이 통일의 비전이며, 통일을 달성하는 과정에서는 충분한
통일의식과 통일운동이 있어야 보다 바람직한 통일의 실현 가능성이 극대화된다
는 점, 그런 점을 위해서는 통일에 대한 생각, 지식의 습득, 통일 논의의 활성화,
내실 있는 통일 운동의 전개로 이어지는 '우리 모두의 통일을 위해 할 일'이 필요
하다는 점을 이해한다. 통일교육과 더 나은 공동체를 이룩함으로써 개인의 행복
과 삶의 의의를 극대화하는 과정이며, 그것은 좌절이 거듭되어온 근대사의 마지
막을 진정 아름답게 마치는 일이다.

2023년 9월, 서울 강남의 한 초등학교에서 한 차례 파란이 일었다. 교사가 학생들에게 '의식화교육', '편향적이고 친북적, 반국가적인 교육'을 했다는 일부 학부모들의 고발이 불러온 파란이었다. 그러면 그 고약하고 흉흉한 교육의 내용이란? '통일교육주간'을 맞아 학생들에게 통일에 대한 교육을 한 다음, '한반도기' 모양의 배지를 나눠주었다는 게 전부였다. 통일교육주간은 매년 1회, 통일의식을 높이고 통일과 북한에 대해 배우는 시간을 갖도록 2013년부터 시행해 오고 있는 국가 지정 특별 교육주간이다. 한반도기는 1989년 남북합의로 제정되었는데, 당시 보수 성향의 노태우 정부는 냉전이 종식된 마당에 남북한은 평화와 공존을 추구해 나가자는 '북방정책'을 펴고 있었다. 그리하여 남북합의로 제정된 깃발이 한반도기다. 올림픽 등 국제무대에서 단일팀을 만들자! 그러면 태극기도 인공기도 내걸 수 없으니, 한반도라고 하는 체제와 입장의 차이를 초월한 공통분모를 도안화해 사용하자! 이런 뜻에 따라 탄생했으며, 이후 30년이 넘도록 남북단일팀만이 아니라 한반도 평화와 통일의 염원을 나타내는 상징물로 공식 사용되어왔다.

　　그런 통일교육이 불건전한 의식화이고, 한반도기가 편향적 친북적이라고? 그런 주장을 한 학부모들은 헌법 제4조와 66조에 명시된 '통일을 지향할 국가적 책임'도, 교육기본법 제17조에 명시된 '통일교육을 실시해야 할 의무'도 무시하는 셈이다. 통일교육과 한반도기가 반국가적이라면 그 '국가'는 대한민국이 아닌 어떤 다른 국가이거나, 그 학부모들이야말로 반국가적인 주장을 펴는 셈이다.

　　그러나 더 심각한 일은, 이들의 주장이 '일부 학부모의 주장일 뿐'이라고 보기 어려운 사실이다. 서울대학교 통일평화연구원의 연례 조사를 비롯한 여러 통일의식조사에서 '통일해야 한다'는 응답은 나날이 줄고 있다. '통일하면 안 된다'는 응답은 나날이 늘고 있다. 북한 혐오, 통일 공포를 지닌 대한민국 시민이 이제는 결코 소수가 아니며, 늘어나고 있다는 뜻이다. 아직은 통일 찬성 의견이 반대 의견보다 많다지만, 찬성자의 다수는 '내 생애에는 제발 말고, 그 다음에나 통일되면 좋겠다'는 생각이기도 하다.

서울대학교 통일평화연구원, 「2023 통일의식조사」 결과 개요

2023.08.17.

- 서울대학교 통일평화연구원 (원장 김범수)은 『2023년 통일의식조사』를 실시하였다. 본 조사는 2007년부터 매년 통일, 북한, 대북정책, 주변국, 북한이탈주민에 대한 국민의 시각과 인식변화를 조사해오고 있으며, 그 공신력을 인정받고 있다.
- 2023년도 조사는 한국 갤럽에 의뢰하여 7월 4일부터 7월 27일까지 전국 17개 시, 도의 만 19세 이상 성인 남녀 1,200명을 대상으로 1:1 면접조사를 통해 실시되었으며, 표본오차는 ± 2.8%, 신뢰수준은 95%이다.
- 『2023년 통일의식조사』의 주요 조사 결과는 다음과 같다.

□ 통일의 필요성에 대한 부정적 인식 역대 최고치로 상승
  ○ 올해 조사의 가장 큰 특징 가운데 하나는 통일이 필요하다는 응답은 줄어들고 통일이 필요하지 않다는 응답은 늘어나는 추세가 20대와 30대 젊은층을 중심으로 지속되고 있다는 점
  ○ 구체적으로 2023년 조사에서 '매우'와 '약간'을 합해 통일이 필요하다고 응답한 비중은 43.8%로 2007년 조사를 시작한 이래 가장 낮은 수준으로 하락한 반면 '전혀'와 '별로'를 합해 통일이 필요하지 않다고 응답한 비중은 29.8%로 2007년 조사를 시작한 이래 가장 높은 수준으로 상승하였음
  ○ 특히 20대(19~29세)의 경우 '매우'와 '약간'을 합해 통일이 필요하다고 응답한 비중은 28.2%에 불과한 반면 '전혀'와 '별로'를 합해 통일이 필요하지 않다고 응답한 비중은 41.3%에 달함. 30대의 경우도 통일이 필요하다고 응답한 비중은 34.0%로 40대(42.3%)와 50대(51.9%), 60대(55.6%)에 비해 상대적으로 낮은 반면 통일이 필요하지 않다고 응답한 비중은 35.0%로 다른 세대에 비해 높게 나타남

□ 통일에 대한 견해와 관련하여 '현재대로가 좋다'는 응답이 역대 최고치로 상승하였으며 '통일에 대한 관심이 별로 없다'는 응답 또한 역대 최고치로 상승
  ○ 통일에 대한 견해와 관련하여 '여건이 성숙되기를 기다려 점진적으로 통일하는 것이 좋다'는 응답의 비중은 45.2%로 2007년 조사를 시작한 이래 가장 낮은 수준으로 하락한 반면 남북한이 분단된 '현재대로가 좋다'는 응답의 비중은 28.2%로 2007년 조사를 시작한 이래 가장 높은 수준으로 상승
  ○ '통일에 대한 관심이 별로 없다'는 응답의 비중 또한 9.9%로 2007년 조사를 시작한 이래 가장 높은 수준으로 상승

□ 통일이 '불가능하다'는 응답 역대 최고치로 상승
  ○ 통일 가능 시기와 관련하여 5년 이내 또는 10년 이내에 가능하다는 응답은 지속적으로 줄어든 반면 '30년 이상' 또는 '불가능하다'는 응답은 지속적으로 상승
  ○ 구체적으로 '5년 이내' 가능하다는 응답은 1.0%, '10년 이내' 가능하다는 응답은 6.2%, '20년 이내'에 가능하다는 응답은 14.8%, '30년 이내'에 가능하다는 응답은 14.7%인 반면 '30년 이상'이라는 응답과 '불가능하다'는 응답은 각각 30.2%와 33.3%로 2007년 조사를 시작한 이래 가장 높은 수준으로 상승

□ MZ세대의 통일의식은 작년에 이어 감소추세

출처: https://www.snu.ac.kr/snunow/press?md=v&bbsidx=143110

그것은 2018년의 남북정상회담과 2019년의 북미정상회담 무렵 한껏 고조되었던 남북화해 분위기가 이후 침체와 악화를 면치 못하는 가운데, 북한이 핵개발 완성을 선언하고, 남북연락사무소를 폭파하고, 미사일 발사나 드론 비행 등으로 과격한 모습을 보여온 점에도 일부 원인이 있을 것이다.

그리고 더 멀게는, '독일도 통일 이후 오랫동안 정치적, 경제적으로 고생했는데, 당시 동독에 비해 더 열악한 북한과 통일한다면 훨씬 큰 곤란이 닥칠 것이다' '통일이 되면 장기적, 국가적으로는 이익일지 모르지만, 단기적, 개인적으로는 손해가 클 것이다' 등의 인식도 한몫하고 있을 것이다.

그러면 어떻게 해야 할까? 헌법과 법률에 책임과 의무가 명시되어 있어도, 국민 다수가 통일을 외면하는 상황에서는 정부가 마냥 밀어붙일 수 없다. 밀어붙인대도 성사될 가능성이 낮다. 통일을 포기하는 것이 우리 시대의 과제일까?

이 글은 그에 대한 반론이다. 먼저 북한과 통일 문제를 외면하는 일이 현명하지 못하다는 점, 그리고 북한을 혐오하고 통일을 우려하는 태도가 바람직하지 않다는 점을 이야기해 보자.

01
한반도 평화와
통일 지향의 필요성

● (1) '북한은 있다'

남북한이 통일까지는 아니더라도 평화를 지향할 수 있도록, 우리가 꾸준히 관심을 갖고 노력할 가장 큰 필요성은 북한의 존재 그 자체에 있다.

말장난처럼 여겨지겠지만, 현 대한민국의 북쪽에 북한이 존재함은 그 누구도 부정할 수 없는 현실이다. 비무장지대DMZ와 민간인출입통제선 안쪽에서도 그쪽 땅이 훤히 보이는 곳이 많고, 바다로 나가면 자칫하면 북방한계선NNL을 넘어버린다. 이처럼 가까이에 나라가 있는 이상 그 나라를 없는셈 치고 살수는 없다. 그렇다면 그런 나라와 갈등 상태에 있는 편이 낫겠는가, 평화롭게 교류와 협력을 하며 지내는 편이 낫겠는가?

이런 반박이 있을지 모른다. '우리는 평화롭게 지내려 하는데, 저쪽이 핵을 만들고 미사일을 날리며 끊임없이 위협하고 있잖은가?' 피상적으로 보면 그렇다. 하지만 지금 국력이 강한 쪽, 국제관계에서 열세인 쪽, 생존의 위협을 느끼는 쪽은 분명 남이 아니라 북이다. 약자가 강자를 위협한다면 그것은 능동적인 자기 방어의 일환일 가능성이 높다.

물론 테러리스트들이 뉴욕의 빌딩을 무너뜨리고 이스라엘의 민간인들을 학살할 수 있는 것처럼, 약한 쪽의 무력 도발이 강한 쪽의 무고한 사람들에게 돌이킬 수 없는 피해를 입힐 수 있다. 따라서 북한의 선의와 합리성을 무조건 믿고 경계와 대응 태세를 소홀히 하면 안 된다. 하지만 전체적인 차원에서 북한의 우려를 해소하고 남북 간에 지속가능한 신뢰관계를 구축할 수 있다면, 북한의 도발 가능성은 낮아진다. 전력상 북한이 남한에게 치명타를 줄 수 있는 유일한 전력은 핵무기인데, 독일이 프랑스의 핵을 두려워하고 있는가? 캐나다나 멕시코가 미국의 핵을 폐기하라고 요구하는가? 남북관계에 평화가 정착된다면 핵무기가 갖는 위험성도 한없이 낮아질 수 있다.

북한이 마치 존재하지 않는 듯 생각하며 살아가거나, 북한을 무력 공격하여 아예 소멸시키는 일이 모두 불가능하다면,[1] 함께 살아가는 길을 모색하는 것이 유일한 합리적 대안이다.

(2) '북한은 위험하다' 하지만…

아무튼 6.25전쟁을 일으킨 쪽은 분명히 북한이며, 지금까지 여러 차례의 무력 도발로 우리의 인명을 앗아간 쪽도 북한이다. 따라서 우리의 군사 안보태

1__한때 '북진 통일'이 대한민국의 유일한 대북정책이자 통일정책인 때도 있었다. 그러나 이제 그것은 군사적으로, 국제정치적으로, 법적으로 불가능하다. 북한의 군사력은 남한의 군사력보다 절대적으로 열세지만, 핵이라는 비대칭 전력을 보유하고 있다. 또한 남한을 패배시키지는 못해도 인구밀집지역과 핵심 산업시설에 치명타를 날릴 만한 능력은 있다. 물론 그것은 곧 북한의 파멸로 연결될 것이므로, 북한이 핵이나 재래식 전력에 의한 치명적 공격을 시도할 때는 남한이 자신들을 파멸시키려 한다고 확신했을 때일 것이다. 아무튼 6.25의 몇 배나 되는 피해를 입고 한반도를 그야말로 '불바다'로 만들 각오를 하지 않고서 북한을 선제 공격하여 소멸시키려는 시도를 할 수는 없다. 또한 미국을 포함한 국제사회가 남한의 그런 행동을 용납하지 않는다. 우리는 헌법상 한반도 전체를 대한민국 영토로 보며, 남북관계는 '국가간 관계가 아닌 민족 내부관계'라 주장하지만, 국제적 시각에서는 북한도 UN에 가입한 주권국가이므로 무력으로 침공하고 점령함은 부당하기 때문이다. 국제법적으로만이 아니라, 한반도의 전쟁이 세계대전으로 비화되는 일을 원하지 않는 강대국들과 가까운 맹방인 북한의 소멸을 바라지 않는 중국, 러시아 등은 필요하다면 무력 개입을 해서라도 남한의 무력 통일을 저지하려 할 것이다. 대한민국이 통일을 위해 세계와 전쟁할 수는 없다. 그렇기에, 군사정권으로 불리던 박정희 정권에서도 현실의 변화를 인정하고 1972년부터 헌법에 '평화적 통일의 책임'을 명시한 것이다. 따라서 이제 북진 무력 통일은 국내법적으로도 불가능하다.

세가 최우선적으로 주의해야 할 대상은 북한일 수밖에 없다.

하지만 안보에는 군사 안보만이 있지 않다. 지진, 분화, 태풍, 해일, 전염병 같은 자연재해는 사람이 직접 일으키는 일은 아니지만 전쟁 못지않게 인명 피해와 재산피해를 입힐 수 있다. 대규모 화재나 건조물 붕괴 같은 사고도 피해가 크며, 대량 발생하는 난민도 경제와 사회 안정에 큰 부담이 된다. 수자원이나 어족 자원처럼 중요한 자원을 한쪽에서 독점하거나 고갈시키거나, 오염시키는 경우도 심각한 문제다. 이런 문제들을 예방하고 적절히 대응하는 것이 '비군사적 안보'의 내용이다. 그런데 북한은 우리와 너무 가까이 있기 때문에 그 땅을 거치거나 그 땅에서 발생하는 비군사적 돌발 상황이 우리에게 피해를 입힐 수 있다.

2019년 이래 북한에서 넘어온 멧돼지 때문에 돼지열병이 유행한 경우나, 2009년부터 최근까지 북한이 임진강의 물이 불어나자 황강댐을 통보 없이 방류, 그 여파로 접경지의 우리 주민 6명이 사망하는 등 피해가 발생한 일이 그런 예다. 뿐만 아니라 경제와 산업기술에서 대체로 열악한 편인 북한은 자연재해에 대한 대비 수준이 낮고, 낮은 영양수준에 따라 전염병이 발생하고 급속히 확산될 가능성도 있다. 그렇다면 가까이 있는 우리는 싫어도 영향을 받게 될 것이다. 북한이 붕괴 수준의 곤란에 처하거나 내부 갈등이 심화되었을 때 다수의 난민이 남쪽으로 넘어올 가능성도 배제할 수 없다.

이런 비군사적 안보를 튼튼히 하기 위해 북한 당국과 평소에 협조관계를 구축하고, 우리의 기술과 자금으로 북한의 문제 상황 예방－대응 능력을 높여주며, 긴급 상황에서 신속하게 공조할 수 있도록 할 필요가 있다. 또한, 비군사적 부문에서 부정적인 사안만이 아니라 긍정적인 사안을 두고도 남북협력이 가능하다. 대륙에서 넘어오는 황사나 미세먼지에 대한 공동 대처, 러시아나 일본의 오염물질 해상 방류에 대한 공동 대처, 중국 등의 불법 어로활동에 대한 공동 대처, 남북 모두 고민해야 할 식량자원, 에너지자원, 수자원 등의 공동 개발 등을 추진할 수 있는 것이다.

그리고 '인간 안보'가 있다. 안보는 보통 국가 안보를 의미한다고 생각된다. 하지만 왜 국가를 지켜야 하는가. 결국 그 국가를 이루는 개인, 나를 지켜야 하기 때문이다. 그런데 고위 정책결정자들이 국익을 위해 또는 자신들만의

2015년 8월 4일, 비무장지대에서 폭발한 발목지뢰 사건을 기념하기 위해 파주 평화누리 공원에 세워진 '평화의 발' 동상. 분단의 지속은 개인의 인간 안보를 지속적으로 위협하고 있다.

출처: http://www.segye.com/content/image/2015/12/26/20151226000660_0.jpg

사익을 위해 평화보다 갈등을 선택한 나머지 많은 개인들의 안보가 위험에 처하게 될 수 있다. 단지 연평도 포격이나 황강댐 방류처럼 북한으로부터의 직접 위협이 아니더라도, 계속해서 많은 젊은이들이 군대에 가고, 그곳에서 사고, 자살 등으로 목숨을 잃어가고 있다. 말로만 비무장지대인 접경지역에 뿌려진 지뢰에 사람도 동물도 희생되고 있다. 우리가 조심해야 할 국가 안보의 대상이 북한만은 아니지만, 북한의 위협이 크게 줄어든다면 그만큼 우리 개인의 안보 위협도 줄어들 것이다. 우리는 다른 누구를 위해서가 아니라, 우리의 안보를 위해 남북관계 개선과 한반도의 평화 정착을 지향해야 한다.

(3) '북한은 변한다' 좋게나 혹은 나쁘게나

세상에 변하지 않는 것은 없다. 북한은 소련 등의 사회주의 국가들이 소멸한 다음에도 꿋꿋이 체제를 유지하고 있으며, 1인 숭배체제를 무려 3대나 이어

가고 있는 것을 보면 영영 변하지 않을 것처럼도 보인다. 그러나 그런 북한도 김일성 집권기, 김정일 집권기, 김정은 집권기로 이어지면서 꾸준히 변해왔다. 특히 김정은은 이념을 강조했던 김일성, 국방에 중점을 두던 김정일과 달리 '경제-핵 병진노선'을 내세우며 북한주민들의 살림살이를 나아지게 하는 일에 힘쓸 것을 천명했고, 2018-2019년의 정상회담 시절에는 북핵을 전면 포기할 수도 있음을 시사하는 등 보다 실용적인 태도를 보였다.

물론 이후의 추이는 긍정적이지 않다. 하지만 지금의 북한은 '적화야욕에 불타며 호시탐탐 남쪽을 노리는 광신적 집단'과도, '극한의 빈곤과 잔혹한 폭정에 시달리는 생지옥'과도 다른 모습이다. 남한에 비하면 한참 뒤떨어졌지만 경제도 조금씩 발전하고 있고, 한때 고립무원이던 외교관계도 중국, 러시아 등과의 밀착관계를 비롯해서 개선되고 있다. 남한과 서방세계의 정보와 미디어가 규제의 벽을 넘어 꾸준히 유입되면서 북한 사람들의 사고방식과 태도도 달라지고 있다.

이러한 북한의 변화는 우리에게 유리할 수 있다. 미국을 비롯한 국제사회가 북핵을 포함한 북한의 존재를 받아들이기로 하고, 점진적으로 제재를 줄이며 교류를 늘림으로써 북한이 서서히 개혁개방의 길로 나서도록 할 수 있다. 그만큼 우리에 대한 북한의 군사적 위협과 '코리아 디스카운트'도 축소될 것이다.

그러나 반대로, 최악의 시나리오가 실현될 수도 있다. 북-중-러의 밀착에 대항하는 한-미-일의 압박이 점점 심해지고, 그것이 내분 또는 우발적 사태에 따른 북한 정권의 갑작스러운 붕괴로 이어질 수 있다. 그러면 한반도 북부는 대혼란에 빠지고, 그 여파가 남한으로, 동북아시아로 쓰나미처럼 퍼져갈 수 있다. 이후 북한은 통일신라 말기나 중국 한왕조 말기 때처럼 여러 군벌들이 할거, 항쟁하는 상황이 될 수 있고, 그들 가운데 일부가 남한을 공격할 수도 있다. 또는 북한의 질서 회복을 명분으로 미국, 중국, 러시아, 일본 등이 북한에 군대를 보내고, 북한의 일부 또는 전부가 그들의 실질적인 영토로 바뀔 수도 있다. 어찌 되더라도 우리는 심각하고 장기적인 안보 불안과 직간접적인 피해를 겪어야 하며, 항구적 평화와 통일의 기회는 사라지게 된다. 오늘의 우크라이나와 팔레스타인의 현실이 내일의 대한민국의 현실이 될 수 있다.

어떤 식으로 북한이 변하든, 그것은 우리에게 크게 좋거나 나쁘거나의 영향을 미칠 것이다. 그렇다면 그 변화를 우리가 예측하고, 보다 긍정적인 변화가 되게끔 노력하며, 변화의 과정에 우리의 주도권을 행사해야만 한다. 방관자가 되어서는 안 된다. 한국사에는 뼈아픈 실책의 사례들이 많다. 고구려는 신라와 당나라가 백제를 멸망시키는 일을 방관했다. 그 결과 고구려 역시 멸망하고 말 았다. 명나라와 청나라가 교체되던 때, 조선은 그 사이에서 현명하게 대응하지 못했다. 그 결과 두 차례의 호란을 피할 수 없었다. 19세기 말에도 보다 국론을 하나로 모아서, 더 현명하게 대응했더라면 국권을 상실하지도, 그리하여 그 결 과로 나라가 둘로 갈라지지도 않았을 것이다.

통일은 고사하고 북한 문제에 무관심한 태도로 일관하다가는, 그런 안타 까운 역사를 반복하게 될 수도 있다.

(4) '그리고 평화는, 통일은 희망이다'

이제까지는 통일보다 북한과의 평화공존이 갖는 실질적 의미를 제시했다. 그러면 평화와 그 종착점으로서의 통일, 그것이 갖는 희망을 살펴보자. 이 시 대, 이 땅에서 살아가는 사람들에게 통일은 어째서 '희망'일 수 있는가. 이른바 '통일 대박'의 이야기. '남한의 기술력과 북한의 노동력이 결합한 시너지 효과', '마그네사이트, 석유, 희토류 등등 북한의 풍부한 천연자원', '시베리아 횡단철 도의 연결에 따른 물류 혁명' 등등의 이야기는 굳이 꺼내지 말기로 하자. 그러 한 '대박'은 과연 실현 가능한지도 의문일뿐더러, 나 개인의 '대박'으로 이어질 지도 매우 의심스럽기 때문이다.

그러면 한반도 평화와 통일이란 무엇이 유익할까. 먼저 한반도 분단의 해 소, 그 의미를 제대로 살펴야 한다.

왜 대한민국의 청년들은 군대에 가야 하는가? 인생의 가장 값진 시간을 열 악한 의식주와 최저임금 이하의 보수, 그리고 각종 사고사나 부상의 위험을 무 릅쓰며 소모해야 하는가? 두말 할 것도 없이 분단 때문이다. 북한과의 군사적 대립이 그치지 않기 때문에 60만여 명이나 되는 병력이 요청되고, 그것은 해공 군은 기본적으로 미국, 육군은 한국이 맡는다는 한미동맹체제 아래의 역할분담에 따라 보다 자주적이고 효율적인 방식으로 수정되지 못한다.

왜 경제규모로는 세계 10위니 12위니 하는 수준에 올랐으면서, 사람들의 행복도는 그만큼 높지 못할까?[2] 왜 세계사적으로 유례가 없는 낮은 출생률과 높은 자살률이 21세기 초 대한민국의 현주소일까?

지나칠 정도의 경쟁, 물질적 풍요를 주 목표로 아등바등하는 요람에서 무덤까지의 경쟁, 그것이 한국인의 삶을 지치게 하고, 우울증과 패배감, 분노와 체념을 대량생산하고 있기 때문이다. 그것도 분단에서 기원했다. 북한을 앞서고 압도해야 한다는 강박에서 소수의 엘리트가 권력을 독점하는 일이 허용되었고, 그들은 고르고 느린 발전 대신 빠르고 편향된 발전의 전략을 채택했다. 그 결과 '사람이라고 다 사람은 아니다' '일류와 그 밖의 격차는 크다' '사람 대접을 받으려면 무진장 노력해서 일류에 속하지 않으면 안 된다'는 강박이 국민의 뇌리에 깊이 새겨졌다. 그리하여 대한민국은 갈수록 다원성을 잃고, 이렇게 사는 게 맞는지, 뒤처진 사람들을 배려할 필요는 없는지 등을 생각하고 반성할 힘과 시간을 잃고, '각자도생'과 '승자독식'이 당연한 진리인 나라가 되어버렸다. 학교에서나, 직장에서나, 기업에서도, 정치판에서도. 이념 갈등을 넘어 지역 갈등에 세대 갈등, 성별 갈등 등 갈수록 많아지고 깊어지는 한국 사회의 갈등들은 과도한 경쟁에 따른 초조감과 스트레스가 계속해서 화풀이할 대상을 찾기 때문에, 그리고 이긴 자가 모든 것을 다 가지는 게임에서 무슨 꼬투리라도 잡아서 상대방을 찍어눌러야 하기 때문에 빚어진다.

물론 모든 문제가 분단에서만 비롯된 것은 아니고, 이제 분단을 해소한다고 모든 문제가 거짓말처럼 해소되지는 않을 것이다. 그러나 북한을 적 또는 혐오스러운 이웃으로 바라보기보다 협력과 새로운 기회의 대상으로 바라볼 수 있게 된다면, 이 사회는 좀 더 여유로워질 것이다. 반드시 서울대를 가고, 반드시 강남에 내 집을 얻고, 반드시 '사'자가 붙는 자영업이나 '재벌' 기업 사원

2___2023년 3월 발표된 경제개발협력기구(OECD)에서 조사한 국민 행복도 조사에서 조사 대상 32개국 중 31위로, 최하위를 간신히 면했다. 한편 같은 해에 발표된 유엔 지속가능발전해법네트워크(SDSN)의 조사에서는 137개국 중 57위였다.

을 직업으로 삼고, 반드시 명품으로 내 몸과 내 집을 꾸미지 않더라도 많은 기회와 여러 직업을 새로 태어나는 한반도에서 찾으며 자부심과 삶의 보람을 느낄 수 있을 것이다. '종북'이라는 멸칭이 역사 속으로 사라지고 더 다양한 생각과 행동을 자유롭게 해도 괜찮은 세상이 된다면, 상대를 존중하고 배려하는 소통 문화가 갈등 문화를 대체해갈 것이다. 따라서 참된 평화,[3] 경쟁을 잠시 잊고 서로를 바라볼 수 있는 여유의 사회를 만드는 노력은 한반도 평화정착 및 통일 노력과 깊이 연결되어 있다. 그야말로 이 사회를 '비정상'에서 '정상'으로 돌려놓는 일이며, 그것은 이 사회에서 살아가는 모든 개인에게 필요하고 유익한 일이 아닐 수 없다.

02
통일교육과
통일운동의 가치

이제까지 한반도 평화와 통일이 갖는 필요성과 효용에 대해 살폈다면, 이번에는 통일에 대해 교육하고 통일을 바라고 사회운동을 하는 활동에 대해 의

3__ '평화학의 대부'로 불리는 요한 갈퉁은 '소극적 평화'와 '적극적 평화'를 제시하며, 적극적 평화가 진정한 의미의 평화라고 한다. 그에 따르면 소극적 평화란 단지 전쟁 등 무력 갈등이 없는 상태이며, 적극적 평화는 그 사회에 차별이나 갑질, 과도한 경쟁 등의 구조적, 문화적 폭력까지 없이 모두가 더불어 잘 살아가는 상태이다. 즉 지금의 한국은 간신히 소극적 평화를 유지하되 그나마 위태롭고, 적극적 평화는 전혀 이루지 못하고 있는 상황이다.

심, 혐오, 무시, 공격하는 일이 왜 바람직하지 않은지에 대해, 보다 규범적인 논의를 해보자.

(1) '이 땅에 태어난 의미' 찾기

지금 대한민국 국민 가운데 분단 이전을 경험한 사람은 극소수다. 대부분 분단된 남쪽 땅에서 태어나 자랐고, 반쪽으로 갈라진 한국 지도를 보며 아무런 어색함도 느끼지 않고 살아왔다.

그러나 역사를 조금만 들여다보면 적어도 천 몇 백 년이 넘는 동안 한반도는 하나의 나라였음을 알 수 있다. 실제로 일본의 항복 후 한반도 남북에 소련군과 함께 진주하기 위해 미군이 경계를 정할 때, '한반도는 하나의 몸처럼 온전히 통합된 땅인데 어떻게 하루 아침에…' 하며 38도선 긋기를 주저했다고 한다. 물론 그것은 이제 과거이고, 우리가 이 땅에 태어난 것은 아마도 우연이다. 우리가 단일민족이라는 말도 적어도 혈통상으로 보면 과장이고, 모두가 단군의 자손이라는 말은 명백한 신화다. 하지만 유학이든 여행이든 외국에서 생활하다 보면 어딘가에서 한국어가 들렸을 때 자기도 모르게 기쁘고 반가워진다고 한다. 한글과 한국어를 사용하는 사람의 거의 대부분은 한반도에 모여 있다. 그리고 그 절반은 북쪽에 있다. 그렇다면 어느 정도의 동질감, 관심과 호기심을 그들에 대해 갖는 게 자연스럽지 않을까? 혈통상 가까운 편이고 같은 말과 글을 쓰며, 김치와 밥을 좋아하고 고구려, 백제, 신라에 대해 잘 아는 사람들이다. 그들과 군이 '하나가' 될 필요까지야 없어도, 그들에 대해 더 알아보자, 이해하려 애써 보자, 그리고 친하게 지내고, 어려우면 서로 돕고 괜찮은 일은 함께 하는 좋은 관계로 나아가자고 하는 교육과 사회운동, 그것을 욕하고 비웃을 필요가 있을까?

민족주의는 지금 좌와 우, 진보와 보수 모두에게서 의심을 받는다. 한편에서는 그것이 권위주의 정권의 이데올로기로 활용된 과거를 떠올리며, 한편에서는 그것이 세계화와 다문화주의라는 현실에 맞지 않는다고 여긴다. 그러나 독도가 일본 땅이라는 주장에 반대하고, 한복이나 고구려 역사를 가져가려는 움직임에 분개하며, 태극 마크를 단 선수들이 우승했을 때 환호하는 일은 아주 자연스러운 감정이다. 그 감정을 조금만 확장하여, 이 땅에서 태어나 살아가는 동류들에게 미치는 친근감으로 키워낼 수는 없을까.

(2) '생명에 대한 예의' 찾기

참된 평화가 깃들지 않은 땅의 생명은 불필요한 고통을 받는다. 인간만이 아니다. '빨갱이'라며, '반동분자'라며 고문을 당하고, 사형 판결을 받고, 학살되었던 사람들의 원한은 한반도 구석구석에 서려 있다. '악의 세력'에 밀리지 않기 위해서는 인권이고 뭐고 '노오력'을 해야 한다는 다그침 속에서 끝없이 흐르던 노동자의 땀과 피, '네가 조는 사이에 경쟁자의 책장은 넘어간다'는 볼멘소리에 주섬주섬 참고서를 펴던 학생들의 눈물은 아직도 다 마르지 않았다. 그리고 열병에 걸려 비틀거리며 남쪽으로 내려온 멧돼지 한 마리와 그 때문에 졸지에 살처분된 돼지 수십만 마리를 생각해 보라. 숲속을 지나다 지뢰에 걸려 고통스럽게 죽어간 숱한 야생동물들을 생각해 보라.

다만 전쟁을 방지하는 것만이 아니라, 사회에 찌든 살인적인 경쟁의 습관, 갑질의 문화를 배척하고, 인위적으로 끊어 놓은 산줄기와 강줄기를 다시 이으며, 이 땅의 온갖 생명들이 불필요한 고통과 한스러운 죽음을 겪지 않도록 노력하자는 의미가 한반도 평화운동과 통일교육에는 담겨 있다. 그런 활동에 동참해야 할 의무는 없지만, 방해하거나 조롱하지 않을 예의는 있다. 그런 예의에는 북한 인권상황을 개선하기 위한 실효성 있는 방안을 고민하는 일, 북한 동포에게 식량이나 의약품 등 인도적 지원을 하는 일을 두고 '우리에게 총부리를 겨누는 놈들을 왜 도와주느냐?' '남한에도 어려운 사람은 많다'며 어깃장을 놓는 행동에 앞서 한 번 생각해 보는 일도 포함된다.

(3) '참된 자유민주주의' 찾기

한때 '자유민주주의'는 '반공'의 동의어였다. '대한민국을 전복시키려는 좌경용공 세력으로부터 자유민주주의를 지키기 위하여'라는 말이 1961년 5.16, 1980년 12.12를 비롯한 여러 반민주적 폭거의 명분으로 들먹여졌다. 최근에는 아마도 진영정치적 대결의 맥락에서 '자유민주주의'가 부쩍 많이 거론되고 있으며, 이 역시 북한과 이른바 '종북'에 대한 경계의 의미를 다분히 띠고 언급되는 양상이다.

그러나 혐오와 양립하는 '자유'란 없다. 마사 누스바움은 혐오라는 감정의 뿌리는 이해할 수 없는 상대에 대한 당혹감과 공포감이며, 그런 사람은 상대의 자유를 구속함으로써 그런 공포를 해소하려 하는데, 그 결과 스스로도 구속되고 만다고 분석했다. 그리고 참된 자유는 상대방의 자유를 인정하고 존중할 때 이루어진다고. 우리가 정말로 자유 국가에 살고 있다면, 폭력적인 행동을 제외한 모든 생각과 행동을 존중할 수 있어야 할 것이다. 그리고 그런 폭력에는 혐오도 포함된다.

민주주의는 말 그대로 국민의 의지에 따라 법이 만들어지고, 행정이 집행되는 것이다. 그런데 건전하고 지속 가능한 민주주의는 깨어 있는 시민, 생각하는 국민을 필요로 한다. 함석헌은 6.25 전쟁을 두고 북한이 시작했다는 말만 되풀이하는 사람들에게 '누가 시작했는지가 뭐가 중요한가? 어쨌든 동족끼리 말로 할 수 없는 잔악행위를 주고 받은 일 아니었나? 왜 그런 말도 안 되는 일을 저질렀을까? 생각하지 않았기 때문이다. 스스로 생각하면 바보짓음을 알고 그만두었을 것을, 윗자리에 앉은 정치인들의 뜻을 고분고분 따랐기 때문이다. 생각하는 백성이라야 산다!'고 부르짖었다. 한나 아렌트도 『예루살렘의 아이히만』에서 '아이히만이라는 인간은 특이한 악당도, 새디스트도 아니고 다만 평범한 공무원이었다. 그러나 위에서 시키는 대로 따를 뿐이라며 생각하지 않는 기계처럼 움직인 결과, 그는 수없이 많은 사람을 죽인 살인마가 되고 말았다. 악은 평범성을 띤다. 스스로 생각하지 않으면 악의 *끄나풀이 된다*'고 외쳤다.

북한을 싫어해도 좋다. 통일에 반대해도 좋다. 그러나 북한에 대해서 배우고, 통일에 대해 토론하고, 충분히 생각한 다음에 그런 판단을 했을 때에야 생각하는 민주시민의 판단이라고 할 수 있다. 고대 아테네의 민주주의, 로마의 공화주의가 파멸한 것은 많은 시민들이 스스로 생각하기를 포기하고 그럴듯한 선동정치인이나 독재자들에게 권력을 몰아주었기 때문이었다. 그런 의미에서 건전한 민주

6.25의 애잔한 모습. 함석헌은 이 참담한 비극이 '백성이 생각하기를 그만둔 결과'라고 지적했다. 생각하지 않으면, 비극의 역사는 되풀이될 수 있다.
출처: https://www.yna.co.kr/view/AKR20160330171400009

시민을 키워내기 위하여 통일교육은 계속되어야 하며, 시민들 사이에서 자생적인 통일 담론과 행동을 만들어나가려는 통일운동은 죄악시되지 말아야 한다.

북한과 관계를 개선하고 지속가능한 평화를 이루는 일, 통일까지도 바라볼 수 있는 환경을 조성하는 일은 나라에게나 나에게나 필요하고 유익한 일이다. 그런 평화와 통일에 대해 학교 등에서 배우는 일과 실현을 위하여 민간에서 사회운동을 하는 일은 존중할 만한 가치가 있는 일이다. 이에 대한 납득이 충분히 있을 때, 우리 사회와 역사는 새로운 발전의 전기를 찾을 수 있을 것이다.

토의 주제

1. 우리 주변에서 느낄 수 있는 분단의 폐해, 평화와 통일을 위한 노력이 필요한 부분은 무엇이 있을까?

2. 통일 한국을 이상적인 국가로 만들 수 있다면, 자신의 관점에서 무엇보다 우선되어야 할 가치나 조건은 무엇일까?

3. 통일교육과 통일운동이 이제껏 꾸준히 전개되어 왔지만 국민의 통일의식은 꾸준히 낮아져왔다. 특히 젊은이들의 경우 북한을 혐오하거나 무시하며, 통일을 외면하는 경향이 뚜렷하다. 그 이유는 무엇일까?

4. 스스로의 경험이나 추론에 비추어, 개인이 통일에 대해 배우고 통일을 이야기할 때 가장 큰 걸림돌은 무엇이며, 이를 극복하려면 어떻게 해야 할까?

저자약력

문인철

정치학 박사(성균관대 정치외교학과) / 서울연구원 미래융합전략실 대외협력연구팀장(연구위원) / 대표 논제: 『12개 렌즈로 보는 남북관계』(공저), 『한반도 평화의 국제정치학』(공저), 『마음 속 분단 어떻게 극복할 것인가』(공저), 『감염병 시대, 도시 변화의 방향을 묻다』(공저), "메타버스 시대, 도시의 디지털 공공외교 추진 방향"(논문), "포스트 코로나19 시대, 지역공동체의 평화 구축 방향 연구"(논문)

서보혁

한국외국어대 정치학 박사 / 통일연구원 북한연구실 연구위원 / 최근 저서: 『한국평화학의 탐구』, 『배반당한 평화』, 『분단폭력』(공편), 『군사주의』(역서), 『인권의 평화·발전 효과와 한반도』(공저) 등

엄현숙

북한학 박사(북한대학원대학교) / 현 국립통일교육원 교수 / 대표 논제: 『12개 렌즈로 보는 남북관계』(공저), 『마음 속 분단 어떻게 극복할 것인가』(공저), 『'지식경제시대' 북한의 대학과 고등교육』(공저), "팬데믹 시대의 북한이탈주민 자녀의 교육격차에 관한 연구: 통일전담교육사와의 심층 인터뷰를 중심으로"(논문), "간접 경험을 통한 대학생의 북한 인식 연구"(논문), "남북한 여대생의 통일인식에 관한 연구"(논문), "정보화 시대 북한의 사이버 교육에 관한 연구"(논문), "북한의 대학 혁신 연구"(논문), "북한의 '후계자론'과 김주애 공개에 대한 연구"(논문) 등

임상순

정치학 박사(동국대 북한학과) / 평택대학교 조교수(통일학 전공 주임교수) / 대표 논제: 『국제정치에서 전쟁과 변화』(역서), 『인권의 정치학』(역서), 『김정은 시대 조선로동당』(공저), "유엔 안보리 대북제재와 김정은 정권의 대응전략"(논문), "The Engagement of United Nations human rights regime and the response of North Korea"(논문)

진희관

정치학 박사(동국대 정치학과) / 현 인제대학교 교수 / 전 북한연구학회 회장 / 대표 논제: 『우리시대를 위한 통일과 평화』(1, 2권), 『North Korea Understanding』, 『북한 김정은 후계체제 구축과정: 구축과정·엘리트·정책·안정성』, "김정은 정권 10년의 '혁명활동'과 대남혁명노선 변화의 의미", "북한의 로작 용어 등장과정과 김정은 로작 분석", "김정은정권의 현지지도 수행빈도를 통해 본 엘리트 변동 연구", "북한의 사상과 김일성-김정일주의 연구" 등

함규진

정치학 박사(성균관대 정치외교학과) / 현 서울교육대학교 교수 / 대표 논제: 『조약으로 보는 세계사 강의』, 『통일교육 어떻게 할까』, 『정약용 정치사상의 재조명』

홍석훈

정치학 박사(미국 조지아대, 국제관계학과) / 현 창원대학교 부교수 / 대표 논저: 『STRATEGIES OF SURVIVAL: North Korean Foreign Policy under Kim Jong-un』(공저), 『남북한 인도협력 방안과 과제: 인도·협력·개발의 트리플 넥서스』(연구보고서), 『분쟁의 평화적 전환과 한반도: 비교평화연구의 이론과 실제(공저)』, "North Korea's Transition of its Economic Development Strategy: Its Significance and the Political Environment of the Korean Peninsula"(논문), "4차 산업혁명시대 사이버안보 위협의 특성과 평화적 대응방안"(논문) 외 다수

제5판
12개 주제로 생각하는
통일과 평화, 그리고 북한

초판발행	2018년 2월 25일
개정판발행	2019년 3월 8일
제3판발행	2020년 3월 2일
제4판발행	2022년 2월 25일
제5판발행	2024년 2월 25일

지은이	진희관·문인철·서보혁·엄현숙·임상순·함규진·홍석훈
펴낸이	안종만·안상준
편 집	장유나
기획/마케팅	김한유
표지디자인	권아린
제 작	고철민·조영환
펴낸곳	(주) **박영사**
	서울특별시 금천구 가산디지털2로 53, 210호(가산동, 한라시그마밸리)
	등록 1959. 3. 11. 제300-1959-1호
전 화	02)733-6771
f a x	02)736-4818
e-mail	pys@pybook.co.kr
homepage	www.pybook.co.kr
ISBN	979-11-303-1934-6 93340

copyright©진희관·문인철·서보혁·엄현숙·임상순·함규진·홍석훈, 2024, Printed in Korea

*파본은 구입하신 곳에서 교환해 드립니다. 본서의 무단복제행위를 금합니다.

정 가   20,000원